U0148268

华夏传统政治文明书系

（第二辑）

Huaxia Chuantong
Zhengzhi Wenming
Shuxi

# 黄帝文化与中华文明

马平安 著

团结出版社

**图书在版编目（CIP）数据**

黄帝文化与中华文明 / 马平安著 . -- 北京：团结
出版社，2021.1（2022.10 重印）
ISBN 978-7-5126-8300-6

Ⅰ . ①黄… Ⅱ . ①马… Ⅲ . ①黄帝 - 文化研究②文化
史 - 中国 Ⅳ . ① K203

中国版本图书馆 CIP 数据核字 (2020) 第 187395 号

出　版：团结出版社
　　　　（北京市东城区东皇城根南街 84 号　邮编：100006）
电　话：（010）65228880　65244790（出版社）
　　　　（010）65238766　85113874　65133603（发行部）
　　　　（010）65133603（邮购）
网　址：http://www.tjpress.com
E-mail：zb65244790@vip.163.com
　　　　tjcbsfxb@163.com（发行部邮购）
经　销：全国新华书店
印　装：天津盛辉印刷有限公司

开　本：145mm×210mm　　32 开
印　张：13.5
字　数：255 千字
版　次：2021 年 1 月　　第 1 版
印　次：2022 年 10 月　　第 3 次印刷

书　号：978-7-5126-8300-6
定　价：48.00 元

# 前　言

## 为有源头活水来

宋朝朱熹在《观书有感其一》中写道：

"半亩方塘一鉴开，天光云影共徘徊。问渠那得清如许？为有源头活水来。"

这首诗用在本书开篇十分得体。

中华民族本就有着自己的源头活水，这就是始祖黄帝及他所一手缔造出来的黄帝文化。

中国是世界四大文明古国之一，中华文明源远流长，博大精深，连绵不断。在中国古代文明发展的历史长河中，黄帝是中华民族的人文始祖，黄帝时代是一个英雄辈出的伟大时代。黄帝文化经过无数次血与火的考验，经过千锤百炼，已经成为中华民族大家庭须臾离不开的精神纽带。

著名历史学家、疑古派代表人物顾颉刚先生曾将早期黄帝形象的演变过程归纳为6个阶段，非常详细地总结了黄帝叙事的具体演变。

（1）黄帝是秦国崇奉的上帝之一。

（2）加上战国时"神仙家"的涂饰。

（3）为庄子等论道之人所容纳，又加上一层"道"的涂饰。

（4）传说既盛，儒家亦不能不容纳，因此推为古代帝王，而有《易系辞》及《五帝德》等记载。

（5）既为儒家所取，于是为汉代之道家所攻击，如《庄子》中《在宥》《天运》诸篇之说他太人间化。

（6）汉以后定一尊于儒家，故《易》《礼》和《国语》中所说之黄帝成为历史。①

中华民族有着悠久的历史传统，在浩如烟海的史籍中，二十四史被公认为"正史"，二十四史的首部是《史记》，《史记》开卷是《五帝本纪》，而五帝始于黄帝。据古史传说，黄帝是中华文明的伟大奠基者和开拓者，是中华文明最为杰出的代表人物与创世英雄的象征。在中国先秦两汉古籍《山海经》《春秋左传》《国语》《逸周书》《大戴礼记》等诸子文献中都有过对黄帝事迹不同程度的记述，这绝不是偶然的。历史表明，古轩辕部族的活动代表着中国早期文明的初步跃

---

① 顾颉刚著：《顾颉刚全集》，中华书局 2011 年版，第 431 页。

进，其跃进的经过与痕迹，经过长时期的流传，经过周人的增益、润饰，更加鲜明而丰富，尤其是经过伟大历史学家司马迁对中国上古传说加以系统化的归纳与整理并以《五帝本纪》为首卷作为中华文明的开篇以来，黄帝终于登上了中国历史的至尊至贵的显位，成为中国历史第一帝，黄帝文化重要而深远的影响也由此而得以固定下来。黄帝在历代被尊为"人文初祖"，他的时代被公认为是中国文明的起源界点。人们常讲中国有五千年的文明史，即是由黄帝时期计算而得出来的。追溯中国古代文明的发祥时代，要推及黄帝时期的史迹与传说，而考察中华文明的性质特点，也不能离开黄帝的记载与传说。可以说，自有文字记述以来，历代典籍都把传颂黄帝的丰功伟绩作为传承中华文明的重要使命，这是中华文化的优秀传统和特征之一，也是中华文明历久不衰的重要原因之一。中国五千年历史所以传承得如此清晰，世界四大文明古国所以只有中国的硕果仅存，这在很大程度上就是因为中华民族拥有和一直传承黄帝文化这样的"源头活水"。

正因为黄帝作为中华民族人文始祖不可替代的特殊地位以及黄帝文化成为中国传统文化的渊源与主流，数千年来，黄帝的文化及其历史功业不断受到人们的关注与传颂。

三国时，曹植作《黄帝赞》说：

少典之孙，神明圣哲。

土德承火，炎帝是灭。

服牛乘马，衣裳是制。

氏云名官，功冠五列。

晋挚虞亦作《黄帝赞》，其中这样写道：

黄帝在位，实号轩辕。

车以行陆，舟以济川。

弧矢之利，弭难消患。

垂衣而治，万国义安。

明万历年间大学士李延机曾作《五帝纪》，其中这样评说黄帝的事迹：

黄帝轩辕氏，人事渐完备。

诸侯始争雄，适习干戈起。

蚩尤尝作乱，作雾迷军旅。

帝造指南车，起兵相战敌。

蚩尤被帝擒，杀于涿鹿里。

龙马授河图，得见天文纪。

伐木作舟楫，水陆皆通济。

隶首作算术，大挠造甲子。

伶伦制竹简，阴阳调律吕。

遂有管弦声，音乐从此始。

在位一百年，骑龙朝天帝。

清兰熏有《桥陵怀古》二首，其一写道：
渐远结绳治，肇开制作源。
经纶垂百代，皇古尊轩辕。

近代孙中山也有《黄帝赞》一首：
中华开国五千年，神州轩辕自古传。
创造指南车，平定蚩尤乱。
世界文明，唯有我先。

现代伟人毛泽东、朱德为我们留有千古名篇《祭黄帝陵》：
赫赫始祖，吾华肇造。
胄衍祀绵，岳峨河浩。
聪明睿智，光被遐荒。
建此伟业，雄立东方。
世变沧桑，中更蹉跌。
越数千年，强邻蔑德。
琉台不守，三韩为墟。
辽海燕冀，汉奸何多！
以地事敌，敌欲岂足？

人执笞绳，我为奴辱。
懿维我祖，命世之英。
涿鹿奋战，区宇以宁。
岂其苗裔，不武如斯：
泱泱大国，让其沦胥？
东等不才，剑屦俱奋。
万里崎岖，为国效命。
频年苦斗，备历险夷。
匈奴未灭，何以家为？
各党各界，团结坚固。
不论军民，不分贫富。
民族阵线，救国良方。
四万万众，坚决抵抗。
民主共和，改革内政。
亿兆一心，战则必胜。
还我河山，卫我国权。
此物此志，永矢勿谖。
经武整军，昭告列祖。
实鉴临之，皇天后土。
尚飨！

　　然而，虽然黄帝是中华民族约定俗成的人文始祖，但黄帝时代，还没有产生文字，因此没有文献档案记载下来，只有代代口耳传说留下来的事迹。正因为如此，重视史料的孔子，在编纂中国第一部政治文献《尚书》时，采取了十分慎重的态度，没有从五帝之首黄帝开始，而是从《尧典》开始，《尧典》篇第一，《舜典》篇第二。

　　春秋时代，天下大乱，西周初年周公定制的政治社会秩序已经开始礼崩乐坏。"非兵不强，非德不昌。"[①]历史进入战国时期，因为人心思治，国家需要统一，具有强大统一意志与军事征服能力的黄帝形象适合了时代与人们想象中的重建大一统"权威"的需要，关于黄帝言行的传说才普遍流行起来，从而形成了"百家谈黄帝"的局面。在这种形势下，系统描写黄帝事迹、阐发黄帝之言的"黄帝书"纷纷应运而生。也就是说，所谓的"黄帝书"，主要是战国时期或秦汉之际历史要求的产物。

　　从《史记》《汉书》等文献中可知，战国秦汉之间，"善治黄帝、老子之言"的人很多，为黄帝立言的著作也不少，可惜绝大多数已经湮没无传了。但从《汉书·艺文志》所载目录和注解中，我们尚可窥知一斑。

---

① 《史记·太史公自序》。

　　《汉书·艺文志》中著录的托名黄帝君臣之书共有27种，摘录如下：

　　道家类5种，100篇，它们是：

　　《黄帝四经》4篇，无注。

　　《黄帝铭》6篇，无注。

　　《黄帝君臣》10篇，注："起六国时，与《老子》相似也。"

　　《杂黄帝》58篇，注："六国时贤者所作。"

　　《力牧》22篇，注："六国时所作，托之力牧。力牧，黄帝相。"

　　阴阳家类1种：

　　《黄帝泰素》20篇，注："六国时韩诸公子所作。"师古曰："言阴阳五行，以为黄帝之道也，故曰《泰素》。"

　　小说家类1种：

　　《黄帝说》40篇，注："迂诞依托。"

　　兵阴阳类5种，87篇，分别是：

　　《黄帝》16篇，注："图三卷。"

　　《封胡》5篇，注："黄帝臣，依托也。"

　　《风后》13篇，注："图二卷。黄帝臣，依托也。"

　　《力牧》15篇，注："黄帝臣，依托也。"

　　《鬼容区》3篇，注："图一卷。黄帝臣，依托。"

天文类1种：

《黄帝杂子气》33篇，无注。

《泰阶六符》1卷。注："按：《东方朔传》注引应劭云有《黄帝泰阶六符经》。"

历谱类1种：

《黄帝五家历》33卷，无注。

五行类3种，70卷，分别是：

《黄帝阴阳》25卷，无注。

《黄帝诸子论阴阳》25卷，无注。

《风后孤虚》20卷，无注。

杂占类1种：

《黄帝长柳占梦》11卷，无注。

医经类2种，55卷，分别是：

《黄帝内经》18卷，无注。

《外经》37卷，无注。

经方类2种，30卷，分别是：

《泰始黄帝扁鹊俞拊方》23卷，无注。

《神农黄帝食禁》7卷，无注。

房中类1种：

《黄帝三王养阳方》20卷，无注。

神仙类4种，61卷，分别是：

《黄帝杂子步引》12卷，无注。

《黄帝岐伯按摩》10卷，无注。

《黄帝杂子芝菌》18卷，无注。

《黄帝杂子十九家方》21卷，无注。[①]

上列《汉书·艺文志》著录"黄帝书"的情况表明：

第一，所谓的"黄帝书"或"黄帝君臣书"等，以道家著作居多，阴阳家、兵家、方术家著作也有不少，而儒、墨、名、法等先秦重要学派并没有专为黄帝君臣立言的著作。这说明黄帝在思想史上的"权威"地位，主要是由道家树立起来的。

第二，从《汉书·艺文志》班固注可知，这些黄帝君臣之书，全是"六国时"或六国以后的依托之作。"六国"一名，是在韩、赵、魏三家分晋（公元前403年）以后，因此这些托名黄帝君臣之言的书，很可能是战国中期以后的作品了。这也证明所谓的"黄帝书"是在有关黄帝的传说普遍流行（即在战国中后期）的基础上产生的。[②]

事实说明，弄清黄帝书出现的时代十分必要，因为这对于我们了解黄帝文化的特质与内涵极为重要，黄帝文化与周孔

---

① 《汉书·艺文志》。

② 参见吴光著：《黄老之学通论》，浙江人民出版社1985年版，第121页。

文化有着很大的区别，这也正是我们必须搞清楚黄帝文化的涵远、刚毅、有容、创新、无所不能等积极意义之所在。

黄帝是中华民族大一统的象征，是孔武有力、开拓进取、制定秩序、为天下万民立法则的权威，是在长期战乱中渴望统一与太平的人们心目中的理想"救世主"。消弭战乱，关键在于统治者要兼具道家的"清净"与黄帝的"有为"。黄帝正好适应了战国由天下大乱走向统一的人们心中的普遍愿望，这才是战国时期"百家言黄帝"现象出现的根本原因。

追溯中华五千年文明的源头，毋庸置疑，就是黄帝文化。因为年代久远，即使战国时代流传下来的有关黄帝文化的文献也已经很难找到了。迄今为止，我们所能看到的反映黄帝文化最重要的代表作就只剩下了两部经典：《黄帝四经》与《黄帝内经》。《黄帝四经》重在研究人文社会、治国理政，主要包括中华文明起始时代的政治、军事、法律、伦理、宗教、哲学等问题。《黄帝内经》则着眼于养生和治病，是中国最早的一部探究人体生命科学的百科全书。这两部宝典都强调天人合一、天人相应，它们的原理和方法，下可治病，中可养生，上可治国。医人与医国，构成了黄帝文化的双翼特质。

中国五千余年的历史表明，对于中国人而言，黄帝文化在文化学上的意义明显要大于历史考据学上的意义。后世诸子百家虽"从言异路"，论不相同，但其思想文化的渊源都是来自黄帝的"大道"。故司马迁说:"维昔黄帝,法天则地,四圣遵序,各成法度;唐尧逊位,虞舜不台,厥美帝功,万世载之。"[①]因为年代久远,有关黄帝的事迹,连汉代司马迁都不能完全讲述清楚,我们后人又如何能用考据学的方法来对待黄帝及其时代的文明?从历史学的角度来说,我们只能知道黄帝为五帝之首,他所处的时代大约距今5000年。那时神州大地万邦林立,黄帝族是万邦中势力最大的一个族团。黄帝君臣用他们的智慧,统一黄河流域,开启了中国统一的端绪,完成了各部族的融合,创造了中国历史上最原始的社会和谐。他首倡和谐,首创社会制度文明,成为中华民族公认的人文始祖。即便是史料极端缺乏,但这已经足够让我们把握黄帝时代的基本轮廓与脉搏了。至于疑古与考据具体情节,我们大可不必在这上面多费周章。我们今天研究黄帝文化,就是要寻根、凝心、铸魂,重在凝聚与激发中华民族的伟大力量,弘扬中华民族的创造精神、奋发有为精神,更好地为实现中华民族的伟大复兴服务。因此,研究与探讨黄帝及其文化,有着学术的和现实的双重意义,但其中的文化价值与社会意义则更为突出,这是本书写作的一个立足点。

黄帝有言:

---

① 《史记·太史公自序》。

余居民上。

摇摇，恐夕不至朝。

偞偞，恐朝不及夕。

兢兢业业，日甚一日。

人莫踬于山，而踬于垤。[①]

作为一位英明通达的执政者，黄帝对自己身居高位犹且"摇摇，恐夕不至朝。偞偞，恐朝不及夕"如临深渊，如履薄冰，一直以"人莫踬于山，而踬于垤"为戒，深恐自己在小事上大意犯错而影响到国家的正常治理，能够"兢兢业业，日甚一日"，在修齐治平上谦虚谨慎，戒骄戒躁，这也许就是黄帝文化的合理"内核"与对中华民族文化生生不息的意义之所在吧。

---

[①] 《黄帝箴语》，选自清人杜文澜辑《古谣谚》第 99 卷，转引自李学勤、张岂之总主编，徐育民主编：《炎黄汇典》（诗歌卷），吉林文史出版社 2002 年版，第 1 页。

# 目　录

# 第一章　神话传说中的黄帝文化

提及中国历史，人们常说"上下五千年"，这大致是以中国第一部通史《史记》为依据的。司马迁上溯到的五帝时代约在公元前三千余年，其时中国尚处于神话传说时期：三皇是半神半人的始祖，而五帝时的社会形态则已是跨地域、有中心的部族联盟，中华文化汇融而成的征候已经明显。有关三皇的争议较大，而五帝为谁的分歧就少些。《史记·五帝本纪》载黄帝轩辕氏是中华民族的人文初祖，也是上古帝王与神话中的核心人物，其神话传说既多且杂。诚如司马迁所说的那样："百家言黄帝，其文不雅驯，荐绅先生难言之。"总观传世文献，早期儒家经典很少谈黄帝，十三经仅6次提到黄帝，即《周易》1次、《左传》2次、《礼记》3次，至于轩辕竟从未提及。司马迁西至空桐，东渐于海，北过涿鹿，南浮江淮，经过多处实地考察，认为他经历过的地方关于黄帝的传说与儒家《五帝德》《帝系姓》文献等言之凿凿，因此认定黄帝时代为中华民族文化之源，黄帝是中华民族的人文始祖。他的《五帝本纪》，可谓集汉代上古文化研究之大成。既然黄帝是中华文化的源头，那么在中国早期神话中关于黄帝的传说自然就不会少，本章正是在这方面试图初步做些概括性的梳理工作。

## 一、黄帝四面说

第一则史料：

> 古者黄帝四面。①

古者黄帝有四面，四面者，四张脸也。

这则史料见于《尸子》，其书凡 20 卷，为战国楚人尸佼所著，已佚，清章宗源、汪继培、孙星衍皆有辑本。

按照《尸子》原文，上述这句话的全文是："子贡问孔子曰：'古者黄帝四面，信乎？'孔子曰：'黄帝取合己者四人，使治四方，不计而耦，不约而成，此之谓四面也。'"按照子贡问孔子的意思，所谓"四面"，确实就是"四张脸"，根据想必也是来自当时的民间传说；而孔子解答做"取合己者四人，使治四方"云云，则显然是把古代神话历史化了。孔子认为黄帝是人而不是神，所谓"四面"，就是黄帝任命的四位治臣。

第二则史料：

> 黄帝之初，养性爱民，不好战伐，而四帝各以方色称号，

① 《太平御览》卷七九引《尸子》。

交共谋之，边城日惊，介胄不释。黄帝叹曰："夫君危于上，民不安于下；主失其国，其臣再嫁：厥病之由，非养寇邪？今处民萌之上，而四盗亢衡，递震于师。"于是遂即营垒以灭四帝。①

上述这段史料，来源于三国魏蒋济所撰《蒋子万机论》一书，已佚，《玉函山房辑佚书》有辑录。文中含有如下信息：

1. 文中的"战伐"，是指黄帝时代是一个战争攻伐不已、各部落要求实现统一、结束战乱的一个从分裂割据走向统一、从战乱走向大治的时代。

2. "四帝各以方色称号"：四帝，指太皞、炎帝、少昊、颛顼。古时以金、木、水、火、土五行所代表的方位和色彩来配神话传说中的五帝，成为一个完整的神国组织。东方属木，色青，故太皞称青帝；南方属火，色赤，故炎帝称赤帝；西方属金，色白，故少昊称白帝；北方属水，色黑，故颛顼称黑帝。这就是所谓"四帝各以方色称号"。加上中央属土，色黄，故轩辕称黄帝。合起来就叫"五帝"或"五方帝"。这应是春秋战国时期阴阳家运用阴阳五行编造出来的天人合一的神话故事。

3. 从"交共谋之"到"黄帝叹曰"一段，是说四帝同谋进

---

① 《太平御览》卷七九引《蒋子万机论》。

攻黄帝，导致"边城日惊"，战士们"介胄不释"。为了防备敌人突然的侵袭，黄帝的将士们连自己头上戴的盔和身上穿的铠甲都不敢解除下来，可见黄帝所处时代是一个战争征伐的严酷的环境。黄帝说：如今我既然位居于众民之上，就自有保民守土的责任，可是四方的不服从者却偏要来和我抗衡，轮番不断地使我的师旅受到震惊，这种状况岂可容忍其继续下去！于是黄帝亲自到营垒去指挥作战，消灭了四帝的侵略军队。

4. 这段史料旨在说明：黄帝是中华民族战无不胜的英雄象征，是实现统一、建立社会秩序的合法代表者。

第三则史料：

> 东方木也，其帝太皞，其佐句芒，执规而治春；南方火也，其帝炎帝，其佐朱明，执衡而治夏；中央土也，其帝黄帝，其佐后土，执绳而制四方；西方金也，其帝少昊，其佐蓐收，执矩而治秋；北方水也，其帝颛顼，其佐玄冥，执权而治冬。[①]

这段史料，是按照阴阳五行说来试图说明黄帝是"执绳而制四方"的最高统治者。黄帝是中央大帝，是制定法则规矩、统治四方之帝。

---

① 《淮南子·天文篇》。

第四则史料：

中央之极，自昆仑东绝两恒山，日月之所道，江、汉之所出，众民之野，五谷之所宜，龙门、河、济相贯，以息壤埋洪水之州，东至于碣石，黄帝、后土之所司者万二千里。①

黄帝统治的中央之地，是从昆仑山向东经过恒山，太阳和月亮所照临、江水和汉水所发源的地区，人民繁多、五谷丰盛的原野，龙门、黄河、济水互相流贯，大禹曾经用息壤来填塞洪水的州土，一直到东方海畔的碣石山。

再看下面一则史料：

黄帝立四面。②

这则史料出自《吕氏春秋·孝行览·本味》。东汉高诱注曰："黄帝使人四面出求贤人，得之立以为佐，故曰立四面也。"于此可见，黄帝是早期原始部落联盟的盟主。"黄帝立四面"与"建立五行"所指是相同的，意谓四面各取一人作为部落首领，而后四方部落首领聚于中央，合议部落联盟的大事。四方部落首领加中央联盟的首领，总计5人，即司马迁所说的"天地神祇物类之官，

---

① 《淮南子·时则训》。
② 《吕氏春秋·孝行览·本味》。

是谓五官"。黄帝建立"五行"，而后有"五官"，正说明这里的"五行"是五方（四方加中央）官长合议制度。

综合上面的论述，我们可以得出一个基本的结论，这就是：五方帝的神话起源至少在春秋战国时期就已经普遍流传了。《晏子春秋·内篇·谏上》已有楚巫见齐景公"请致五帝，以明君德"这样的记叙，屈原《惜诵》也有"令五帝以折中兮"的说法。他们所说的"五帝"，都指的是五方天帝，而不是人间的帝王。屈原《远游》中有这样的描写，把五方帝和他们的属神的名号除后土以外都清晰列举出来了。诗中说："轩辕不可攀兮，吾将从王乔而娱戏……吾将过乎句芒，历太皓以右转兮……遇蓐收乎西皇，……指炎神而直驰兮，吾将往乎南疑，祝融戒而还衡兮……从颛顼乎增冰，历玄冥以邪径兮，……"《淮南子·天文篇》则叙写了整齐有序的神国组织，但这已是西汉人所做的事情了。战国时期作品《尸子》所记子贡向孔子提出的"古者黄帝四面，信乎"的问题，便透露出了一些信息：长有四张脸的黄帝，原来是便于严密地注视着四方，从而达到他巩固统治四方这一目的。从黄帝的"四面"，实际暗示除了作为中央天帝的黄帝而外，其余东西南北四方，还有别的天帝的存在。别的天帝，当然就是如《远游》所说的"太皓（太皡）、西皇（少昊）、炎神（炎帝）、颛顼"等神祇。但黄帝能在神国组织中作为中央天帝而为四方天帝之长，必定有其原因。在较早的古籍《孙子·行军篇》中有"凡此四军之利，黄帝之所以胜四帝也"这样的说法。孙子举此，目的不过在于宣扬他的"四军之利"的兵略，不一定真即黄帝之所以胜四帝者。但黄帝胜四帝，必是早于《孙子》成书之前的一段民间传说，可惜其详已不可得而闻。直到三国时魏蒋济著《蒋子万机论》，才又把这段民间传说重新叙述出来并且充实了一番。当然写的是"人话"，在"人话"的后面，据我们推想，也应有古神话做它的背景。那就是：黄帝在取得中央天帝的统治权之前，必定还和四方的天帝进行过激烈的军事斗争，最后战胜了四帝，让他们真心实意地俯首称臣，这才有"五帝"或"五方帝"神国组织的建立和黄帝与众神各司其职、相安无事神话图景的出现。在《春秋繁露·五行相生》中，董仲舒说："五行者，五官也。"[①]

《商君书》则有对"五官"更详尽的阐释：

> 古者未有君臣上下之时，民乱而不治。是以圣人列贵贱，制爵位，立名号，以别君臣上下之义。地广民众万物多，故分五官而守之。民众而奸邪生，故立法制为度量以禁之。是故有君臣之义，五官之分，法制之禁，不可不慎也。处君位而令不行则危，五官分而无常则乱，法制设而私善行则民不畏刑。[②]

---

① 苏舆撰，锺哲点校：《春秋繁露义证》，中华书局1992年版，第362页。

② 蒋礼鸿著：《商君书锥指》，中华书局1986年版，第129—130页。

看来，黄帝设立"五官"，就是为了防止"民乱"，防止"不治"，这才"立法制为度量以禁之"。

总之，古者所谓"黄帝四面"，与司马迁所说的"建立五行"所指相同，这种黄帝时代的原始五行应是中国最早的政治体制的萌芽与初创。将黄帝所建立的"五行"释为五官合议制度，不仅符合原始社会晚期的社会发展水平，而且还可以得到诸多传世文献的佐证。"五帝"或"五方帝"的神话，很可能是春秋战国时期社会发展形势的缩影。作为中央天帝的黄帝，无疑是王者或霸者的象征，四方的天帝如太皞、炎帝等，则是四方诸侯的象征。神国组织本就是人国组织在人们精神上的一种理想反映，或者说，是建基于人国组织之上的，这是中华民族文化早期形成的必然需要。

## 二、《山海经》中的帝之下都

关于黄帝之都昆仑山，《山海经·海内西经》中是这样描述的：

> 海内昆仑之虚，在西北，帝之下都。昆仑之虚方八百里，高万仞。上有木禾，长五寻，大五围。面有九井，以玉为槛，面有九门，门有开明兽守之，百神之所在。在八隅之岩，赤水之际，非仁羿莫能上冈之岩。

......

昆仑南渊深三百仞。开明兽身大类虎而九首，皆人面，东向，立昆仑上。

开明西有凤凰、鸾鸟，皆戴蛇践蛇，膺有赤蛇。

开明北有视肉、珠树、文玉树、玗琪树、不死树。凤凰、鸾鸟，皆戴瞂。又有离朱、木禾、柏树、甘水、圣木曼兑，一曰挺木牙交。

开明东有巫彭、巫抵、巫阳、巫履、巫凡、巫相，夹窫窳之尸，皆操不死之药以距之。窫窳者，蛇身人面，贰负臣所杀也。

服常树，其上有三头人，伺琅玕树。

开明南有树鸟，六首；蛟、蝮、蛇、蜼、豹、鸟秩树，于表池树木，诵鸟、鶽、视肉。[1]

上面史料中的"昆仑之虚"：即昆仑山；大山叫虚，虚或作墟。帝之下都：天帝黄帝在下方的都邑。都邑有"木禾"可食，有"九井"之水可饮，都邑周围有众多神兽环卫保护，有西王母的瑶池，简直就是一个最理想的天国之都。如果翻译成白话文，大意就是：

---

[1] 《山海经·海内西经》。

海内地区的昆仑大山，在西北方，是天帝在下方的都邑。昆仑大山，方圆大约 800 里，高有 8000 丈。山上生有一棵稻子树，高有 4 丈，大有 5 人合抱。昆仑山每一面有 9 口井，每口井都拿玉石做栏杆。每一面有 9 道门，每道门都有开明神兽守卫在那里。那是百神所在的地方。百神所在，是在八方的山岩，在赤水的岸边，要不是有本领高强像射太阳的英雄羿那样的人，便休想攀上这些冈岭、登上这些巉岩。

……

昆仑山南边的渊潭深有 240 丈。开明兽的身子有老虎那么大，长着 9 个脑袋，9 个脑袋都是人样的脸，威风凛凛地朝着东方，站在昆仑山上。

开明兽的西边有凤凰和鸾鸟，它们的头上都顶着蛇，足下踩着蛇，胸脯上挂着红蛇。

开明兽的北边有视肉；有珠树、文玉树、玗琪树——都是生长珍珠和美玉的树；有不死树——可以拿它来炼制不死药；还有凤凰、鸾鸟，它们头上都戴着盾；除此而外，还有离朱鸟、稻子树、柏树、甘水和圣木曼兑又叫挺木牙交等珍奇的物事。

开明兽的东边有巫彭、巫抵、巫阳、巫履、巫凡、巫相几个巫师，夹着窫窳的尸体，手里都拿着不死药去救治他，让他能够活转来。窫窳这位天神，是蛇的身子、人的脸，他原是被贰负的一个名叫危的臣子杀死的。

服常树——可能就是沙棠树——上面有一个长着3个脑袋的人，在那里伺察着附近琅玕树的动静——因为树上的琅玕是为凤凰准备的最好食品。

开明兽的南边有树鸟——或者又叫触鸟，长着6个脑袋；还有像蛇而长有4只脚的蛟；还有蝮、蛇、长尾猿、豹子；还有一些鸟秩树，环列生长在一座池子的周围，使池子显得更加华美——这池子可能就是西王母的瑶池；又有诵鸟，还有鹘鸟以及视肉；等等。

又据《山海经·西山经·西次山经》中记载：

> 西南四百里，曰昆仑之丘，是实惟帝之下都，神陆吾司之。其神状虎身而九尾，人面而虎爪；是神也，司天之九部及帝之囿时。有兽焉，其状如羊而四角，名曰土蝼，是食人。有鸟焉，其状如蜂，大如鸳鸯，名曰钦原，蠚鸟兽则死，蠚木则枯。有鸟焉，其名曰鹑鸟，是司帝之百服。有木焉，其状如棠，黄华赤实，其味如李而无核，名曰沙棠，可以御水，食之使人不溺。有草焉，名曰薲草，其状如葵，其味如葱，食之已劳。河水出焉，而南流注于无达。赤水出焉，而东南流注于汜天之水。洋水出焉，而西南流注于丑涂之水。黑水出焉，而西流注于大杅。是多怪鸟兽。
>
> 又西三百七十里，曰乐游之山。桃水出焉，西流注于稷

泽，是多白玉，其中多鳛鱼，其状如蛇而四足，是食鱼。

西水行四百里，曰流沙，二百里至于嬴母之山，神长乘司之，是天之九德也。其神状如人而豹尾。其上多玉，其下多青石而无水。

又西三百五十里，曰玉山，是西王母所居也。西王母其状如人，豹尾虎齿而善啸，蓬发戴胜，是司天之厉及五残。有兽焉，其状如犬而豹文，其角如牛，其名曰狡，其音如吠犬，见则其国大穰。有鸟焉，其状如翟而赤，名曰胜遇，是食鱼，其音如鹿，见则其国大水。

又西四百八十里，曰轩辕之丘，无草木。洵水出焉，南流注于黑水，其中多丹粟，多青雄黄。①

往西南400里，叫作昆仑山，便是天帝在下方的都邑，神陆吾主管着它。这神的形状是老虎的身子，9条尾巴，人的脸，老虎的爪子。这个神呀，他主管着天上九域的部界和天帝苑圃的时节。有一种兽，形状像羊却有4只角，名字叫土蝼，能够吃人。有一种鸟，形状像蜂却有鸳鸯那么大，名字叫钦原，它只要螫了鸟兽，鸟兽就会死；螫了树木，树木就会枯。还有一种鸟，名字叫鹑鸟，是凤凰一类的鸟，它主管着天帝生活日用的各种器用服饰。有一

---

① 《山海经·西山经·西次山经》。

种树，形状像棠梨，黄的花，红的果实，味道像李子却没有核，名字叫沙棠，可以防水，吃了它能够使人不沉溺。有一种草，名字叫薲草，形状像葵，味道像葱，吃了它可以消除忧愁。河水发源在这座山，往南流注入无达山旁边的湖里；赤水发源在这座山，东南流注入氾天水；洋水发源在这座山，西南流注入丑涂水；黑水发源在这座山，往西流注入大杅山旁边的湖里。昆仑山多产怪鸟和怪兽。

再往西370里，叫作乐游山。桃水发源在这座山，往西流注入稷泽。山上多产白玉，水里多产鳎鱼，形状像蛇而有4只脚，专门吃鱼。

往西水行400里，通过200里流沙，便到了嬴母山。神长乘主管着这座山，他是天的九德之气所生，他的形状像人而有着一种像豹子的尾巴。山上多产玉石；山下多产青石却没有水。

再往西350里，叫作玉山，是西王母居住的地方。西王母形状像人，却长着豹子的尾巴，老虎的牙齿，善于啸叫，蓬头乱发，头上戴着玉胜，主管上天的灾厉和五刑残杀之气。有一种兽，形状像狗却长着豹子的斑纹，它的角像牛，它的召字叫狡，它的声音像狗叫，它一出现国家就会五谷丰登。有一种鸟，形状像野鸡，通身却是红色，名字叫胜遇，专门吃鱼，鸣叫的声音像鹿，它一出现国家就会发生大水。

再往西480里，叫作轩辕丘，不生草木。泂水发源在这座山，往南流注入黑水，水中多产像粟粒一样的细丹沙，多产石青和雄黄。

上述这则史料与第一则史料相互印证，进一步丰满了黄帝之都的很多内容。

说明帝下之都是昆仑山，这里仙兽成群，遍地仙草，距离此不远的地方，有西王母居住的玉山，有轩辕丘。

昆仑，既然是作为天帝——黄帝的帝下之都、中州之地，那么它一定是中国古代神话中最重要的神境。千百年来，有关"帝下之都"的位置，历来聚讼纷纭。有人认为它是今日青藏高原上的昆仑山；有人分别推断它是巴颜喀拉山、冈底斯山、祁连山、岷山、贺兰山、秦岭、泰山、王屋山、浮丘山；有人分别考订它的位置在内蒙古鄂尔多斯、青海湟水源头地区；也有人猜测它在西亚的两河流域、印度境内；还有人认为它不是自然的高山，而是一座人工建筑物。昆仑虽是古代神话中的概念，但在历史地理上必有原型。①

在中国早期文献中，昆仑的位置偏西；但它在远西还是近西却有分歧。《史记》载："汉使穷河源，河源出于寞，其山多玉石，采来，天子案古图书，名河所出山曰昆仑云。"② 这是昆仑在西域

---

① 参见逯宏著：《中国五帝时代》，中国社会科学出版社 2017 年版，第 19 页。

② 《史记·大宛列传》。

的一个史料佐证。《山海经》中有关昆仑记载有多处，不过作为神话故事，我们应从文化学的角度去思考这个问题，而不必如历史学家那样非要考据出个准确的地理位置来。事实上，中华早期文化中的"昆仑"神山，只是人们在各个时代不同境遇下的不同精神缩影，"山在虚无缥缈间"无处考，无处寻，但这种文化灵魂又无处不在无时不有。这是一幅美丽的画面，总体上呈现出神秘化、宫廷化、富贵化的趋势。如《淮南子·地形训》说：

> 禹乃以息土填洪水以为名山，掘昆仑虚以下地，中有增城九重，其高万一千里百一十四步二尺六寸。上有木禾，其修五寻，珠树、玉树、琁树、不死树在其西，沙棠、琅玕在其东，绛树在其南，碧树、瑶树在其北。旁有四百四十门，门间四里，里间九纯，纯丈五尺，旁有九井玉横，维其西北之隅，北门开以内不周之风。倾官、旋室、县圃、凉风、樊桐在昆仑闾阖之中，是其疏圃。疏圃之池，浸之黄水，黄水三周复其原，是谓丹水，饮之不死。河水出昆仑东北陬，贯渤海，入禹所导积石山。赤水出其东南陬，西南注南海丹泽之东。赤水之东，弱水出自穷石，至于合黎，余波入于流沙，绝流沙南至南海。洋水出其西北陬，入于南海羽民之南。凡四水者，帝之神泉，以和百药，以润万物。

总之，昆仑山与夏、商、周等几个族群的活动都有着密切的联系，在中国神话中的地位类似于希腊神话中的奥林匹斯山，天庭之处，百神之所在。《山海经》提到过几十座山，昆仑山雄踞其首。它作为天帝的都城，自然被天帝所统治。相传，这位天帝便是黄帝。

## 三、《山海经》中的轩辕古国

先看轩辕古国。

据《山海经·海外西经》记载：

> 轩辕之国在此穷山之际，其不寿者八百岁。在女子国北。人面蛇身，尾交首上。
>
> 穷山在其北，不敢西射，畏轩辕之丘。在轩辕国北。其丘方，四蛇相绕。
>
> 此诸天之野，鸾鸟自歌，凤鸟自舞；凤皇卵，民食之；甘露，民饮之，所欲自从也。百兽相与群居。在四蛇北，其人两手操卵食之，两鸟居前导之。
>
> 龙鱼陵居在其北，状如狸。一曰鰕。即有神圣乘此以行九野。一曰鳖鱼在夭野北，其为鱼也如鲤。
>
> 白民之国在龙鱼北，白身被发。有乘黄，其状如狐，其背上有角，乘之寿二千岁。

> 肃慎之国在白民北。有树名曰雄常；先入伐帝，于此取之。

《山海经·海外西经》说：

轩辕国在穷山的附近，这里的人最短命的也有 800 岁。他们在女子国的北边，人的脸，蛇的身子，尾巴蟠绕在头顶上。

穷山在它的北边，射箭的人不敢向着西方射，为的是敬畏黄帝威灵所在的轩辕丘。丘在轩辕国的北边，它的形状是方的，被四条蛇缭绕纠缠着——大约是护卫轩辕丘的意思。

号称"沃野"的富饶原野，沃民在这里居住。这里有鸾鸟自由自在地唱歌，凤鸟自由自在地舞蹈。凤凰生的蛋，沃民拿它来做食品；天降的甘露，沃民拿它来做饮料；凡是心里想望的，莫不如愿遂意。各种飞禽走兽都在这里成群居住。位置在四条蛇的北边。

既可水居也可陆居的龙鱼——大约就是人鱼——在它（沃野）的北边，形状像鲤鱼。一本说，像大的鲵鱼。于是便有神圣的人骑了它去遨游九州的原野。一本说，鳖鱼在沃野的北边，这种鱼的形状像鲤鱼。

白民国在龙鱼的北边。此地的人全身雪白，披着头发——连头发也是白的。有乘黄兽，形状像狐狸，背上长有两只角，若是有人骑了它，寿命可望活到 2000 岁。

肃慎国在白民国的北边，产有一种树名叫雄常。这里的人平时不穿衣服，中国若是有圣明天子即位，这种树便生长出木皮来，供给国人取作衣服。

如果根据上述资料逆推，肃慎之国南为白民之国，白民之国南为龙鱼陵居，龙鱼陵居南为诸夭之野，诸夭之野南为穷山，穷山南为轩辕之国。多种资料已经表明，肃慎，世居我国东北。《左传·昭公九年》载："王使詹桓伯辞于晋，曰：'我自夏以后稷，魏、骀、芮、岐、毕，吾西土也。及武王克商，蒲姑、商奄，吾东土也。巴、濮、楚、邓，吾南土也。肃慎、燕、亳，吾北土也。'"燕国，蓟县也。亳是小国，盖与燕相近，既然它们同为"北土"，想必不会距离太远。"亳"与"白"音近可通，故《山海经·海外西经》里提到的"白民之国"，即当时燕亳所在地。肃慎与燕，地理位置明确；燕亳或白民之国当在两地之间，而轩辕之国距此不会太远。由此可看出，《山海经·海外西经》所讲的地名均在渤海西岸的南北一线上，而非像有人认为的那样在今日中国之西部。当然，这也只是一孔之说。

## 四、神话中的黄帝治天下

《山海经》是现存唯一的保存古代神话资料最多的著作。

据《山海经·西山经》记载：

钟山，其子曰鼓，其状如人面而龙身，是与钦䲹杀葆江于昆仑之阳。帝乃戮之钟山之东曰瑶崖。钦䲹化为大鹗，其状如雕而黑文白首，赤喙而虎爪，其音如晨鹄，见则有大兵；鼓亦化为鵕鸟，其状如鸱，赤足而直喙，黄文而白首，其音如鹄，见则其邑大旱。①

贰负之臣曰危，危与贰负杀窫窳。帝乃梏之疏属之山，桎其右足，反缚两手，系之山上木。在开题西北。②

这两则神话故事告诉我们，作为宇宙的创世神，黄帝是一切纠纷的公平裁判者：轩辕打败蚩尤后，诸侯尊他为天子，代替了神农氏。这就是轩辕黄帝。黄帝当天子后，一开始天下并不是很平静的。一些诸侯大臣，为了自己的利益，随随便便就杀人，甚至谋反叛乱。有一次，钟山烛龙的儿子鼓，和钦䲹同谋，把他们的国君葆江在昆仑山南边杀了，抢占了葆江的君位。黄帝知道后，认为这两个人犯了罪，便派人捉住鼓和钦䲹，把他俩在钟山以东的瑶崖处死，以警戒其他的人。可是这两个凶徒戾气不散，钦䲹鸟后来变成了一只大鹗，形状像雕，黑色的斑纹、白脑袋、红嘴壳，老虎的爪子，叫唤的声音好像是鸿鹄一样，它出现在哪里，哪里就发生战乱。鼓也变作了一只鵕鸟，形状像鹞鹰，红爪子，

---

① 《山海经·西山经·西次三经》。

② 《山海经·海内西经》。

直嘴壳，黄色的斑纹，白脑袋，鸣叫的声音像黄鹊，它出现在哪里，哪里就会有大的旱灾。还有一次，窫窳国的大臣贰负和危把国君窫窳杀害了。黄帝便命令把危缚在崄峒山西北方的疏属山上，用桎梏铐住他的右脚，用他自己的头发反绑住他的两只手，拴在山顶的一棵大树上，以示惩罚。贰负咋办了呢？由于他过去立过大功，虽然犯了大逆之罪，但是仁慈的黄帝不忍心把他杀了，就给他戴上桎梏关在疏属山下一所封闭的石屋里，直到汉宣帝的时候，才有人发现，在送往长安的路上，贰负变成了一块大石头。汉宣帝听到报告，召集群臣，问这是啥怪物，别人都说不上来，只有刘向知道，说这就是黄帝时犯罪的贰负。

被当作宇宙创世神的黄帝，不但统治着天上的神仙，是神仙世界公平的裁判者，而且也统治着存在于宇宙间的一切妖魔鬼怪。请看下列三则神话：

第一则神话：

> 沧海之中，有度朔之山，上有大桃木，其屈蟠三千里，其枝间东北曰鬼门，万鬼所出入也。上有二神人，一曰神荼，一曰郁垒，主阅领万鬼。恶害之鬼，执以苇索，而以食虎。于是黄帝乃作礼，以时驱之。立大桃人，门户画神荼、郁垒与虎，悬苇索以御凶。①

---

① 《论衡·订鬼篇》。

第二则神话：

> 帝巡狩，东至海，登桓山，于海滨得白泽神兽，能言，达于万物之情。因问天下鬼神之事，自古精气为物、游魂为变者，凡万一千五百二十种，白泽言之，帝令以图写之，以示天下。帝乃作祝邪之文以祝之。[1]

第三则神话：

> 峚山，其中多白玉，是有玉膏，其原沸沸汤汤，黄帝是食是飨。是生玄玉。玉膏所出，以灌丹木，丹木五岁，五色乃清，五味乃馨。黄帝乃取峚山之玉荣，而投之钟山之阳。瑾瑜之玉为良，坚栗精密，浊黑而有光，五色发作，以和柔刚。天地鬼神，是食是飨；君子服之，以御不祥。[2]

在上面第一则神话中，黄帝制典礼，以时驱鬼。神荼和郁垒受黄帝委托，在度朔山的大桃树下面"阅领"天下万鬼，凡凶恶和害人的鬼，便用芦苇编的绳索捆缚起来，拿它去喂老虎。这则神话，应是人们借黄帝通过神荼和郁垒这两个鬼首领的手，以统辖天下万鬼，建立宇宙统治秩序的美好理想，希望有力者来结束

---

① 《云笈七签》卷一百，《轩辕本纪》。
② 《山海经·西山经·西次三经》。

战乱，实现天下统一。

第二则神话也是人通过白泽神兽神话的内容和性质，希望救世者建立一个有秩序的太平社会，大体内容也同于第一则神话。"达于万物之情"的白泽，也是一个鬼统领，是黄帝手下的一员要将。黄帝作"祝邪之文"云云，并不一定真正就是驱鬼，只不过表示黄帝对万鬼的约束禁制而已。

第三则神话从黄帝食玉膏与佩带"瑾瑜之玉"事入手，旨在说明黄帝是"天地鬼神"当之无愧的统治者。距昆仑山不远的一座峚山上，产一种柔软的白玉，从这种白玉中更涌出一种像脂腊般的洁白光润的玉膏来，黄帝就把它当作每天的食品。剩余的玉膏就用来灌溉丹木，5年后，丹木就开出5种颜色的清芳的花朵，结出5种味道的鲜美的果子。黄帝又把峚山的玉的精华搬去种在钟山的向阳处，后来钟山也产生出了许多坚致精密、润厚而有光彩的美玉来，于是天地鬼神都把这种玉当作食物了。人若是能够得到这种美玉，把它雕刻成装饰品，佩戴在身边，据说可以防御妖魔鬼怪作祟。而这一切，显然都是拜黄帝所赐。

总之，在神话故事中，作为天帝的黄帝，就是这么一个神国的最高统治者，无论是谁都得服从他的统治，听从他的命令。他不但统治神国，也统治鬼国，他的属神后土就是鬼国的王。至于那些游荡在人间的鬼、黄帝就叫神荼和郁垒两弟兄去统领。这俩弟兄住在东海的桃都山上，每天检阅那些从人间游荡回来的形形色色的鬼，当发现鬼当中有哪个特别凶恶狡猾、在人间妄自残害了好人回来的，两弟兄就会用芦苇绳子把他拴起来，绑去喂山上的大老虎。这样凶恶的鬼才得以敛迹，不敢再任性胡为了。于是，后世人们就在大年三十这天晚上，用桃木雕成两个神人，手里拿了芦苇绳子，代表神荼和郁垒，放在大门的两旁，门枋上又画了一只大老虎，用来抵御妖魔鬼怪。为了简便，也有把两弟兄的相貌画在门上或把他们的名字写在门上的，据说也有相同的功效。这样，他们就成了民间世代相传的门神。

## 五、黄帝战蚩尤

黄帝与蚩尤的战争，是我国古代一大神话传说，这一神话传说的记录，开始于战国初年，流传演变，直到唐宋不绝，中间经过 1000 多年，实在是我国神话传说中规模最大、影响最广的。它基本上反映了原始社会部族与部族之间的战争。从神话的角度看，黄帝与蚩尤，是天神；而从传说的角度看，他们也是两大部族的首领。这在神话和历史杂糅、难于判然分剖的古代，情况往往就会这样。

《山海经》中有多处记载黄帝战蚩尤的事情，下面几段材料均与此有关。

大荒之中，有系昆之山者，有共工之台，射者不敢北乡。有人衣青衣，名曰黄帝女魃。蚩尤作兵伐黄帝，黄帝乃令应龙攻之冀州之野。应龙畜水。蚩尤请风伯雨师，纵大风雨。黄帝乃下天女曰魃，雨止，遂杀蚩尤。

魃不得复上，所居不雨。叔均言之帝，后置之赤水之北，叔均乃为田祖。魃时亡之。所欲逐之者，令曰："神北行。"先除水道，决通沟渎。①

大荒当中，有一座系昆山，上面有共工台，凡是射箭的人都不敢朝着台所在的北方射，为的是敬畏共工的威灵。有人穿了件青色衣服，名叫黄帝女魃。蚩尤制造了各种兵器去攻伐黄帝，黄帝派遣应龙到冀州的原野上去抵御他。应龙蓄积了大量的水。蚩尤去请风伯和雨师来，纵起一场大风雨，使应龙畜的水失去了作用。黄帝就降下天女名叫魃的去助战。魃据说是秃顶，不长一根头发。她一下来就运用身体内的热力，把狂风和暴雨都止住了，于是杀了蚩尤。魃用尽了神力，不能再上天，她所居住的地方很长时间也没有一点雨。叔均便向黄帝建议，把女魃安置在赤水的北边。这样一来，旱灾的威胁解除了，叔均便做了田神。魃不安本分，时时逃亡，到处骚扰。要想驱逐她的，她便设下禁咒向她

① 《山海经·大荒北经》。

祝告道："神啊！回到北方你的故居去吧。"事先清除水道，疏通大小沟渠——据说这样做了，往往便能得到大雨。

> 大荒东北隅中，有山名曰凶犁土丘。应龙处南极，杀蚩尤与夸父，不得复上，故下数旱。旱而为应龙之状，乃得大雨。[①]

在大荒的东北角上有山，名叫凶犁土丘山。应龙本来住在天上的最南端，因杀了蚩尤和夸父，不能再回到天上去。天上因没了掌管雨水的应龙，所以天下经常闹旱灾，因此，人们一遇到旱灾，就装扮成应龙的样子求雨，就能得到大雨。

> 应龙已杀蚩尤，又杀夸父，乃去南方处之，故南方多雨。[②]

应龙在杀了蚩尤以后，又杀了夸父，因其神力耗尽，上不了天，就去了南方居住，所以南方的雨水很多。

> 东海中有流波山，入海七千里。其上有兽，状如牛，苍身而无角，一足；出入水，则必风雨；其光如日月，其声如

---

① 《山海经·大荒东经》。
② 《山海经·大荒北经》。

雷，其名曰夔。黄帝得之，以其皮为鼓，橛之以雷兽之骨，声闻五百里，以威天下。<sup>①</sup>

东夷聚居区之中有座流波山，在深入东夷聚居区 7000 里的地方。山上有一种野兽，形状像牛，青苍色的身子，但没有犄角，仅有一只蹄子，出入水时一定有风雨伴随，它发出的亮光如同太阳和月亮一样，它的吼声如同雷鸣一般，名字叫夔龙。黄帝得到它，便用它的皮蒙鼓，再拿雷兽的骨头做鼓槌，鼓声能传到五百里以外，用来威震天下。

　　大荒之中，有宋山者，有赤蛇，名曰育蛇。有木生山上，名曰枫木。枫木，蚩尤所弃其桎梏，是谓枫木。<sup>②</sup>

有一座山叫作宋山，山中有一种红颜色的蛇，名叫育蛇。山上还有一种树，名字叫枫木。枫木，蚩尤死后所丢弃的手铐、脚镣就化作了枫木。

黄帝时代的一件大事情，就是他和蚩尤的战争。

李延军选编《轩辕黄帝传说故事》中的"黄帝战蚩尤"篇比较详细地融合了《山海经》中有关黄帝神话的记载，转述如下：

---

① 《山海经·大荒东经》。

② 《山海经·大荒南经》。

蚩尤姓姜，是炎帝的孙子。他非常残暴，肆虐人民，千古传说，都说他是个怪物。有人说他长着人身牛蹄子，有4只眼6只手。还有人说他耳朵两旁长的鬓发竖起来好像剑戟一样。神话里传得更是玄乎，说蚩尤是天神，他有81个兄弟，都是能说人话的猛兽，一个个铜头铁额，用石头铁块当饭吃。据说轩辕在西泰山大合鬼神时，有六条蛟龙给他驾着象车，毕方鸟坐在车旁侍卫。蚩尤在前面开路，风伯打扫道路，雨师给路上洒着清水，其他的鬼神都跟在车后，凤凰在天上飞翔，蛇在地上爬行。那个时候，蚩尤他们都臣属于轩辕。可是在炎帝战败后，蚩尤在庐山偶然发现了铜矿，他把这些铜采来进行冶炼，制成剑、铠、矛、戟、大弩等兵器，军威大振。他就野心膨胀，再也不甘心当轩辕的下臣了。他先在南方煽动苗民跟他造反，苗民是黄帝的后裔，不服从他，蚩尤就制作了种种残酷的刑罚来逼迫苗民。时间长了，苗民受不了这种种酷刑，被迫跟着他作起乱来。蚩尤又联合了风伯、雨师和夸父部族的人，一同前来攻伐黄帝。

轩辕一向安邦爱民，不想战伐，想劝蚩尤休战。可是蚩尤不听劝告，率兵攻城陷关，边界警报频频传来。轩辕感叹道："照这样下去，如果连我都感觉到了危险，下面的老百姓更会感到不安了。我如果失去了天下，那我的臣民都要变成他人的臣民，我如果姑息蚩尤，那就是养虎为患。蚩尤不行仁义，多次前来侵犯，真是欺人太甚！"于是轩辕亲自带兵出征，与蚩尤对阵。

轩辕首先派大将应龙出战。神话中说应龙长着两个翅膀，能够从口中喷出大量的水，它一上阵，就居高临下向蚩尤阵中喷水，霎时间，大水汹涌，波涛直向蚩尤冲去。蚩尤慌了手脚，忙命风伯和雨师上阵。风伯和雨师上了阵，一个刮起满天狂风，一个把应龙喷的水收集起来，两人又施出神威，一个刮风，一个下雨，狂风暴雨直向轩辕打来。应龙只会喷水、不会收水，只好大败而逃。轩辕败了一仗。

不久，轩辕整好军队，再次与蚩尤对阵。轩辕领兵奋勇当先冲入蚩尤阵中。这一仗，人们传说蚩尤没有直接跟轩辕交战，而是施展法力，喷烟吐雾，把轩辕和他的兵团团罩住。轩辕率军在大雾中东奔西突，四面里只听见杀声阵阵，可就是看不见蚩尤的兵在哪里。轩辕迷失了方向，整整 3 天突不出重围，军心大乱。

轩辕心中很着急，他想着能有个啥东西，始终指着一个方向，就能突围了。他想啊想，猛然想起天上北斗星的斗柄转动而斗不动，他就根据这个原理发明了指南车。这样，不论轩辕领兵冲到哪里，指南车上的磁人的手指始终指着一个方向。靠着指南车，轩辕才多次冲出了重围。

就这样，轩辕与蚩尤打了 71 仗，胜少败多。轩辕只好暂时休战，回泰山休整。轩辕因打不过蚩尤，心中闷闷不乐，不觉昏然睡去。梦见一个金甲神人请他，他就飘飘然跟着那神人来到一个所在，原来是西天王母的所在。王母在门口把轩辕迎进去，问：

"圣上在下方为何闷闷不乐？"轩辕回答："蚩尤势大，久战不下，为此心中烦恼。"王母说："圣上不必愁闷，我命九天玄女授你兵法。"于是王母命九天玄女给轩辕教授兵法《阴符经》三百言。九天玄女领命，交给轩辕一部兵书，说："帝回去把兵符熟念于心，必能克敌！"轩辕打开一看，满目恍惚，书上一个字也没有！他猛然惊醒，睁眼一看，只见玄女授的《阴符经》还在手里，就赶快把大臣风后召来，给他说了这件事。风后高兴地说："这是天意！"两人观看兵符，学了100多天，仍然不能全面领悟。轩辕就命令在盛水旁边筑起高台，祈祷天地。果然有一只黑色的大龟从河里慢慢爬出来，这黑龟口里含着一张符，这符像皮子又不是皮子，像一种粗厚光滑的丝织品而又不是丝织品，长3尺，宽1尺。轩辕再次拜受，命人接过一看，只见上面画着几个图画，意思是"天一在前，太乙在后"。轩辕顿然领悟，按此意解玄女兵法，设九阵，置八门，阵内布置三奇六仪，制阴阳二遁，演习变化，成为1800阵，名叫"天一遁甲"阵。演练熟悉了，重新率兵与蚩尤决战。

这一次蚩尤也从山林中驱赶来一群怪物，名叫魑魅、魍魉，那魑魅长着人的脸、野兽的身子，叫起来凄惨怕人；魍魉个子矮小，红眼睛，散头发，红皮肤，人一见它，就会被它迷住吃掉。而轩辕这面一点也不慌乱，等那些鬼怪冲入阵中，轩辕一声令下，手下的兵士一齐吹响号角模仿龙吟，那"呜呜呜"的吼声，犹如埋伏下几千条巨龙，魑魅鬼怪一听，吓得屁滚尿流，浑身软瘫。轩辕领军上前，把他们全部消灭。

为了进一步振奋军威，轩辕决定用军鼓来鼓舞士气。他打听到东海 7000 里外有一座流波山，山上住一头名叫"夔"的怪兽，长得像牛而没有角，苍灰色的皮，只有一只蹄子。它出入海水的时候，总伴随着大风大雨；它的眼睛好像太阳一样明亮，吼叫起来就像炸雷。轩辕派人去把夔捉来，剥下皮来做面鼓……可是有了鼓了，还没鼓槌呀！轩辕正为这事发愁，猛然听到哪里传来"咚咚"的响声，循声找去，原来是雷泽中的雷兽又在无忧无虑地拍自己的大肚皮。轩辕计上心来，命人把它杀了，从身上抽出一根最大的骨头当鼓槌。这下可好了，用它一敲夔牛鼓，震响了 500里，连敲几下，声震 3800 里。轩辕又用牛皮做了 80 面军鼓，使军威大振。

为了彻底打败蚩尤，黄帝还把女魃从昆仑召来助战。这女魃是旱神，专管收云息雨，身上能散发出极大的热量，可使云散雨收，烈日当空，赤地千里。她走到哪儿都会给百姓造成灾难，所以轩辕平时不让她出来。

轩辕布好阵容，与蚩尤决战。他命令擂响战鼓，那 80 面牛皮鼓一响，像滚雷一样声震天地。轩辕的兵勇气倍增，蚩尤的兵丧魂落魄。蚩尤一看自己的阵脚乱了，两手拿戈，两手握矛，两手舞剑，两只脚还蹬着弩和弓，凶悍勇猛地杀上前来。

　　轩辕看蚩尤这么厉害，就命令应龙喷水。应龙张开巨口，江河般的水流从上向下喷射，蚩尤猝不及防，被冲了个人仰马翻。蚩尤也急忙命令风伯和雨师，掀起狂风暴雨向轩辕阵中打来，一刹那地面上洪水暴涨，波浪滔天。轩辕命女魃迎战。女魃迎上前去，施展神威，霎时放射出滚滚的热浪。她走到哪里，哪里就风停雨消，烈日当头。风伯和雨师这下没法了，慌忙败走。轩辕率军追上前去大杀一阵，蚩尤大败而逃。

　　人们说蚩尤的头跟铜铸的一样，平时用石头当饭吃，还能在空中飞腾，在悬崖峭壁上行走就跟平地一样，轩辕率军追赶，可就是逮不住蚩尤。追到冀州的中部，黄帝想起仙人广成子教他的办法，忙命人把夔牛皮鼓使劲连擂九下，蚩尤顿时魂丧魄散，既不能飞也不能走，终于被逮住了。轩辕命应龙给蚩尤戴上枷铐，把他杀了。害怕他死后还作怪，把他的身子和头分别埋在两个地方。蚩尤死后，他身上的枷铐才被取下来抛掷在荒山上，变成了一片枫树林，那红红的颤抖的枫叶，就是蚩尤枷铐上的斑斑血迹。①

　　总的说来，黄帝与蚩尤战争的神话，突出地表现了蚩尤的勇猛彪悍与黄帝的谋略机智。这一场斗争，是智与力的斗争，最后

---

① 参见李延军选编：《轩辕黄帝传说故事》，陕西人民美术出版社 1986 年版，第 14—19 页。

智慧终于战胜强力，而蚩尤便以"身首异处"的悲剧性的收场而告终了。民间对黄帝与蚩尤初无轩轾，只因黄帝是战争的胜利者，后世历史记叙不免从统治阶级正统的眼光出发，对黄帝的功烈加以涂饰，而于失败的蚩尤则予以诋谤，影响及于民间。

# 第二章　先秦诸子言黄帝

孔子曰："黄帝，少典之子也，曰轩辕。生而神灵，弱而能言，幼而慧齐，长而敦敏，成而聪明。治五气，设五量，抚万民，度四方。教熊罴貔豹虎，以与赤帝战于阪泉之野。三战，然后得行其志。黄帝黼黻衣，大带，黼裳，乘龙扆云，以顺天地之纪，幽明之故，死生之说，存亡之难。时播百谷草木，故教化淳鸟兽昆虫，历离日月星辰，极畋土石金玉，劳心力耳目，节用水火材物。生而民得其利百年，死而民畏其神百年，亡而民用其教百年，故曰三百年。"

## 一、管子言黄帝

在先秦两汉的诸子著述中,《管子》一书自成一家、别具特色。它虽然简篇错乱, 号称难读, 但又确是天下之奇文; 它虽然丛集诸说, 涉及百家, 庞杂重复, 但又确是包罗宏富的思想宝库。

《管子》的作者, 托名为春秋齐国的明相管仲, 其实, 该书虽然托名于管仲, 却是"非一人之笔, 亦非一时之书"①。一般认为, "《管子》是历经春秋、战国乃至西汉时期的学者们假托管仲之名对管仲治齐的理论与实践的总结与阐释"。②

《管子》一书初成于春秋末期, 汇集于战国稷下学宫, 流传、发展于战国末期及秦汉时代, 到西汉刘向集管仲学派各家之长终成《管子》一书, 从成书到流行一直到形成定本, 其沿革经历了一个十分漫长的过程。

实际上,《管子》一书的流行版本最晚在战国时期就有了。据战国末年出现的《韩非子》一书记载: "今境内之民皆言治, 藏商、管之法者家有之。"③ 这就是说, 到战国末期,《管子》作为"言治"

---

① 叶适著:《习学记言》卷四十五, 文渊阁《四库全书》本。
② 王京龙著:《管子与孔子的历史对话》, 齐鲁书社 2016 年版, 第 40 页。
③ 《韩非子・五蠹》。

的重要著作，已经相当普及，与《商君书》在社会上的流行已经达到了"家有之"的程度。到了汉初，《管子》一书仍在继续流传，《史记》记载司马迁的话说，他不仅见到了《管子》书中的《牧民》《轻重》等篇章，而且"既见其著书，欲观其行事"，"至其书，世多有之"。到刘向校书时，又对当时散见阐释管子思想的文章进行了系统整理，定著86篇，后来佚失10篇，有目无文，现存76篇。这就是我们今天所能够见到的《管子》一书的原型了。

据武树臣、李力在《法家思想与法家精神》一书中统计说：

《汉书·艺文志》将《管子》列于道家类，而《隋书·经籍志》始列于法家类。成书于战国中后期的《管子》所载齐法家著作甚多，而且理论价值颇丰：

《法禁》篇，列举了18项事项，主要强调加强君权。

《君臣》（上、下）篇，主要讲君臣关系与君臣之道，兼有道家、儒家色彩。

《七臣七主》篇，主张法治，但不赞成繁重；主张君道有为，倡导节用。

《法法》篇，主要讲尚法、贵势、尊君、慎兵。

《权修》篇，强调经济对政治的决定作用，主张重本抑末，重法又兼及礼义。

《重令》篇，主要讲权势与命令的重要性，倡导重农抑末。

《治国》篇，强调重农抑末，认为粟是富国强兵的基础。

《正世》篇，主张变法，认为政治的关键是把握"齐"，即恰到好处，不可偏颇。

《禁藏》篇，认为法要适中，不能烦苛，很明显是受到阴阳家的影响。

《任法》篇，主张守法，反对变法，倡导文、武、威、德并重。

《乘马》篇，主要讲功利，兼收道家无为思想。

《版法》《版法解》篇，以法为主，综合各家，提倡兼爱。

《立政》《立政九败解》篇，基本为法家，同时兼收儒家；后者批评了九家，但没有儒家；主张限制工商，但不主张过分抑末。

《形式解》篇，以法为主，兼收道、儒，文中着重分析了各种事物之间的关系。

《明法》《明法解》篇，主张尚法主势，贵公去私，以法任人。

《九守》篇，为术家之作，"九守"即君之九术。

《霸言》《霸形》《问》3篇，主要讲如何争霸以及外交、用兵之术。

《七法》《地图》《小问》《兵法》《制分》《势》《九变》《参患》等篇，主要讲用兵之道。①

---

① 参见武树臣、李力：《法家思想与法家精神》，中国广播电视大学出版社1998年版，第47、48页。

作为一部反映春秋齐文化的皇皇巨著，《管子》所蕴含的政治思想与治国理念异常丰富，远非先秦时期其他一些政治思想著作所能及，可谓是春秋战国乃至秦汉时期的学术之宝藏。尽管班固将《管子》归入道家，刘歆在《七略》将其列入法家，但都略嫌牵强。事实上，《管子》一书很难恰当地将其归入某一个类派，原因就在于《管子》兼有道、法两家之长而无其短，此外还掺以兵、农、阴阳、儒家的学说，可谓是中国历史上最大的杂家，其所包含的内容远非杂家的代表作《吕氏春秋》所能望其项背。在先秦诸子中，《管子》首先提出"以法治国"和"以德治国"的口号，认为法出乎道，为治国的根本，具有至高无上性，强调"令尊于君"，主张"君臣上下贵贱皆从法"，执法者必须公正无私，等等。这些主张和认识无疑与黄帝思想有着某种相同之处，可谓是开先秦诸子百家争鸣之源头。

**（一）管子很看重"黄帝治天下，置法而不变"的以法治国的路径**

《管子》说：

> 黄帝之治天下也，其民不引而来，不推而往，不使而成，不禁而止。故黄帝之治也，置法而不变，使民安其法者也。

　　所谓仁义礼乐者，皆出于法，此先圣之所以一民者也。①

　　黄帝确定了法就不改变，使民众养成守法习惯而能够自觉依法行事。管子对此高度赞赏，认为"法者不可不恒也"。

　　《管子·任法》篇还将黄帝之治与尧之治进行了比较：

　　　　昔者尧之治天下也，犹埴之在埏也，唯陶之所以为；犹金之在炉，恣冶之所以铸。其民引之而来，推之而往，使之而成，禁之而止。故尧之治也，善明法禁之令而已矣。

　　黄帝与尧的治理方法虽然同为法治，但实际上却不在一个境界层面。尧善于明确法制禁令，即"引之而来，推之而往，使之而成，禁之而止"，与黄帝之治通过"置法而不变"所达到的"民不引而来，不推而往，不使而成，不禁而止"相比，仍缺乏自觉守法的习惯养成。在管子看来，尧之治的层次还不是理想的治理层面，只有达到黄帝的"不引而来，不推而往，不使而成，不禁而止"的法治境界才应该是法治的理想。

　　《管子·任法》篇同时涉及仁义礼乐之治与法治的关系问题。

　　管子指出："所谓仁义礼乐者，皆出于法。此先圣之所以一民者也。"就是说，仁义礼乐等道德准则、行为规范都从法中产生，

---

① 《管子·任法》。

都是先圣统一民众思想和行为的标准，因此，仁义礼乐之治与法治并不矛盾，法治是能够包容仁义礼乐之治的最理想的治国方式。

《管子》中言及的黄帝法治不仅仅依靠刑罚政令，还包含各种具体的制度和政策。

在《管子·桓公问》中，齐桓公向管子求教常有天下而不失的治国方法，管子提出要"勿创勿作，时至而随。毋以私好恶害公正，察民所恶，以自为戒"，要求桓公不可因为个人好恶而损害公正原则，要了解民之所恶，以便自身为戒。要了解民众的好恶需要建立特定的制度，"黄帝立明台之议者，上观于贤也；尧有衢室之问者，下听于人也；舜有告善之旌，而主不蔽也；禹立谏鼓于朝，而备讯唉；汤有总街之庭，以观人诽也；武王有灵台之复，而贤者进也。此古圣帝明王所以有而勿失，得而勿忘者也"。[①] 在管子看来，正是这些听取民众意见的制度，才是保证古代圣帝明王常有天下而不失的真正法宝。其中，黄帝所确立和实施的是建立明台的咨议制度，如此可以从高层搜集贤士的意见，博采众议，这一制度为尧、舜、禹、汤、武王所继承和发展。所以说，黄帝是咨议制度的开创者。

《管子·法法》提出：

① 《管子·桓公问》。

　　黄帝唐虞，帝之隆也，资有天下，制在一人。

　　那么，如何能够保证"资有天下，制在一人"呢？《管子·地数》中讲到了黄帝问伯高将天下结合为一家的方法：

　　费时也，黄帝问于伯高曰："吾欲陶天下而以为一家，为之有道乎？"伯高对曰："请刈其茇而树之，吾谨逃其螽牙，则天下可陶而为一家。"黄帝曰："此若言可得闻乎？"伯高对曰："上有丹沙者下有黄金，上有慈石者下有铜金，上有陵石者下有铅、锡、赤铜，上有赭者下有铁，此山之见荣者也。苟山之见其荣者，君谨封而祭之。距封十里而为一坛，是则使乘者下行，行者趋。若犯令者，罪死不赦。然则与折取之远矣。"修教十年，而葛庐之山发而出水，金从之，蚩尤受而制之，以为剑、铠、矛、戟，是岁相兼者诸侯九。雍狐之山发而出水，金从之；蚩尤受而制之，以为雍狐之戟、芮戈，是岁相兼者，诸侯十二。故天下之君顿戟一怒，伏尸满野，此见戈之本也。

　　从前，黄帝向伯高请教："我想团结天下万民，成为一家，有办法达到目的吗？"伯高回答说："请割去野草，树立标记，严格管理好山海之利，根除作乱的帮凶，这样天下就可以团结成一家了。"黄帝问："你可否再说得具体一些吗？"伯高回答说："上有丹沙的山地下面就有黄金矿，上有慈石的山地下面就有铜金矿，上有陵石的山地下面就有铅、锡和赤铜矿，上有赭土的山地下面就有铁矿，这些都是显露的矿苗。如果山地显露出矿苗，君主就要严格地封禁起来并进行祭祀。攫离封界十里筑起一座祭坛，命令乘车者过坛下车，步行者过坛趋拜。如有违犯禁令的人，判死罪不得赦免。这与听任随意开采的政策绝然不同。"黄帝推行这一政令10年以后，葛庐之山被开发，矿物随水流而暴露，蚩尤接管并垄断了矿藏，用它锻造出剑、铠、矛、戟等兵器，这一年诸侯相互兼并的就有9国。随后，雍狐之山又被开发，矿物随水流而暴露，蚩尤接受并垄断了矿藏，用它锻造出雍狐之戟、芮戈等兵器，这一年诸侯相互兼并的就有12国。因此，天下的君主只要以戟顿地，发怒出兵，马上就是尸横遍野。这就是战争的根源。

管子认为，矿权分散是战争的根源，黄帝与蚩尤大战的发生，就是因为蚩尤控制了部分矿山而制造了各种武器。伯高建议黄帝应该"刈其莞而树之，吾谨逃其蚤牙"，就是要除掉各地矿山上的杂草而树立国有的标记，消除地方武装。黄帝听从伯高的建议，施行了禁止私采矿藏的禁令。

**（二）管子治国理政思想，采纳了黄帝之治中的很多经济管理方法**

据《管子·揆度》记载：

齐桓公问于管子曰："自燧人以来，其大会可得而闻乎？"管子对曰："燧人以来，未有不以轻重为天下也。共工之王，水处什之七，陆处什之三，乘天势以隘制天下。至于黄帝之王，谨逃其爪牙，不利其器，烧山林，破增薮，焚沛泽，逐禽兽，实以益人，然后天下可得而牧也。至于尧、舜之王，所以化海内者，北用禺氏之玉，南贵江汉之珠，其胜禽兽之仇，以大夫随之。"桓公曰："何谓也？"管子对曰："令：'诸侯之子将委质者，皆以双武之皮，卿大夫豹饰，列大夫豹幨幨。'大夫散其邑粟与其财物以市虎豹之皮，故山林之人刺其猛兽若从亲戚之仇。此君冕服于朝，而猛兽胜于外。大夫已散其财物，万人得受其流。此尧、舜之数也。"①

齐桓公问管子说："能谈谈从燧人氏以来，历代的重大经济筹划吗？"管子回答说："自从燧人氏以来，没有不用轻重之术来治理天下的。共工氏治理天下时，天下水域占十分之七，陆地占十分之三，他就利用这种自然地势来控制天下。黄帝治理天下时，还没有锋利的器具，只能小心地躲避禽兽爪牙的伤害，他就带领百姓焚烧山林、大泽，破坏野兽的巢穴，驱逐野兽，使百姓得以安身，然后才能统治天下。至于唐尧、虞舜治理天下时，所以能

---

① 《管子·揆度》。

达到大治，是因为他们使用了禺氏的宝玉和江汉的珍珠作为货币，因此不但战胜了禽兽，同时也控制了大夫们。"桓公说："愿闻其详。"管子说："当时下令：'诸侯之子来朝献礼称臣的，都要奉上双虎之皮制成的皮裘；卿大夫都要献饰有豹皮衣袖的皮裘；列大夫都要献饰有豹皮衣襟的皮裘。'于是大夫们就只能售出家中的粮食和财物，来收购虎豹之皮，而山林中的猎户捕杀猛兽就如同追逐父母的仇敌一样。这就是君主身着礼服安坐于朝廷，猛兽就被制服于山林，大夫们耗散了他们的财物，万民百姓获得了利益。这也就是唐尧、虞舜的方法。"

管子在此提出了自燧人氏以来不同时代的帝王均利用轻重之术治理天下的重要观点。指出时代不同，帝王所采取的轻重之术亦不同。在黄帝时代，黄帝的治理之道是采取了消除各地武装、限制武器制造、烧山林、毁草薮、火焚大泽、驱逐禽兽的政策，这样就能够通过控制富商巨贾而达到控制臣民、统治天下的目的。

在《管子·国准》篇中，管子提出"视时而立仪"的观点，将上述黄帝的政策分割为不同时代不同帝王所采用的制度。

桓公问于管子曰："国准可得闻乎？"管子对曰："国准者，视时而立仪。"桓公曰："何谓视时而立仪？"对曰："黄帝之王，谨逃其爪牙；有虞之王，枯泽童山；夏后之王，烧增薮，焚沛泽，不益民之利。殷人之王，诸侯无牛马之牢，不利其器。周人之王，官能以备物。五家之数殊而用一也。"
桓公曰："然则五家之数籍何者为善也？"管子对曰："烧山
林，破增薮，焚沛泽，猛兽众也。童山竭泽者，君智不足也。
烧增薮，焚沛泽，不益民利，逃械器，闭智能者，辅己者也。
诸侯无牛马之牢，不利其器者，曰淫器而一民心者也。以人
御人，逃戈刃，高仁义，乘天固以安己者也。五家之数殊而
用一也。"①

桓公问管子说："能谈谈国家的平准政策吗？"管子回答说：
"国家平准政策的原则，就是根据时势来确立法度。"桓公问："什
么叫根据时势来确立法度？"管子回答说："黄帝治理天下时，小
心地躲避猛兽的爪牙的伤害。有虞氏治理天下时，抽干水泽，伐
尽山林。夏后氏治理天下时，点燃草甸，焚毁大泽，不让百姓增
加财利。殷人治理天下时，不让诸侯拥有牛栏马圈，不让使用锋
利的器具。周人治理天下时，设立官职，任用贤能，储备货物。
五家的做法不同，但原则是一致的。"桓公问："但是这五家的做
法，借用哪一家为好呢？"管子回答说："烧山林，毁草甸，焚大
泽；这是因为猛兽太多。伐尽山林，抽干水泽，这是因为君主智
力不足。点燃草甸，焚毁大泽，不让百姓增加财利，还不让使用

---

① 《管子·国准》。

器械工具，闭塞百姓智能，这是因为要加强自己威势。不让诸侯拥有牛栏马圈，不让使用锋利的器具，这是因为不许制造淫巧的器物而要使百姓一心务农。设立官职，任用贤能，避免杀戮，倡导仁义，这是因为要利用天道稳固来安定自己。因此说，五家的做法不同，但原则是一致的。"

《管子·轻重戊》则将轻重之术的开始推至伏羲时代，历述了伏羲、神农、燧人、黄帝、有虞、夏、商、周所施行的不同的轻重之术，其中黄帝之术为"童山竭泽"，即烧毁山林，枯竭湖泽，以改造自然。在《管子》不同的篇章中，对轻重之术的发展过程记述不一，对黄帝之治所采用的具体经济政策的看法也有所不同，但其目的均是集中和控制全国的重要物资，而黄帝在这一政策的创立和发展过程中均起到了关键的作用。

值得注意的是，《管子》书中的轻重论强调君主通过"轻重之术""轻重之法"从经济上实现对天下国家的控制，并达到增强国家经济实力和军事实力的效果，都是基于黄帝经济政策而来。

**（三）管子认为，黄帝将阴阳五行与人事结合，提出了任能使贤、分职而治的思想**

"法天尊道"的治理理念最早来源于黄帝。

"天"的观念在中国传统思想中出现甚早，最初具有与"帝"相同的至上神的意义，可以决定人间的一切。天和地有自身的法则，它们在创生万物以及万物的变化过程中也体现出各种规则，这就是说，黄帝将天、天道作为他治理民众的依据。

管子显然继承了黄帝的这一治理思想。

管子认为，黄帝将阴阳五行用于人事，立五行以正天时，立五官以正人位，使"人与天调"，使"天地之美生"。

《管子·五行》说：

> 故通乎阳气，所以事天也，经纬日月，用之于民。通乎阴气，所以事地也，经纬星历，以视其离。通若道然后有行，然则神筮不灵，神龟不卜，黄帝泽参，治之至也。

有德天子，都通晓阴阳五行。通晓阳气，是为了用来侍奉上天，掌握日月运行的规律，使有利于百姓；通晓阴气，是为了用来事奉大地，掌握星宿时节的运行规律，来看清它们的排列次序。能通晓这些规律然后用于人事，就不必用蓍草来显灵，不必用龟甲来占卜，黄帝也就可不用占卜的人了，这是最好的治国方法。此段文字认为通晓阴阳之气，掌握日月运行规律和星历节气的运行次序就是对天地之道的把握，把握了天地之道并用于治理实践，就可以达到最好的治理效果。

接着，管子记述了黄帝法天而治的具体内容：

> 昔者黄帝得蚩尤而明于天道，得大常而察于地利，得苍

龙而辩于东方，得祝融而辩于南方，得大封而辩于西方，得后土而辩于北方。黄帝得六相而天地治，神明至。蚩尤明乎天道，故使为当时；大常察乎地利，故使为廪者：苍龙辩乎东方，故使为工师，祝融辩乎南方，故使为司徒；大封辩于西方，故使为司马；后土辩乎北方，故使为李。是故春者土师也，夏者司徒也，秋者司马也，冬者李也。

昔者黄帝以其缓急作五声，以政五钟。令其五钟：一曰青钟大音，二曰赤钟重心，三曰黄钟洒光，四曰景钟昧其明，五曰黑钟隐其常。五声既调，然后作立五行以正天时，五官以正人位。人与天调，然后天地之美生。①

管子认为，黄帝不但体现出了法天而治的理念，而且将阴阳五行与人事结合，提出了任能使贤、分职而治的思想。黄帝并不是依靠自身的能力去体察天地之道，而是利用蚩尤等六相的才能分别把握天地之道的不同方面。蚩尤能够明察天道，大常能够明察地利，苍龙能明察东方，祝融能明察南方，大封能明察西方，后土能明察北方。因为各人的能力不同，黄帝根据其不同的能力授予不同的官职，让他们发挥其体察天地之道的不同作用，从而实现法天之治而达到天下大治。

---

① 《管子·五行》。

## 二、孔子言黄帝

中华文明具有五千多年的悠久历史。

黄帝是中国人公认的中华民族的始祖。

然而，多年来，在寻根问祖、追溯中华文化来源的问题上，历代学者的答案却不统一。

我国的上古文化，它的源头在哪里？自孔子开始，历代学者们都有不同的回答。分歧的主要原因是他们对历史的看法不同："一种是相信传统历史而绝对崇古信古的；一种是不信传说而疑古的，总是要在历史的遗迹中寻找证据，推翻传统的旧说。由于对历史的看法不同，因此对上古文化源头的看法也不一样，这正好说明文化与历史是不可分割的一体两面，同时也说明信与疑会对问题产生完全不一样的解答。"①

那么，中国上古文化与历史的源头究竟在哪里呢？

孔子的答案是尧舜时代，从《尧典》开始。

孔子，名丘，字仲尼，春秋末年鲁国曲阜人，他一生致力于整理古代文化典籍，删定六经，开办私学，并在此基础上创立了

---

① 余明光：《黄帝思想与中国古代思想文化的渊源关系》，徐炳主编：《黄帝思想与先秦诸子百家》（上），社会科学文献出版社 2015 年版，第 1 页。

儒家学派。

作为一名博学慎思的学者与思想家，孔子在历史与文化的探讨与研究方面非常认真，非常严肃，在对历史资料与文献典籍的采集与甄选上十分仔细。孔子是一个非常好古的人，他曾说自己是"述而不作，信而好古"。[①] 这确实是他对待上古历史和文化的真实态度。不过，他的"信"是有限度的。这在他对中国历史与文化的源头认定一事上面就能看得十分清楚。

孔子晚年，在整理远古和上古历史文献的时候，十分谨慎地删定《尚书》，把中国历史文化的源头，断自唐虞开始。对于唐尧虞舜以前的上古历史，他则根据自己的政治价值判断与道德教育需要采取了忽略不提的态度。

孔子的删书、断代对后世影响很大，因为从此以后，一则经过孔子的删书，关于中国的历史与文化的源头更是无籍可寻了。二则因为从汉代中期开始，儒学成为官方的意识形态，五经成为官方的政治与文化的教科书，历代思想家便以孔子的标准为标准，祖述尧舜，宪章文武，以夏、商、周三代作为中国历史与文明的开始，而三代以上的历史便疑而不论了。

简单看来，孔子创立的儒家学派，主要有如下几个特点：

1. 宗师孔子。孔子死后，儒家内部分为八派，战国以后，儒

---

① 《论语·述而》。

家更是派别林立，尽管争斗不断，但他们都以孔子为祖师，宣布自己是孔子的正传。每经过一次这样的论争，孔子的地位非但不会下降，反而会上升一步。

2. 儒家祖述尧舜，宪章文武，一致同意中国历史与文化从尧舜开始，周文化是他们的旗帜。

3. 儒家以六艺为法。

4. 儒家崇尚礼义道德。儒家主张以礼治国，以礼区分君臣、父子、贵贱、亲疏之别。仁、义、礼、智、信、忠、孝、悌、爱、和、中等等，是儒家文化共同的核心概念和范畴。

正因为如此，孔子的"源头说"就很有值得商榷的地方。

事实上，春秋战国之际，诸子百家蜂起，在他们的著作中，对于三代以上的远古历史资料及其传闻还保存不少，所以诸子百家对于孔子的断代，对于远古历史的叙述与传闻，采取了存疑存信的态度，并不否认黄帝远古历史文化的存在。

那么，这里有一个问题就必须要做出明确的回答：

孔子为什么将中国历史与文化的源头定在尧舜时代？

要准确回答清楚这个问题显然已经不太可能，但并不是无迹可寻。

孔子删定《尚书》虽然是从《尧典》开始，"祖述尧舜，宪章文武"，但谁又能证明孔子删定《尚书》前的《尚书》等上古文献就没有关于黄帝文化的正式而明确的记载呢？如果没有，那么

《左传》所记载的"《三坟》《五典》《八索》《九丘》"①等远古文献又是从何处而来的呢？

据西汉戴德所编《大戴礼记》中记载：

> 武王践阼，三日，召士大夫而问焉……
>
> 然后召师尚父而问焉，曰："黄帝、颛顼之道存乎意，亦忽不可得见与？"师尚父曰："在《丹书》。王欲闻之，则齐矣。"三日，王端冕，师尚父亦端冕，奉书而入，负屏而立。……师尚父西面道书之言，曰："敬胜怠者吉，怠胜敬者灭；义胜欲者从，欲胜义者凶。凡事不强则枉，弗敬则不正。枉者灭废，敬者万世。"
>
> 王闻书之言，惕若恐惧，退而为戒书。②

由上述史料可见，周武王、姜尚时期尚存在有记载黄帝之道的《丹书》。

从现存关于黄帝的资料来看，黄帝文化所表达的内容及其形式是与孔子所提倡的"仁""礼"与"中庸之道"具有很大差别的，这很可能是孔子不愿意接受与提倡黄帝文化的症结所在。

那么，接下来又有一个问题需要解惑，这就是：黄帝文化的

---

① 《左传·昭公十二年》。
② 《大戴礼记·卷六·武王践阼第五十九》。

特质是什么？

根据《咸池》《清角》《云门》均为黄帝音乐作品的推测，都应该是与战争有关的素材，类似于后世的《大武》；《清角》是祭神的作品；《云门》是黄帝部落所崇拜的图腾音乐。由此可以得出一个比较清晰的线索，这就是：基于战争、鬼神、图腾崇拜是黄帝时代的主题，那么，黄帝文化的内容与特质很可能都与战争、鬼神祭祀、图腾崇拜有很大的关系，歌颂战争的胜利，赞扬、敬畏、祭祀不可知的鬼神，崇拜武力可能就是黄帝音乐的特质与灵魂。

据《通典》记载：

> 蔡邕曰："军乐也，黄帝岐伯所作，以扬德建武，劝士讽敌也。"[1]

《宋史·志第九十三·乐十五》说：

> 鼓吹者，军乐也。昔黄帝涿鹿有功，命岐伯作凯歌，以建威武、扬德风、厉士讽敌。其曲有《灵夔竞》《雕鹗争》《石坠崖》《壮士怒》之名，《周官》所谓"师有功则凯歌"者也。

如果真是这样的话，就难怪先秦儒家要放弃黄帝音乐而尊尧

---

[1] 《通典》卷一百四十六。

舜之乐了。

这是因为，儒家鼻祖孔子有着自己一套独特系统的文化观念。

孔子讨厌战争，不信鬼神，高举人文主义的旗帜，希望把人从上帝那里解放出来。关于这方面的内容，《论语》多处都有记载：

> 樊迟问知。子曰："务民之义，敬鬼神而远之。"①
>
> "子不语怪、力、乱、神。"②
>
> 子之所慎：齐（斋），战，疾。③
>
> 祭如在，祭神如神在。子曰："吾不与祭，如不祭。"④

孔子从不谈论怪异、勇力、叛乱与鬼神。

孔子很少谈论斋戒、战争、疾病的话题，对此采取了谨慎的态度。

当樊迟问"智"时，孔子明确告诉他要"敬鬼神而远之"。

对于鬼神，孔子实际上是不信的。因为无法证明鬼神究竟存在与否，因此对此采取了灵活的态度。他告诉他的学生：信就有，不信就没有。

---

① 《论语·雍也》。
② 《论语·述而》。
③ 《论语·述而》。
④ 《论语·八佾》。

　　儒家学派为孔子所一手开创，孔子的价值观与对世故人情的态度直接影响到儒家对其文化的选择标准。既然黄帝文化与儒家文化在价值理念上差异较大，那么，自孔子开始的后世儒家对黄帝文化避而不谈，也就不是一件难以理解的事情了。

　　由于孔子删定《尚书》，以虞、夏作为古史与中华文化上限的开始，后世的儒家学者多遵循孔子的教导，以夏、商、周三代作为标准的可信史料，故其道术亦从三代讲起。这样，黄帝文化就被排斥在历史之外，但历史与文化不能割断。《尚书》中所讲的历史与文化，并不是横空出世突然冒出来的，它也是从黄帝上古历史与文化承传下来的。根据黄帝一系所传顺序来看，黄帝之后是颛顼，是黄帝之孙，以后是帝喾，是黄帝的曾孙，唐尧是黄帝的玄孙，虞舜为黄帝九代孙，而夏禹也是黄帝的后裔。这样的血脉传承关系，与道术文化传承是一致的，因此，我们认定中国上古文化的源头在黄帝时代是站得住脚的。

　　事实上，孔子虽然将中国历史与文化的源头断代在尧舜时代，但他并不否认黄帝其人其事的存在，而且还很客观地向他的弟子们讲述了这一事实。

　　在《大戴礼记》中有这样的记载：

　　　　宰我问于孔子曰："昔者予闻诸荣伊令，黄帝三百年。请问黄帝者人邪？抑非人邪？何以至于三百年乎？"孔子曰：

"予！禹汤文武成王周公可胜观也，夫黄帝尚矣……"

孔子曰："黄帝，少典之子也，曰轩辕。生而神灵，弱而能言，幼而慧齐，长而敦敏，成而聪明。治五气，设五量，抚万民，度四方。教熊黑貔豹虎，以与赤帝战于阪泉之野。三战，然后得行其志。黄帝黼黻衣，大带，黼裳，乘龙扆云，以顺天地之纪，幽明之故，死生之说，存亡之难。时播百谷草木，故教化淳鸟兽昆虫，历离日月星辰，极畎土石金玉，劳心力耳目，节用水火材物。生而民得其利百年，死而民畏其神百年，亡而民用其教百年，故曰三百年。"

宰我请问帝颛顼。

孔子曰："五帝用记，三王用度……"

……

孔子曰："颛顼，黄帝之孙，昌意之子也。曰高阳……

宰我曰："请问帝喾。"

孔子曰："玄嚣之孙，蟜极之子也，曰高辛……"①

这说明，对于黄帝其人其事，孔子是清楚的。他之所以没有将中国历史与文化的源头断代在黄帝时代，很可能有他自己"吾从周"的文化价值理念判断在里面。

---

① 《大戴礼记·卷七·五帝德第六十二》。

## 三、庄子言黄帝

庄子，名周，宋国蒙人（今河南、安徽交界处），生卒年月不详，大约生在公元前369年，死于公元前286年，与孟子同时而稍后。

庄子曾做过管漆园的小吏，有时又以打草鞋为业，生计甚不富裕。虽然生活贫困，他倒也自得其乐，没有感到自己有什么不适。

其实，庄子本人非常善文，又善辩，在当时的知识界颇有名望。凭他的本事，他原本是不用生活贫困的，但他不像常人那样"正常"，他视官禄如粪土，甘愿安贫乐道，也不愿意入仕过上阔绰但受约束的生活。据司马迁在《史记·老子韩非列传》中记载：当时，楚威王听说庄子学问渊博，就派人带了大量钱财去请他作相，但被庄子拒绝了。他对前来请他的人说：千金、卿相确实是重利尊位，但这好比祭祀用的牛一样，养了多少年，还给它披上漂亮的衣裳，但目的是为了送入太庙当祭品。到那时虽然想做一只自由自在的小猪，也不可能了。你快走吧，不要玷污我！我宁愿像一头小猪，在污泥中自得其乐，也不为帝王们所束缚。我一辈子不当官，以达到我自得其乐的志愿。

庄子对战国时期激烈的政治斗争与战乱的社会现实，采取了批判与回避的态度。庄子消极厌世，对人生取虚无主义的态度，幻想摆脱一切外物和肉体的束缚，追求一种个人精神上绝对自由的境界。庄子认为，人所以不自由，一方面是由于外界物质条件的束缚，另一方面则是由于自身肉体的束缚。用庄子的话来讲就是"有待"和"有己"。

庄子一生不入仕，但他对这个炎凉世态的观察却独具眼光。

庄子的主观目的是想出世，为此他极细致地观察了这个世界，研究了世态万情，相应地提出了一整套理论，这样不自觉间，便为先秦思想界开辟了一个新的领域。

《庄子》一书共 33 篇，分内篇、外篇、杂篇，是我们了解和研究庄子思想的第一手材料。关于《庄子》的作者，学术界众说纷纭，莫衷一是。有的说内篇为庄子之作，外、杂篇为其后学之作。有的则认为外、杂篇多数属庄子本人之作，内篇为后学之作。还有的认为，庄子本人之作分散在内外篇中，应作具体分析。至于写作的时间，多数人认为书成于战国时期；有的则认为一些篇章是汉初的作品。不过，以笔者之狭隘且有限的眼光来看，我们不必死脑筋地非要搞清楚这些并不重要的东西，因为即使再争吵，也于事无补。就像一件十分宝贵的东西，丢了就是丢了，再也找不回来。《庄子》一书本来就像庄子本人一样，天马行空，嬉笑怒骂，无一定规则可循，到处充溢着谬悠之说、荒唐之言，无端崖之辞。从写作风格上看，仍然是庄子的灵魂在主宰一切。说它是庄子和战国时期庄子后学的论文汇编，当不会离事实太远。由于书成众手，在具体看法上多有抵牾之处，不过主体思想大体相近。《庄子》一书的主要思想可概括为一句话，即人性自然说和自然主义政治观。在《庄子》一书中，很难找到积极的治世方案，相反，看到的多是冷嘲热讽，然而嘲讽之中却包含着庄子独到的见解，从而从另一角度丰富了人们认识社会的途径。《庄子》对许多问题的结论是荒谬的，但在认识的过程中却迸发出许多光彩夺目的思想火花。

在《庄子》中，黄帝形象比较多样，或者是被批判的对象，或者是虚心的求教者，或者是道家的体道者，但基本上是一个执道德、轻仁义、无为为道、菲薄礼治的古代社会的理想君王，有政治家与思想家的双重身份。

庄子对黄帝的认识，主要表现如下：

### （一）对黄帝治道观的看法

《庄子》中的黄帝作为天下共主，其治国之道亦有不同，而作者对黄帝之治的态度亦不相同。

庄子认为，在远古时期存在着理想的至德之世，那时的君主能够"在宥天下"，施行真正的"无为之治"。当君主不能做到"无为"而开始施行"有为之治"，百姓的素朴本性就被破坏了，于是人人好知争利，社会变得混乱不堪，人与人、人与自然的和谐美好去而不返，而黄帝正是扰乱人心和社会的"有为之治"的代表之一。

庄子的这种思想，在《庄子·天运》篇就有充分的反映，庄子说：

> 三皇五帝之治天下，名曰治之，而乱莫甚焉。
>
> 黄帝之治天下，使民心一。民有其亲死不哭而民不非也。尧之治天下，使民心亲。民有为其亲杀其杀而民不非也。舜之治天下，使民心竞。民孕妇十月生子，子生五月而能言，不至乎孩而始谁，则人始有夭矣。禹之治天下，使民心变，人有心而兵有顺，杀盗非杀人。自为种而天下耳。是以天下大骇，儒墨皆起。

从上文论述中我们可以看出，在庄子的认识中，从至德之世到乱世的堕落是有步骤的，黄帝之治为堕落过程中的一个环节。由黄帝到尧、舜、禹的时代演进，与之相伴的是民心的变化，即从"民心一"到"民心亲""民心竞""民心变"的逐步堕落。"民心一"指百姓没有分别之心，对待他人没有偏私；"民心亲"则有了亲疏远近的差别，有了偏私之心；"民心竞"则出现了人与人之间的强弱之争，"民心变"则百姓各怀心机，持论各异，使天下惊骇不安。

《庄子·缮性》说：

古之人，在混芒之中，与一世而得澹漠焉。当是时也，阴阳和静，鬼神不扰，四时得节，万物不伤，群生不夭，人虽有知，无所用之，此之谓至一。当是时也，莫之为而常自然。

逮德下衰，及燧人、伏羲始为天下，是故顺而不一。德又下衰，及神农、黄帝始为天下，是故安而不顺。德又下衰，及唐、虞始为天下，兴治化之流，枭淳散朴，离道以善，险德以行，然后去性而从于心。心与心识知，而不足以定天下，然后附之以文，益之以博。文灭质，博溺心，然后民始惑乱，无以反其性情而复其初。

由是观之，世丧道矣，道丧世矣。世与道交相丧也，道之人何由兴乎世，世亦何由兴乎道哉！道无以兴乎世，世无以兴乎道，虽圣人不在山林之中，其德隐矣。

在上述这段文字中，我们看到了从古之人，燧人、伏羲、神农、黄帝到唐、虞的时代更替，与之相伴的却是德性的逐步衰落。古之人无为而自然，这是"至一"的境界；燧人和伏羲治天下，有治理之行为，但仍能顺从万物和百姓之自然，这就是"顺而不一"；神农和黄帝治天下，承认自然但已不能顺从自然，这就是"安而不顺"；唐、虞治天下，大兴教化，离散了人的淳朴本性，使人舍弃本性而顺从心知，最终使百姓迷乱而无法回复本真的性情。

《庄子·在宥》说：

> 昔者黄帝始以仁义撄人之心，尧、舜于是乎股无胈，胫无毛，以养天下之形。愁其五藏以为仁义，矜其血气以规法度。然犹有不胜也。尧于是放讙兜于崇山，投三苗于三峗，流共工于幽都，此不胜天下也，夫施及三王而天下大骇矣。下有桀、跖，上有曾、史，而儒墨毕起。于是乎喜怒相疑，愚知相欺，善否相非，诞信相讥，而天下衰矣；大德不同，而性命烂漫矣；天下好知，而百姓求竭矣。于是乎斤锯制焉，绳墨杀焉，椎凿决焉。天下脊脊大乱，罪在撄人心。

此段文字，借崔瞿子向老聃请教的故事说明黄帝、尧、舜的治国方式带来后世的天下大乱，根源就在于"撄人之心"，也就是扰乱人心。黄帝用仁义来扰乱人心，尧、舜施行仁义，规定法度，却仍不能治理好天下，至夏、商、周三代，天下就更不安定。从仁义开始到礼法、刑具，治理的手段越来越刚猛严苛，强制性越来越强，但社会秩序却越来越混乱。

综合以上的论述可见，黄帝之治分别为"使民心一"的教化实施，对万物和人的自然本性的"安而不顺"，以及仁义之治的推行。因为语境和论述角度的不同表达有所差异，但从总体来看黄帝之治代表了对人心进行教化和改变的开始，在庄子后学看来，这不是完全安顺人的素朴自然本性的治国方式，因而属于"有为之治"。而正因为黄帝之治对人心不是安顺而是进行教化和改变，扰乱了人的自然本性，而导致其后帝王的治国方式对人心的干涉愈多，强制性越大，带来的混乱越严重。对于通过黄帝表达思想的现象，区分这一思想为黄帝符号本身所有还是作者单纯利用黄帝作为自己思想的代言者非常困难。在这部分文本中，黄帝之治是被批评的对象，当然有可能是庄子后学将自己所批评的有为之治的开端归于黄帝，但亦有可能是他们所批评的黄帝之治在当时的思想界有一定的影响力，并且这样的黄帝之治是被广为称颂的，如在《盗跖》中就讲到"世之所高，莫若黄帝"。因此，作为批评对象的黄帝之治，更能够反映当时思想界对黄帝之治的流行看法。可以说，在这些文本创作的时代，黄帝之治是治理行为的开端，是对人心进行教化的开始以及黄帝推行仁义之治，这样的看法应该有着比较广泛的认可度。

在《庄子·在宥》中，庄子借广成子和黄帝的对话，提出了治天下者必先治身的观点，并说明了治身、体道的方法。

> 黄帝立为天子十九年，令行天下，闻广成子在于空同之山，故往见之。曰："我闻吾子达于至道，敢问至道之精。吾欲取天地之精，以佐五谷，以养民人。吾又欲官阴阳，以遂群生，为之奈何？"广成子曰："而所欲问者，物之质也；而

所欲官者，物之残也。自而治天下，云气不待族而雨，草木不待黄而落，日月之光益以荒矣。而佞人之心翦翦者，又奚足以语至道！"黄帝退，捐天下，筑特室，席白茅，闲居三月，复往邀之。

广成子南首而卧，黄帝顺下风，膝行而进，再拜稽首而问曰："闻吾子达于至道，敢问治身奈何而可以长久？"广成子蹶然而起，曰："善哉问乎！来！吾语女至道。至道之精，窈窈冥冥；至道之极，昏昏默默。无视无听，抱神以静，形将自正。必静必清，无劳女形，无摇女精，乃可以长生。目无所见，耳无所闻，心无所知，女神将守形，形乃长生。慎女内，闭女外，多知为败。我为女遂于大明之上矣，至彼至阳之原也。为女入于窈冥之门矣，至彼至阴之原也。天地有官，阴阳有藏；慎守女身，物将自壮。我守其一以处其和，故我修身千二百岁矣，吾形未常衰。"黄帝再拜稽首，曰："广成子之谓天矣！"

广成子曰："来，余语女。彼其物无穷，而人皆以为有终；彼其物无测，而人皆以为有极。得吾道者，上为皇而下为王；失吾道者，上见光而下为土。今夫百昌皆生于土而反于土，故余将去女，入无穷之门，以游无极之野。吾与日月参光，吾与天地为常。当我，缗乎！远我，昏乎！人其尽死，而我独存乎！"

其中提起"黄帝立为天子十九年，令行天下"。虽然在此段文字中黄帝是被教导的对象，黄帝治理天下的方式也是庄子所不认同的，但从中可见黄帝是利用政令的发布和执行来治理天下的，而令也是法的组成部分之一。可以说，此段文字中的黄帝之治亦是法治。

**（二）对黄帝天道观的看法**

《庄子》外杂篇中多讲"天道"或"天地之道"。《天道》和《天地》两篇甚至将天或天地的地位至于道或道德之上，使天成为第一位的概念。于是，天、天地或天道、天地之道成为人间社会的的最高依据，同时也是圣人、帝王的行为依据，尤其是成为如何归服天下和治理天下的依据，而黄帝之治也是效法天地的典范。

《庄子·天地》说：

> 天地虽大，其化均也；万物虽多，其治一也；人卒虽众，其主君也。君原于德而成于天，故曰，玄古之君天下，无为也，天德而已矣。

> 以道观言而天下之君正，以道观分而君臣之义明，以道观能而天下之官治，以道泛观而万物者应备。故通于天下者，德也；行于万物者，道也，上治人者，事也；能有所艺者，技也。技兼于事，事兼于义，义兼于德，德兼于道，道兼于天。

> 故曰，古之畜天下者，无欲而天下足，无为而万物化，渊静而百姓定。《记》曰："通于一而万事毕，无心得而鬼神服。"
>
> ……
>
> 夫天地者，古之所大也，而黄帝、尧、舜之所共美也。故古之王天下者，奚为哉？天地而已矣！

天和地虽然很大，不过它们的运动和变化却是均衡的；万物虽然纷杂，不过它们各得其所归根结底却是同一的；百姓虽然众多，不过他们的主宰却都是国君。国君管理天下要以顺应事物为根本而成事于自然，所以说，遥远的古代君主统驭天下，一切都出自无为，即听任自然、顺其自得罢了。黄帝以及尧舜王天下只是因为他们推崇天地之道并能够效法天地的法则去进行治理罢了。

总之，在《庄子》中，《天地》《天道》《天运》等篇详细讨论了帝王应如何法天而治的问题，其基本的思路就是通过对天地运行的观察总结出特定的运行法则和规律，并将这些法则规律与人事相对照，进而提出古代黄帝等君主应该采取的治国方式，这就是"推天道以明人事"的思维方式。因前面多少都已经提及，此处不再赘述。

### （三）对黄帝音乐观的看法

乐与天道相通，也与治道相通。

黄帝治理世道，也曾借助于音乐的功能。

《庄子·天运》说：

北门成问于黄帝曰："帝张咸池之乐于洞庭之野，吾始闻之惧，复闻之怠，卒闻之而惑；荡荡默默，乃不自得。"

帝曰："汝殆其然哉！吾奏之以人，徵之以天，行之以礼义，建之以大清。夫至乐者，先应之以人事，顺之以天理，行之以五德，应之以自然，然后调理四时，太和万物。四时迭起，万物循生；一盛一衰，文武伦经；一清一浊，阴阳调和，流光其声；蛰虫始作，吾惊之以雷霆。其卒无尾，其始无首；一死一生，一偾一起；所常无穷，而一不可待。汝故惧也。

"吾又奏之以阴阳之和，烛之以日月之明。其声能短能长，能柔能刚；变化齐一，不主故常；在谷满谷，在阬满阬；涂郤守神，以物为量。其声挥绰；其名高明。是故鬼神守其幽，日月星辰行其纪。吾止之于有穷，流之于无止。予欲虑之而不能知也，望之而不能见也，逐之而不能及也；傥然立于四虚之道，倚于槁梧而吟。目知穷乎所欲见，力屈乎所欲逐，吾既不及已夫！形充空虚，乃至委蛇。汝委蛇，故怠。

"吾又奏之以无怠之声，调之以自然之命。故若混逐丛生，林乐而无形；布挥而不曳，幽昏而无声。动于无方，居于窈冥；或谓之死，或谓之生，或谓之实，或谓之荣；行流散徒，不主常声。世疑之，稽于圣人。圣也者，达于情而遂于命也。天机不张而五官皆备，此之谓天乐，无言而心说。故有焱氏为之颂曰'听之不闻其声，视之不见其形，充满天地，苞裹六极'。汝欲听之而无接焉，而故惑也。

"乐也者，始于惧，惧故祟；吾又次之以怠，怠故遁；卒之于惑，惑故愚；愚故道，道可载而与之俱也。"

北门成向黄帝问道："你在广漠的原野上演奏咸池乐曲，我起初听起来感到惊惧，再听下去就逐步松缓下来，听到最后却又感到迷惑不解，神情恍惚无知无识，竟而不知所措。"

黄帝说："你恐怕会有那样的感觉吧！我因循人情来演奏乐曲，取法自然的规律，用礼义加以推进，用天道来确立。最美妙最高贵的乐曲，总是用人情来顺应，用天理来因循，用五德来推演，用自然来应合，然后方才调理于四季的序列，跟天地万物同和。乐声犹如四季更迭而起，万物都遵循这一变化而栖息生长；忽而繁茂忽而衰败，春季的生机和秋季的肃杀都在有条不紊地更迭；忽而清新忽而浊重，阴阳相互调配交和，流布光辉和与之相应的声响；犹如解除冬眠的虫豸开始活动，我用雷霆使它们惊起。乐声的终结寻不到结尾，乐声的开始寻不到起头；一会儿消逝一会儿兴起，一会儿偃息一会儿亢进；变化的方式无穷无尽，全不可以有所期待。因此你会感到惊恐不安。

"我又用阴阳的交和来演奏，用日月的光辉来照临整个乐曲。于是乐声能短能长，能柔能刚，变化虽然遵循着一定的条理，却并不拘泥于故态和常规；流播于山谷则山谷满盈，流播于坑凹则坑凹充实，堵塞心灵的孔隙而使精神宁寂持守，一切用外物来度量。乐声悠扬广远，可以称作高如上天，明如日月。因此连鬼神也能持守幽暗，日月星辰也能运行在各自的轨道上。我时而把乐声停留在一定的境界里，而乐声的寓意却流播在无穷无尽的天地中。我想思考它却不能知晓，我观望它却不能看见，我追赶它却总不能赶上；只得无心地伫立在通达四方而无涯际的衢道上，依着几案吟咏。目光和智慧困窘于一心想要见到的事物，力气竭尽于一心想要追求的东西。我早已经赶不上了啊！形体充盈却又好像不复存在，方才能够随应变化。你随应变化，因此惊恐不安的情绪慢慢平息下来。

"我又演奏起忘情忘我的乐声，并且用自然的节奏来加以调协。因而乐声像是混同驰逐相辅相生，犹如风吹丛林自然成乐却又无有形迹；传播和振动均无外力引曳，幽幽暗暗又好像没有了一点儿声响。乐声启奏于不可探测的地方，滞留于深远幽暗的境界；有时候可以说它消逝，有时候又可以说它兴起；有时候可以说它实在，有时候又可说它虚华；演进流播飘散游徙，绝不固守一调。世人往往迷惑不解，向圣人问询查考。所谓圣，就是通达事理而顺应于自然。自然的枢机没有启强而五官俱全，这就可以称之为出自本然的乐声，犹如没有说话却心里喜悦。所以有焱氏为它颂扬说：'用耳听听不到声音，用眼看看不见形迹，充满于大地，包容了六极。'你想听却无法衔接连贯，所以你到最后终于迷惑不解。

"这样的乐章，初听时从惶惶不安的境态开始，因为恐惧而认为是祸患；我接着又演奏了使人心境松缓的乐曲，因为松缓而渐渐消除恐惧；乐声最后在迷惑不解中终结，因为迷惑不解而无知无识似的；无知无识的浑厚心态就接近大道，接近大道就可以借此而与大道融合相通了。"

《咸池》是黄帝音乐的代表作。黄帝以《咸池》为例，同北门成探讨治理之道。黄帝认为，"乐"与天地万物相通，"最美妙最高贵的乐曲，总是用人情来顺应，用天理来因循，用五德来推演，用自然来应合，然后方才调理于四季的序列，跟天地万物同和"。因此，"乐"治人心，治世道。

### （四）对黄帝本体观的看法

《庄子·知北游》中，借黄帝之口，指出了"道"为宇宙的本源和本性，同时也论述了人对宇宙和外在事物应取的认识和态度。

　　知北游于玄水之上，登隐弅之丘，而适遭无为谓焉。知谓无为谓曰："予欲有问乎若：何思何虑则知道？何处何服则安道？何从何道则得道？"三问而无为谓不答也，非不答，不知答也。知不得问，反于白水之南，登狐阕之上，而睹狂屈焉。知以之言也问乎狂屈。狂屈曰："唉！予知之，将语若，中欲言而忘其所欲言。"知不得问，反于帝宫，见黄帝而问焉。黄帝曰："无思无虑始知道，无处无服始安道，无从无道始得道。"

知问黄帝曰："我与若知之，彼与彼不知也，其孰是邪？"黄帝曰："彼无为谓真是也，狂屈似之；我与汝终不近也。夫知者不言，言者不知，故圣人行不言之教。道不可致，德不可至。仁可为也，义可亏也，礼相伪也。故曰，'失道而后德，失德而后仁，失仁而后义，失义而后礼。礼者，道之华而乱之首也'。故曰：'为道者日损，损之又损之以至于无为，无为而无不为也。'今已为物也，欲复归根，不亦难乎！其易也，其唯大人乎！生也死之徒，死也生之始，孰知其纪！人之生，气之聚也；聚则为生，散则为死。若死生为徒，吾又何患！故万物一也，是其所美者为神奇，其所恶者为臭腐；臭腐复化为神奇，神奇复化为臭腐。故曰，通天下一气耳。圣人故贵一。"

知谓黄帝曰："吾问无为谓，无为谓不我应。非不我应，不知应我也。吾问狂屈，狂屈中欲告我而不我告，非不我告，中欲告而忘之也。今予问乎若，若知之，奚故不近？"黄帝曰："彼其真是也，以其不知也；此其似之也，以其忘之也；予与若终不近也，以其知之也。"

狂屈闻之，以黄帝为知言。

知向北游历来到玄水岸边，登上名叫隐弅的山丘，正巧在那里遇上了无为谓。知对无为谓说："我想向你请教一些问题：怎样思索、怎样考虑才能懂得道？怎样居处、怎样行事才符合于道？依从什么，采用什么方法才能获得道？"问了好几次无为谓都不回答，不是不回答，而是不知道怎么答。知从无为谓那里得不到解答，便返回到白水的南岸，登上名叫狐阕的山丘，在那里见到了狂屈。知把先前的问话向狂屈请教，狂屈说："唉，我知道怎样回答这些问题，我将告诉给你，可是心中正想说却又忘记了那些想说的话。"知从狂屈那里也没有得到解答，便转回到黄帝的住所，见到黄帝向他再问。黄帝说："没有思索、没有考虑方才能够懂得道，没有安处、没有行动方才能够符合于道，没有依从、没有方法方才能够获得道。"

知于是问黄帝："我和你知道这些道理，无为谓和狂屈不知道这些道理，那么，谁是正确的呢？"黄帝说："那无为谓是真正正确的，狂屈接近于正确；我和你则始终未能接近于道。知道的人不说，说的人不知道，所以圣人施行的是不用言传的教育。道不可能靠言传来获得，德不可能靠谈话来达到。没有偏爱是可以有所作为的，讲求道义是可以亏损残缺的，而礼仪的推行只是相互虚伪欺诈。所以说，'失去了道而后能获得德，失去了德而后能获得仁，失去了仁而后能获得义，失去了义而后能获得礼。礼，乃是道的伪饰、乱的祸首'。所以说，'体察道的人每天都得清除伪饰，清除而又再清除以至达到无为的境界，达到无所作为的境界也就没有什么可以作为的了。'如今你已对外物有所作为，想要再返回根本，不是很困难吗？假如容易改变而回归根本，恐怕只有是得道的人啊！

"生是死的同类，死是生的开始，谁能知道它们的端绪！人的诞生，是气的聚合，气的聚合形成生命，气的离散便是死亡。如果死与生是同类相属的，那么对于死亡我又忧患什么呢？所以，万物说到底是同一的。这样，把那些所谓美好的东西看作是神奇，把那些所谓讨厌的东西看作是臭腐，而臭腐的东西可以再转化为神奇，神奇的东西可以再转化为臭腐。所以说，'整个天下只不过同是气罢了'。圣人也因此看重万物同一的特点。

知又对黄帝说："我问无为谓，无为谓不回答我，不是不回答我，是不知道怎么回答我。我问狂屈，狂屈内心里正想告诉我却没有告诉我，不是不告诉我，是心里正想告诉我又忘掉了怎样告诉我。现在我想再次请教你，你懂得我所提出的问题，为什么又说回答了我便不是接近于道呢？"黄帝说："无为谓他是真正了解大道的，因为他什么也不知道；狂屈他是接近于道的，因为他忘记了；我和你终究不能接近于道，因为我们什么都知道。"

狂屈听说了这件事，认为黄帝的话是最了解道的谈论。

总之，一言以蔽之，道不可言。正像黄帝所言："知道的人不说，说的人不知道，所以圣人施行的是不用言传的教育。道不可能靠言传来获得，德不可能靠谈话来达到。"

## 四、商鞅、韩非言黄帝

战国时期，法家代表人物的著作中如《商君书》《韩非子》等都记载有关于黄帝的一些思想与言论。

在反映商鞅法治思想的《商君书》中，就有数处言及黄帝。

在《商君书·更法》篇中，公孙鞅说："前世不同教，何古之法？帝王不相复，何礼之循？伏羲、神农教而不诛；黄帝、尧、舜诛而不怒。及至文、武，各当时而立法，因事而制礼。礼法以时而定，制令各顺其宜。"

在《商君书·画策》篇中，公孙鞅说："昔者昊英之世，以伐木杀兽，人民少而木、兽多。黄帝之世，不麛不卵，官无供备之民，死不得用椁。事不同，皆王者，时异也。神农之世，男耕而食，妇织而衣，刑政不用而治，甲兵不起而王。神农既没，以强胜弱，以众暴寡，故黄帝作为君臣上下之义，父子兄弟之礼，夫妇妃匹之合；内行刀锯，外用甲兵，故时变也。由此观之，神农非高于黄帝也，然其名尊者，以适于时也。"

韩非对于帝王学的研究独具心得。他主张兼用法、术。同时他又采用慎到的势治学说，重视权势的重要性。韩非强调说："抱法处势则治，背法去势则乱。"法是官府公布的成文法，是编著在图籍上的法规；术是君主暗藏在心中的权术，是驾驭臣民的手段；势是君主掌握在手中的权势，是控制臣下的凭借力量。韩非把这三种学说综合起来，形成法家完整的政治学说。

在《韩非子》中，同样有关于黄帝的言行及其事迹的记载。

《韩非子·扬权》篇说：

> 黄帝有言曰：上下一日百战，下匿其私，用试其上；上操度量，以割其下。

可见法家笔下的黄帝，是一位用法严明、好治甲兵的专制君主。

《韩非子·五蠹》篇说：

> 故法之所非，君之所取；吏之所诛，上之所养也……虽有十黄帝不能治也。

如果国君行为与法律、执法者相反，就不能治理好国家。

总之，在法家看来，黄帝的治理之道多与战争、法治联系在一起的。

## 五、杂家言黄帝

在现存先秦古籍中，最早出现黄帝传说的著作，当推《左传》《国语》和《逸周书》等书。

《左传》中有这样二则史料。

第一则史料：

> 秦伯师于河上，将纳王……（晋文公）使卜偃卜之，曰："吉。遇黄帝战于阪泉之兆。"公曰："吾不堪也。"对曰："周礼未改，今之王，古之帝也。"[1]

这个借卜辞塑造出来的古代帝王——黄帝，实际是春秋时代列国进行争霸斗争中的诸侯霸主的象征。

第二则史料：

> 秋，郯子来朝，公与之宴。昭子问焉，曰："少皞氏鸟名官，何故也？"郯子曰："吾祖也，我知之。昔者黄帝氏以云纪，故为云师而云名；炎帝氏以火纪，故为火师而火名；共

---

[1] 《左传·僖公二十五年》。

工氏以水纪，故为水师而水名；大皞氏以龙纪，故为龙师而龙名。我高祖少皞挚之立也，凤鸟适至，故纪于鸟，为鸟师而鸟名：凤鸟氏，历正也……自颛顼以来，不能纪远，乃纪于近，为民师而命以民事，则不能故也。"

仲尼闻之，见于郯子而学之。既而告人曰："吾闻之，'天子失官，官学在四夷'，犹信。"[1]

这则史料不过是借郯子之口，说明了原始社会氏族的图腾崇拜的遗风。而所谓"云"与"火"，只不过是"黄帝氏"与"炎帝氏"两个氏族的崇拜标志。

至于《国语》中记载的黄帝故事，与《左传》相比，则要丰富与具体多了，但也只限于对黄帝世系和事迹的记载。

《国语·鲁语上》记展禽言：

昔烈山氏之有天下也，其子曰柱，能殖百谷百蔬；夏之兴也，周弃继之，故祀以为稷。共工氏之伯九有也，其子曰后土，能平九土，故祀以为社。黄帝能成命百物，以明民共财，颛顼能修之。帝喾能序三辰以固民，尧能单均刑法以仪民，舜勤民事而野死，鲧鄣洪水而殛死，禹能以德修鲧之功，契为司徒而民辑，冥勤其官而水死，汤以宽治民而除其邪，

---

[1] 《左传·昭公十七年》。

稷勤百谷而山死，文王以文昭，武王去民之秽。故有虞氏禘黄帝而祖颛顼，郊尧而宗舜；夏后氏禘黄帝而祖颛顼，郊鲧而宗禹；商人禘舜而祖契，郊冥而宗汤；周人禘喾而郊稷。祖文王而宗武王。

这是先秦文献中首次详细开列的一张古代帝王世系表，将五帝与夏、商、周三代王的祖先联系并统一起来。显而易见，这张世系表是《国语》的作者将《尚书》《诗经》等古代文献有关夏、商、周族祖先的传记，与五帝三王的历史传说，糅合而成的。

《国语·晋语四》记司空季子之言：

同姓为兄弟，黄帝之子二十五人，其同姓者二人而已。……昔少典氏取于有蟜氏，生黄帝、炎帝。黄帝以姬水成，炎帝以姜水成。成而异德，故黄帝为姬，炎帝为姜，二帝用师以相济也，异德之故也。

这则史料又比《国语·鲁语》的世系说得更具体了一些，黄帝直接成了姬姓氏族即周族的始祖而不再绕夏族的弯了。

以上就是《左传》《国语》中有关黄帝的主要记载。它们成了《大戴礼记》的《五帝德》《帝系姓》，《小戴礼记》的《祭法》以及《史记·五帝本纪》中有关黄帝传说的主要材料来源。

《逸周书·尝麦解》有借周武王之口叙述黄帝擒杀蚩尤的故事：

王若曰："宗揿大正！昔天之初，□作二后，乃设建典，命赤帝分正二卿，命蚩尤、于宇、少昊，以临四方，司□□。上天未成之庆，蚩尤乃逐帝。争于涿鹿之河，九隅无遗。赤帝大慑，乃说于黄帝，执蚩尤，杀之于中冀。"

这段话中"作二后"前的残字可能是"帝"，也即"天帝"。故事追溯到"天之初"的太古时代，天帝设立二君（盖指赤帝、黄帝），建立典章制度。任命赤帝管理臣僚，任命蚩尤，于宇、少昊，治理四方百姓。蚩尤很不满意，起兵逐帝，大战于涿鹿之河，占领了很多地方。赤帝大为恐慌，于是说服黄帝讨伐蚩尤。结果，黄帝取胜，擒杀了蚩尤。显然，这里的"帝"是氏族联盟的最高领袖，而赤帝、黄帝和蚩尤，则是各统治一方的氏族领袖，而以黄帝实力最强。这一记载，大概就是后来许多古文献所述黄帝故事的蓝本。

上面三种古籍，记载了春秋乃至西周的时事传闻。到了战国时代、特别是战国中期以后，由于大国争霸、百家争鸣形势的出现，关于黄帝的传说故事日益流行起来，内容越来越复杂。各国统治者和思想家都按照自己的政治需要塑造黄帝的形象。诸子百家中各主要学派，几乎都树立了自己的黄帝偶像，尤其是道家与法家，对黄帝之事记载得最多。

例如《陈侯因齐敦》的铭文内容，就反映了战国中期的齐国统治者尊崇黄帝的用心所在。铭文写道：

> 唯正六月癸未，陈侯因齐曰：皇考孝武恭哉，大谟克成。
> 其唯因齐，扬皇考昭统，高祖黄帝，迩嗣桓、文，朝问诸侯，
> 合扬厥德。诸侯贡献吉金，用作孝武桓公祭器敦，以蒸以尝，
> 保有齐邦，世万子孙，永为典常。

上文中，陈侯因齐即田齐威王，公元前356年至前320年在位，孝武桓公即陈侯午，是威王之父，公元前374年至前357年在位，都是战国中期人。铭文远溯黄帝，近承齐桓、晋文霸业。这说明齐国统治者之所以要尊奉黄帝，目的在于宣扬自己是黄帝后裔，是战国天下统一的合法者。

1972年，在山东临沂县银雀山汉墓出土的《孙子兵法》佚篇残简中，有一篇题为《黄帝伐赤帝》的佚文，记述了黄帝东伐青帝、南伐赤帝、西伐白帝、北伐黑帝，从而"已胜四帝，大有天下"的故事。这篇佚文与其说记录了历史的传闻，毋宁说反映了作者的理想，它并非远古历史的重现，而是作者所处时代的写照。《孙子兵法》佚文中所谓五色帝相互攻伐，最后由中央的黄帝战而胜之、统一天下的局面，是战国中期以后大国争霸、力求统一天下的历史趋势的反映。由此可见，这时候的黄帝形象，已经从古代某一氏族或诸侯的领袖演变为担负统一天下大任的君主了。

战国中期以后，诸子百家几乎都言黄帝，如《庄子》《鹖冠子》

《吕氏春秋》《商君书》《韩非子》《尸子》《荀子》《孙子兵法》《尉缭子》等著作中，都或多或少地记载着黄帝治国之言或黄帝征伐之事，就是最好的明证。

# 第三章　司马迁说黄帝

在《五帝本纪》中，黄帝具备以下特征：

1. 智慧的化身。"生而神灵，弱而能言，幼而徇齐，长而敦敏，成而聪明。"

2. 正义的化身。轩辕理事，主要就是不让诸侯再扰乱百姓。

3. 胜利者的象征。黄帝是战无不胜的化身，胜炎帝、败蚩尤，"习用干戈，以征不享，诸侯咸来宾从"。

4. 社会秩序的建立者与维护者。"诸侯咸尊轩辕为天子，代神农氏，是为黄帝。天下有不顺者，黄帝从而征之，平者去之，披山通道，未尝宁居。"

5. 国家治理者的榜样。"修德振兵，治五气，艺五种，抚万民，度四方"，"置左右大监，监于万国。万国和，而鬼神山川封禅与为多焉。获宝鼎，迎日推筴。举风后、力牧、常先、大鸿以治民。顺天地之纪，幽明之占，死生之说，存亡之难。时播百谷草木，淳化鸟兽虫蛾，旁罗日月星辰水波土石金玉，劳勤心力耳目，节用水火材物。有土德之瑞，故号黄帝"。

6. 中华民族的人文始祖。黄帝不仅是五帝时代的开创者，更是中华民族的共同鼻祖与民族魂。

# 一、《五帝本纪》中的黄帝事迹

《史记》说：

> 黄帝者，少典之子，姓公孙，名曰轩辕。生而神灵，弱而能言，幼而徇齐，长而敦敏，成而聪明。
>
> 轩辕之时，神农氏世衰。诸侯相侵伐，暴虐百姓，而神农氏弗能征。于是轩辕乃习用干戈，以征不享，诸侯咸来宾从。而蚩尤最为暴，莫能伐。炎帝欲侵陵诸侯，诸侯咸归轩辕。轩辕乃修德振兵，治五气，艺五种，抚万民，度四方，教熊罴貔貅䝙虎，以与炎帝战于阪泉之野。三战，然后得其志。蚩尤作乱，不用帝命。于是黄帝乃征师诸侯，与蚩尤战于涿鹿之野，遂禽杀蚩尤。而诸侯咸尊轩辕为天子，代神农氏，是为黄帝。天下有不顺者，黄帝从而征之，平者去之，披山通道，未尝宁居。
>
> 东至于海，登丸山，及岱宗。西至于空桐，登鸡头。南至于江，登熊、湘。北逐荤粥，合符釜山，而邑于涿鹿之阿。迁徙往来无常处，以师兵为营卫。官名皆以云命，为云师。置左右大监，监于万国。万国和，而鬼神山川封禅与为多焉。获宝鼎，迎日推策。举风后、力牧、常先、大鸿以治民。顺

天地之纪，幽明之占，死生之说，存亡之难。时播百谷草木，淳化鸟兽虫蛾，旁罗日月星辰水波土石金玉，劳勤心力耳目，节用水火材物。有土德之瑞，故号黄帝。

黄帝二十五子，其得姓者十四人。

黄帝居轩辕之丘，而娶于西陵之女，是为嫘祖。嫘祖为黄帝正妃，生二子，其后皆有天下：其一曰玄嚣，是为青阳，青阳降居江水；其二曰昌意，降居若水。昌意娶蜀山氏女，曰昌仆，生高阳，高阳有圣德焉。黄帝崩，葬桥山。其孙昌意之子高阳立，是为帝颛顼也。

帝颛顼生子曰穷蝉。颛顼崩，而玄嚣之孙高辛立，是为帝喾。

帝喾高辛者，黄帝之曾孙也。

上述史料的大意就是：黄帝是少典族的后代，姓公孙，名叫轩辕。刚出生就特别神奇，70天内就能说话，幼小时活泼机灵，长大了敦厚明理，20成人，更加闻见广博，明辨是非。

轩辕理事的时候，神农氏后代衰弱，各地诸侯互相侵犯攻伐，残害百姓，神农氏却无力征讨。在这种情况下，轩辕便操练士兵，拿起武器，征讨不朝贡的诸侯。四方诸侯都来称臣纳贡。蚩尤最强暴，还没有人能征讨他。炎帝也想侵凌诸侯，更加驱使诸侯归附轩辕。轩辕就兴修德政，整治武备，顺应四时五行的自然气象，种植黍、稷、菽、麦、稻等农作物，抚慰千千万万的民众，丈量规划四方的土地，训练用熊、罴、貔貅、貙虎为图腾的氏族斗士，用来与炎帝在阪泉郊外展开决战，经过多次战斗，才取得最后胜利。随后蚩尤发动叛乱，不听从黄帝的命令。于是黄帝就向四方诸侯征集军队，和蚩尤在涿鹿山前旷野上战斗，终于擒获并杀死了蚩尤。这样四方诸侯都尊崇轩辕做天子，代替神农氏，这就是黄帝。天下有不归顺的，黄帝便去征讨，平定后就离开。开山修路，从来没有安居过。出现了象征土德的祥瑞，所以号称"黄帝"。

黄帝有 25 个儿子，他们当中建立了姓氏的有 14 人。

黄帝居住在轩辕之丘，娶了西陵氏的女子为妻，这就是嫘祖，是黄帝的正妃，生了两个儿子，他们的后代都执掌过整个天下。长子叫玄嚣，这就是青阳。青阳下封为诸侯，住在江水。次子叫昌意，也下封为诸侯，居住在若水。昌意娶了蜀山氏的女子为妻。她叫昌仆，生了高阳。高阳是一个很有德行的人。黄帝去世后，安葬在桥山。他的孙子，也就是昌意的儿子高阳即位，这就是帝颛顼。

颛顼的儿子叫穷蝉。颛顼死后，玄嚣的孙子高辛即位，这就是帝喾。

帝喾高辛是黄帝的曾孙。

在《五帝本纪》中，黄帝是智慧的化身，是正义的化身，是胜利者的象征，是理想社会秩序的建立者与维护者，是国家治理者的榜样，是中华民族的人文始祖，是民族魂。

## 二、司马迁在《五帝本纪》外的记述

除了《五帝本纪》，司马迁在《史记》中还有多处对黄帝事迹的记载：

1.《夏本纪》：

> 夏禹，名曰文命。禹之父曰鲧，鲧之父曰帝颛顼，颛顼之父曰昌意，昌意之父曰黄帝。禹者，黄帝之玄孙而帝颛顼之孙也。禹之曾大父昌意及父鲧皆不得在帝位，为人臣。

夏禹名叫文命。禹的父亲叫鲧，鲧的父亲就是帝颛顼，颛顼的父亲叫昌意，昌意的父亲叫黄帝。夏禹是黄帝的玄孙，帝颛顼的孙子。夏禹的曾祖父与父亲鲧都没有称帝，做天子的臣下。

在《夏本纪》中，司马迁认为夏禹是黄帝的玄孙，简单地梳理了一下夏禹的宗谱。

2.《周本纪》：

> 周后稷，名弃。其母有邰氏女，曰姜原。姜原为帝喾元妃。姜原出野，见巨人迹，心忻然说，欲践之，践之而身动

如孕者。居期而生子，以为不祥，弃之隘巷，马牛过者皆辟
不践；徙置之林中，适会山林多人，迁之；而弃渠中冰上，
飞鸟以其翼覆荐之。姜原以为神，遂收养长之。初欲弃之，
因名曰弃。

周后稷的名字叫弃，他的母亲是有邰氏的女儿，叫姜原。姜
原是帝喾的正妃。姜原来到野外，看见地上有巨人的足迹，内心
油然而生兴奋喜悦之情，想去踩它，踩了以后腹内蠕动，像怀了
孕一样。足月后产下一个男孩。姜原认为这件事不吉利，就将男
孩丢弃在狭窄的道路上，从路上经过的马牛都避开男孩不去踩他；
姜原又把男孩移置在山林，恰好遇到山林里有很多人，就转移地
方，将男孩丢弃在结了冰的沟渠上，飞鸟用它们的翅膀来为他覆
盖、铺垫。姜原认为这个男孩很神奇，就收留了他，抚养他长大
成人。因为起初打算丢弃他，所以给他起名叫"弃"。

在这里，司马迁记述了周王朝先祖弃的神话故事，说明弃是
帝喾的后代，是黄帝的一脉，周民族是黄帝血脉的传承。

武王追思先圣王，乃褒封神农之后于焦，黄帝之后于祝，
帝尧之后于蓟，帝舜之后于陈，大禹之后于杞。

周武王灭商后，追思先代圣王的功德，首先将神农之后封于
焦，黄帝之后封于祝，帝尧之后封于蓟，帝舜之后封于陈，大禹

之后封于杞。

3.《高祖本纪》：

> 于是刘季数让，众莫敢为，乃立季为沛公，祠黄帝，祭蚩尤于沛庭。

刘邦在沛县起事时，就将黄帝、蚩尤作为祭祀的对象，以此来为自己起事寻找合法性的理由。

4.《孝武本纪》：

> （1）是时而李少君亦以祠灶、穀道、却老方见上，上尊之。……少君言于上曰："祠灶则致物，致物而丹沙可化为黄金，黄金成以为饮食器则益寿，益寿而海中蓬莱仙者可见，见之以封禅则不死，黄帝是也。

汉武帝时期，有个李少君据说会祭灶神、能够不吃饭、能够永不衰，被汉武帝召见，汉武帝很尊敬他。李少君原是深泽侯家的舍人，曾给人看病。他隐瞒起自己的年龄、籍贯和生平经历，常常自称已经70多岁，能驱遣精灵，长生不老。他靠着这套把戏到过好多诸侯国。他没有妻子儿女。人们听说他能驱遣精灵、长生不老，就暗暗送东西给他，于是他的金钱衣物很多。由于人们都知道他百事不干，却能如此富足，就更让人不理解他究竟是什么人了，于是就更加崇拜他，供奉他。李少君凭借着一套熟练技巧，善于猜测、说中人的一些隐秘。有一次他到武安侯田蚡家喝酒，在座的有一位 90 多岁的老人。李少君就对老人说起和他的祖父一道游玩射猎的地方。这位老人小时候跟着祖父去过这个地方，知道这个地方是什么样子。在座的人见李少君如此都很惊奇。少君拜见皇帝时，皇帝藏有一件古代铜器，问李少君是否认识，少君立刻回答说："这件铜器在齐桓公十年的时候曾陈列在柏寝台。"皇帝仔细查看上面的铭文，果然是齐桓公时期的铜器，整个皇宫的人都惊呆了，认为李少君是神仙，是几百岁的神仙。李少君对汉武帝说："祭祀灶神可以召来精灵，召来精灵就可以把丹砂炼成黄金，用黄金制成饮食器具就可以延年益寿，延年益寿就可以见到海中蓬莱岛上的仙人，见到仙人以后再举行封禅大典就可以永生不死，黄帝就是经过这些步骤而飞升成仙的。我曾经到海上游览，遇见了安期生，他拿一个像瓜那么大的枣给我吃。安期生是位仙人，常到蓬莱岛上去。他若与你性情投合就见你，不投合就隐身而去。"于是汉武帝遂亲自祭祀灶神，他派方士到海上访求安期生一类的仙人，并试着把丹砂炼成黄金。过了一些时候，李少君得病死了。皇帝还认为李少君是抛下肉体尸解成仙了，就让黄锤县的史宽舒继续研究李少君的方术。那些派去寻求蓬莱岛、寻求安期生的人，虽然什么也没找到，但沿海地区燕国、齐国那些不地道的方士们便多加效仿，向皇帝谈仙说神了。

根据《史记》中上述的说法，司马迁是不相信神仙长生之类的传说的。他借李少君这个骗术来讽刺汉武帝的迷信与愚昧。但文中言道教的丹道之术始于黄帝的说法却是值得重视与探讨的。

（2）亳人薄诱忌奏祠泰一方，曰："天神贵者泰一，泰一佐曰五帝。古者天子以春秋祭泰一东南郊，用太牢具，七日，为坛开八通之鬼道。"于是天子令太祝立其祠长安东南郊，常奉祠如忌方。其后人有上书，言"古者天子三年一用太牢具祠神三一：天一，地一，泰一"。天子许之，令太祝领祠之忌泰一坛上，如其方。后人复有上书，言"古者天子常以春秋解祠，祠黄帝用一枭破镜；冥羊用羊；祠马行用一青牡马；泰一、皋山山君、地长用牛；武夷君用干鱼；阴阳使者以一牛"。令祠官领之如其方，而祠于忌泰一坛旁。

有人向汉武帝奏上了一种祭祀太一神的方术。他说："天神当中最尊贵的是太一神，太一神的辅佐者是五帝。古代天子在春秋两季到东南郊祭祀太一神，祭品用牛、羊、猪各一头，一共要祭祀七天，祭坛上要有八条供鬼神行走的通道。"于是汉武帝便让太祝在长安城的东南郊修建了一座太一祠，经常祭祀太一神。此后，又有人上书，说"古代天子每三年一次用牛、羊、猪各一头祭祀神灵'三一'，也就是'天一''地一''泰一'"。皇帝又答应了，便让太祝负责此事，修建"泰一坛"，同时供奉"三一"，按照该人上奏的方法进行祭祀。后来又有人上书，说"古时候天子常在春冰融化时举行祭祀以解除灾祸、祈求福祥。祭祀黄帝用一只恶鸟和一头恶兽；祭祀冥羊神用羊；祭祀马行神用一匹青色公马；祭祀太一、泽山君、地长用牛；祭祀武夷君用干鱼；祭祀阴阳使者用一头公牛"。于是汉武帝命令主管官员按照上奏的方法予以办理。枭，恶鸟；破镜，恶兽名。意为黄帝欲绝其类，故以这类恶物为牲祭之。

（3）有司皆曰："闻昔大帝兴神鼎一，一者一统，天地万物所系终也。黄帝作宝鼎三，象天地人也。禹收九牧之金，铸九鼎，皆尝鬺烹上帝鬼神。遭圣则兴，迁于夏商。周德衰，宋之社亡，鼎乃沦伏而不见。"

从前大帝铸造了1只神鼎，所以只铸1只，是表示天下一统，是天地万物都统属于此的象征。黄帝制造了3只宝鼎，象征天、地、人。大禹收集了九州出产的金属铸成了9只宝鼎，曾用它们烹饪牲畜以祭祀上帝鬼神。圣人当朝这些鼎就会出现，它由夏代传到了商代。周朝衰败时，宋国的社树不翼而飞，周朝的九鼎从此沉沦淹没，不知去向了。

（4）秋，上幸雍，且郊。或曰"五帝，泰一之佐也，宜立泰一而上亲郊之"。上疑未定。齐人公孙卿曰："今年得宝鼎，其冬辛巳朔旦冬至，与黄帝时等。"卿有札书曰："黄帝得宝鼎宛朐，问于鬼臾区。区对曰：'帝得宝鼎神策，是岁己酉朔旦冬至，得天之纪，终而复始。'于是黄帝迎日推策，后率二十岁得朔旦冬至，凡二十推，三百八十年，黄帝仙登于天。"卿因所忠欲奏之。所忠视其书不经，疑其妄书，谢曰："宝鼎事已决矣，尚何以为！"卿因嬖人奏之。上大说，召问卿。对曰："受此书申功，申功已死。"上曰："申功何人也？"卿曰："申功，齐人也。与安期生通，受黄帝言，无书，独有此鼎书。曰'汉兴复当黄帝之时。汉之圣者在高祖之孙且曾孙也。宝鼎出而与神通，封禅。封禅七十二王，唯黄帝得上泰山封'。申功曰：'汉主亦当上封，上封则能仙登天矣。黄帝时万诸侯，而神灵之封居七千。天下名山八，而三在蛮夷，五在中国，中国华山、首山、太室、泰山、东莱，此五山黄帝之所常游，与神会。黄帝且战且学仙。患百姓非其道，乃断斩非鬼神者。百馀岁然后得与神通。黄帝郊雍上帝，宿三月。鬼臾区号大鸿，死葬雍，故鸿冢是也。其后黄帝接万灵明廷。明廷者，甘泉也。所谓寒门者，谷口也。黄常采首山铜，铸鼎于荆山下。鼎既成，有龙垂胡髯下迎黄帝。黄帝上骑，群臣后宫从上龙七十馀人，龙乃上去。馀小臣不得上，乃悉持龙髯，龙髯拔，堕黄帝之弓。百姓仰望黄帝既上天，乃抱其弓与龙胡髯号，故后世因名其处曰鼎湖，其弓曰乌号。'"于是天子曰："嗟乎！吾诚得如黄帝，吾视去妻子如脱蹒耳。"乃拜卿为郎，东使候神于太室。

秋，汉武帝到雍州准备祭天，这时有人说："五帝是泰一神的助手，应该建立泰一的神坛，由皇上亲自祭祀。"皇上犹豫不决。齐国人公孙卿说："今年得到了宝鼎，而今年冬季的辛巳日是初一，早晨恰值冬至，和黄帝时代的历象正好相同。"公孙卿藏有一份书札，上面写道："黄帝在宛朐得到宝鼎，就问臣子鬼臾区。鬼臾区回答说：'您不但得到宝鼎，还得到了神算的筹码，这年的己酉日是初一，早晨恰值冬至，您得到天赐的历法，一年一年的推算下去。'于是黄帝用筹码推算未来的日月朔望，以后大约每二十年轮一次冬至在初一的早晨，一共推算了二十次，总计三百八十年，黄帝便成仙升天了。"公孙卿想通过皇帝的近臣所忠把他这份书札呈给皇帝，所忠看过后觉得他这套东西荒诞无理，怀疑是他自己编造的，便推辞说："宝鼎的事情已经决定了，还提它做什么？"公孙卿只好又找别的受皇帝宠爱的人把书札呈给了皇帝，皇上看了很高兴，于是召见公孙卿问他详细情况。公孙卿说："我是从申功那里接受这份书札的，申功已经去世了。"皇上问："申功是什么人？"公孙卿说："申功是齐国人，和安期生有来往。他听到过许多有关黄帝的说法，没有别的著作，只有这份与鼎有关的书礼。书上说：'汉代的兴盛应当在黄帝的时令再次出现的时候。'还说：'汉代的圣人出现在汉高祖的孙子到曾孙中。宝鼎出现后，可以和神明相通，而后就可以举行封禅典礼。自古举行过封禅的有七十二王，但只有黄帝能够上泰山封禅。'申公曾说：'汉朝的皇帝也应该上泰山封禅，上泰山封禅就能成仙升天了。黄帝时代有上万个诸侯国，能主持名山大川祭祀的有七千个。天下有八座名山，三座在蛮夷地区，五座在中原各国。中原的华山、首山、太室山、泰山、东莱山，这五座山是黄帝经常游览和与神灵相会的地方。黄帝一边作战，一边学习仙道。他担心百姓对他的学仙提出非议，就断然处死了那些诋毁鬼神的人。这样百余年后，黄帝才能与神明相往来。黄帝在雍州郊祭上帝时，在那里住了三个月。鬼臾区别号大鸿，死后葬在了雍州，就是后代传说的鸿冢。这以后黄帝在明廷接待万方神灵，明廷就是现在的甘泉。黄帝在寒门升仙，寒门就是现在的谷口。黄帝开采首山的铜矿，在荆山下面铸鼎。宝鼎铸成后，有条龙垂着长须从天而降来迎接黄帝。黄帝骑上龙，大臣和后宫嫔妃跟着骑上龙的有七十多人，龙即起飞上天。其余的小臣没能骑上龙，就都抓着龙的胡须，龙的胡须被拔掉了，那些小臣落了下来，黄帝的弓也落了下来。百姓们仰望着黄帝骑龙飞上天去，小臣们就抱着黄帝掉下来的弓和龙的胡须号哭，所以后人就把这个地方叫作鼎湖，把那把弓叫作'乌号。'"听了公孙卿的这些话，汉武帝激动地说："啊呀！我要是真的能够像黄帝那样升天，我就会像扔掉破鞋子一样的扔掉妻妾子女而不顾。"于是他任公孙卿为郎官，派他东去太室山迎候神灵。

黄帝成仙的故事版本很多，但汉武帝显然是相信确有其事。

（5）其来年冬，上议曰："古者先振兵泽旅，然后封禅。"乃遂北巡朔方，勒兵十余万，还祭黄帝冢桥山，泽兵须如。上曰："吾闻黄帝不死，今有冢，何也？"或对曰："黄帝已仙上天，群臣葬其衣冠。"既至甘泉，为且用事泰山，先类祠泰一。

汉武帝说："古代帝王总是先整理部队然后撤除武备，才去封禅。"于是他就去北边巡视朔方郡，他统率军队十多万，回师途中在桥山祭拜了黄帝陵，到须如时解散了所统领的军队。武帝问："我听说黄帝长生不死，现在却有陵墓，这是为什么？"有人回答说："皇帝已经成仙上了天，他的大臣们在这里安葬的是他的衣冠。"到了甘泉后，为了将要到泰山举行封禅，就先用祭天的仪式祭祀了泰一神。

汉武帝到泰山封禅，目的之一还是想成仙长生不老。

（6）自得宝鼎，上与公卿诸生议封禅。封禅用希旷绝，莫知其仪礼，而群儒采封禅《尚书》、《周官》、《王制》之望祀射牛事。齐人丁公年九十余，曰："封者，合不死之名也。秦皇帝不得上封。陛下必欲上，稍上即无风雨，遂上封矣。"上于是乃令诸儒习射牛，草封禅仪。数年，至且行。天子既闻公孙卿及方士之言，黄帝以上封禅，皆致怪物与神通，欲放黄帝以尝接神仙人蓬莱士，高世比德于九皇，而颇采儒术以文之。群儒既以不能辩明封禅事，又牵拘于《诗》、《书》古文而不敢骋。上为封祠器示群儒，群儒或曰"不与古同"，徐偃又曰"太常诸生行礼不如鲁善"，周霸属图封事，于是上绌偃、霸，尽罢诸儒弗用。

自从获得宝鼎，皇上就和公卿大臣以及儒生们议论封禅的事情。封禅大典历史上很少举行，长久以来没人做过，没人知道它的具体礼仪，儒生们就采取《尚书》《周官》和《王制》中记录的望祭与射牛的有关仪式作为封禅的参考。齐国有位90多岁的丁公说："封禅，是长生不死的别称。秦始皇中途遭遇风雨不能上泰山封禅，陛下要是一定想上山，就先试着向上走一段看。如果没有风雨就是得到了上天的允许，陛下就可以放心地上去了。"于是汉武帝就命令儒生们练习射牛，起草封禅的礼仪。过了好几年，到了快要出发的时候，汉武帝又听公孙卿和方士们说，黄帝以前的封禅者都是凭着德行高尚引来了许多吉祥之物，说明自己已经与神灵相沟通，于是就想要仿效黄帝以前的帝王之所为，他希望能见到神仙的使者、蓬莱的人物，以表明自己的德行已经高出世俗可与上古的九皇相比，他希望能摘取一些儒书上的词句来美化自己。可是儒生们对封禅的事情本来就不清楚，又受《诗》《书》等古代文献所局限而不能发挥想象。皇帝曾自己做了一些封禅用的东西给儒生们看，有些儒生认为："和古代的说法不一样。"博士徐偃又说："朝廷祠官们所行的礼仪不如鲁国的好。"而周霸则干脆想要自己另搞一套。汉武帝不耐烦了，于是就免去了徐偃、周霸等人的职务，罢黜这些儒生一概不用。

上述一事再次说明，汉武帝到泰山封禅，还是想成就长生不老的愿望。

（7）初，天子封泰山，泰山东北阯古时有明堂处，处险不敞。上欲治明堂奉高旁，未晓其制度。济南人公玊带上黄帝时明堂图。明堂图中有一殿，四面无壁，以茅盖，通水，圜宫垣为复道，上有楼，从西南入，命曰昆仑，天子从之入，以拜祠上帝焉。于是上令奉高作明堂汶上，如带图。及五年脩封，则祠泰一、五帝于明堂上坐。

当初，早在汉武帝首次登泰山的时候，就到过泰山东北麓的古明堂的旧址，那里地势崎岖又不敞亮，于是汉武帝就想在奉高县另建一所新明堂，但苦于不清楚明堂的形制规模。这时一个名叫公玊带的济南人向皇帝奏上了一张据说是黄帝时代的明堂图。图上正中是一座大殿，四面没有墙壁，在几根柱子的顶端有用茅草覆盖的屋顶，四周有水沟环绕，在大殿的周围筑有宫墙，宫墙之上是一条空中通道，这条通道是封闭的，远远望去像是一圈环形的楼阁。在这条环形通道的西南角有一条通向正殿的路，叫作昆仑道，帝王从这里进入正殿，以祭祀上帝。于是汉武帝便命令奉高县在汶水边上建造明堂，一切都遵照公玉带所献旧图的样子。暂定皇帝5年到这里祭祀一次，祭祀时把泰一神与五方天帝的神位摆在明堂的正座。

（8）上还，以柏梁灾故，朝受计甘泉。公孙卿曰："黄帝就青灵台，十二日烧，黄帝乃治明庭。明庭，甘泉也。"方士多言古帝王有都甘泉者。其后天子又朝诸侯甘泉，甘泉作诸侯邸。

皇上回到京城后，由于柏梁殿发生火灾心中不快，于是就改在甘泉宫接受各郡、各诸侯国完粮使者的朝见。公孙卿说："当初黄帝建成青灵台，十二天就被烧坏了，于是黄帝立即就另建了明廷。明廷就是甘泉宫。"方士们很多人都说古代帝王有在甘泉建都的。于是皇帝接着又在甘泉宫接见了诸侯，并让诸侯们在那里兴建了各自的官邸。

（9）公玉带曰："黄帝时虽封泰山，然风后、封钜、岐伯令黄帝封东泰山、禅凡山。合符，然后不死焉。"

公玉带对汉武帝说："黄帝时固然封过泰山，然而他的大臣风后、封钜、岐伯还劝黄帝到东泰山举行祭天，到凡山举行祭地，以求与上帝显示的征兆相适应，然后才能长生不死。"汉武帝见如此说就下令带着各种祭品到了东泰山，东泰山极其矮小，与它的名声不相称，就让祠官进行了祭祀，自己没有参与。

5.《三代世表》：

（1）太史公曰：五帝、三代之记，尚矣。自殷以前诸侯不可得而谱，周以来乃颇可著。孔子因史文次《春秋》，纪元年，正时日月，盖其详哉。至于序《尚书》则略，无年月；或颇有，然多阙，不可录。故疑则传疑，盖其慎也。余读谍记，黄帝以来皆有年数。稽其历谱谍终始五德之传，古文咸不同，乖异。夫子之弗论次其年月，岂虚哉！于是以《五帝系谍》、《尚书》集世纪黄帝以来讫共和为世表。

太史公说：五帝、三代的记载，已经很久远了。从殷商以前，诸侯国的史迹无法谱列，周代以来，才稍微能够著录。孔子依据历史文献，编排《春秋》，记录了纪元年代，订正了四时月日，何其详明啊！至于编排《尚书》就很简略，一般不记年月；有的有，可是大多数没有，不能著录。所以有疑问不能确定就保留疑问，大概是为了谨慎的缘故吧。我读了谱牒类著作，从黄帝以来都有年数。查考历书、谱牒和讲述五德循环转换的书，古文的记载全不相同，相互矛盾。孔夫子不排列其年月，难道没有道理吗！于是，我用《五帝系谍》《尚书》编集世系，记载黄帝以来到共和这一段历史，撰为《三代世表》。

司马迁虽然认为周代以前的历史文献缺乏，研究起来十分困难，但还是坚持"谍记，黄帝以来皆有年数"的观点，将中华文明史直接追溯到黄帝时代。

（2）褚先生曰：舜、禹、契、后稷，皆黄帝子孙也。黄帝策天命而治天下，德泽深后世，故其子孙皆复立为天子，是天之报有德也。……"黄帝后世何王天下之久远邪？"曰："传云，天下之君王，为万夫之黔首请赎民之命者帝，有福万世，黄帝是也。五政明则修礼义、因天时、举兵征伐而利者王，有福千世。蜀王，黄帝后世也。……汉大将军霍子孟名光者，亦黄帝后世也。……后稷有父名高辛，高辛，黄帝曾孙。《黄帝终始传》曰：'汉兴百有余年，有人不短不长，出白燕之乡，持天下之政。时有婴儿主，却行车。'霍将军者，本居平阳白燕，臣为郎时，与方士考功会旗亭下，为臣言。岂不伟哉！"

褚先生说："舜、禹、契、后稷都是黄帝的子孙。黄帝秉持天命治理天下，德泽深远而延及后世，所以他的子孙都立为天子，这是上天报答有大德的人。人们不了解真情，还以为帝王是平平常常从平民百姓兴起的呢。平民百姓怎能无故兴起统治天下呢？这是要有天命的。"

张夫子问："黄帝的后代统治天下为什么这么久远？"

褚先生说："有记载说，天下的君王是百姓的首领，能够延续百姓生命的称帝，福泽及于万代。黄帝就是这样。五政修明就讲求礼义，顺应天时，兴兵讨伐有罪而获得胜利的称王，福泽及于千代。蜀王，是黄帝的后代，到现在建国于汉西南五千里的地方，常常来朝，向汉进贡，如果不是因为他先世有大德，恩泽能流传到后世吗？施行道德怎么可以轻忽啊！做君主称王天下的，都要以此省察自己。汉大将军霍子孟名光的，也是黄帝的后代。这话只能向学问广博见识远大的人讲，实在难以对孤陋寡闻的人说清楚。为什么这样说？古代诸侯以国名为姓氏，霍是国名。周武王把他的弟弟叔处封到霍，传到后代，晋献公灭了霍公，霍公子孙变成了平民，生活居住于平阳。平阳在河东，河东从前是晋地，后来划分为魏国的土地。依据《诗经》的记载来说，魏也可以说是周族的子孙。周起于后稷，后稷没有父亲而出生。可是根据三代所传的世系来说，后稷有父亲名为高辛；高辛，是黄帝的曾孙。《黄帝终始传》说：'汉兴起一百多年，有个人不矮不高，出生于白燕乡，主持天下大政，当时有幼儿做君主，他能使前进的车子退行。'霍将军，原居平阳白燕乡。我做郎官时，与方士考功在市楼相会，他对我这样说。难道不是很奇伟吗！"

6.《乐书》：

武王克殷反商，未及下车，而封黄帝之后于蓟，封帝尧之后于祝，封帝舜之后于陈。

关于周武王在灭亡殷商后封五帝后代，前面《夏本纪》中已经提及，此不赘言。

7.《律书》：

昔黄帝有涿鹿之战，以定火灾。颛顼有共工之陈，以平水害。成汤有南巢之伐，以殄夏乱。递兴递废，胜者用事，所受于天也。

过去黄帝发动了在涿鹿的决战，战胜了属于火德的炎帝；帝颛顼用兵平定了属于水德的共工所发动的叛乱；成汤率军在南巢之地，灭掉夏桀。一个衰败了，一个兴起来，起伏不绝。谁胜了谁就掌管天下大权，这是承受天命。

在司马迁看来，黄帝战胜炎帝，"胜者用事，所受于天也。"

8.《历书》：

（1）太史公曰：神农以前尚矣。盖黄帝考定星历，建立五行，起消息，正闰馀，于是有天地神祇物类之官，是谓五官。各司其序，不相乱也。民是以能有信，神是以能有明德。民神异业，敬而不渎，故神降之嘉生，民以物享，灾祸不生，所求不匮。

太史公说：神农以前太久远的历法已经说不清楚了。自黄帝起，开始根据星体的运行制定历法，建立了表示五个时节五气运行的五行，确定用余分设置闰月的方法，并依主管事物的不同命名了5类官员，于是有天、地、神祇、物等不同的官，叫作五官。他们各自掌理分属自己的事务并按照时节顺序执行而不会发生混乱。民众因此而能够适时地从事生产活动，神明因此而能够不错过时日地享受民众对他德泽的礼祀。民与神各尽其职，民众敬神而不亵渎，神赐民以好收成，使民安享生活，不生灾祸，不缺衣食。

（2）至今上即位，招致方士唐都，分其天部；而巴落下闳运算转历，然后日辰之度与夏正同。乃改元，更官号，封泰山。因诏御史曰："乃者，有司言星度之未定也，广延宣问，以理星度，未能詹也。盖闻昔者黄帝合而不死，名察度验，定清浊，起五部，建气物分数。然盖尚矣。书缺乐弛，朕甚闵焉。朕唯未能循明也，细绩日分，率应水德之胜。今日顺夏至，黄钟为宫，林钟为徵，太蔟为商，南吕为羽，姑洗为角。自是以后，气复正，羽声复清，名复正变，以至子日当冬至，则阴阳离合之道行焉。十一月甲子朔旦冬至已詹，其更以七年为太初元年。年名'焉逢摄提格'，月名'毕聚'，日得甲子，夜半朔旦、冬至。"

汉武帝即位后，招聘方士唐都，负责天空二十八宿的观测与划分以及日月行星相对于二十八宿的运动，招用来自巴郡的天文学家落下闳，负责制造使用浑天仪，并根据观测结果推算历法。他们得到的日月运行位置的度数和夏正历法相符，于是就改历法的历元，更换官号，到泰山举行封禅大典。并诏告御史说："过去司天官吏曾报告说二十八宿的度数还没有测定，也广泛征求能测星度的人，但都没有确切结果，听说以前黄帝所制定的历法，不但能使天象和季节完全相合，可以长久地使用下去，还弄清了天体的名称和运行度数，审定了音律的清浊，建立了表征时节五气运行的五行，明确了各节气日数和太阳位置度数的对应关系。不过这已经是很久远的事了。现在有关天文历数的典籍缺佚，乐理废弛，我也很难过，这是我执政的过失。所幸现在经过周密测量和推算，制定了新的历法，其年月日的编排犹如织绸那样细密，应验了土德胜过水德，今日太阳在黄道上经过夏至点，也知道它今后在黄道上运行的位置，黄钟为宫声，林钟为徵声，太蔟为商声，南吕为羽声，姑洗为角声。从此以后，节气又正确了，用最高音调羽声定调的音律又清明了，节气名称都与实际相符，以甲子日和冬至相合为历法的起算点，则阴阳交替合乎规律，现在十一月甲子日恰逢朔旦冬至，正是换元改历的好时机，于是改元封七年为太初元年，年名'焉逢摄提格'，即甲寅年，月名'毕聚'，即正月，日期为甲子，夜半时既是朔日的开始，也是节气交冬至之时。"

司马迁认为，汉武帝治历作律，是从黄帝那里继承而来的。

9.《封禅书》：

（1）自未作鄜畤时也，而雍旁故有吴阳武畤，雍东有好畤，皆废无祠。或曰："自古以雍州积高，神明之隩，故立畤郊上帝，诸神祠皆聚云。盖黄帝时尝用事，虽晚周亦郊焉。"其语不经见，缙绅者不道。

在秦文公还没有建造鄜畤的时候，雍县旁边的吴山之南原来有个武畤，雍县城东有个好畤，都是久已荒废的祭神之处。也有人说："自古以来雍州的地势高，是神灵居住的地方，所以西方人就建立神坛祭祀上帝，于是各种神灵就都会聚到这里来了。大约是早从黄帝时代就有人在这里祭天，一直到周朝末年还有人祭祀。"这种话不见于经典，有身份的人们都不说。

（2）齐桓公既霸，会诸侯于葵丘，而欲封禅。管仲曰："古者封泰山禅梁父者七十二家，而夷吾所记者十有二焉。昔无怀氏封泰山，禅云云；虙羲封泰山，禅云云；神农封泰山，禅云云；炎帝封泰山，禅云云；黄帝封泰山，禅亭亭；颛顼封泰山，禅云云；帝喾封泰山，禅云云：尧封泰山，禅云云；舜封泰山，禅云云；禹封泰山，禅会稽；汤封泰山，禅云云；

周成王封泰山，禅社首；皆受命然后得封禅。"

齐桓公做了诸侯的霸主，邀集各国诸侯在葵丘聚会，他想举行封禅活动。管仲说："古代到泰山、梁父举行过封禅典礼的帝王有七十二家，而我能说得出的只有十二家。早在伏羲氏之前有位帝王叫无怀氏，他曾封过泰山，禅过梁山以东的云云山；之后伏羲曾封过泰山，禅过云云山；神农氏封过泰山，禅过云云山；炎帝封过泰山，禅过云云山；黄帝封过泰山，禅过亭亭山；颛顼封过泰山，禅过云云山；帝喾封过泰山，禅过云云山；尧封过泰山，禅过云云山；舜封过泰山，禅过云云山；禹封过泰山，禅过会稽山；汤封过泰山，禅过云云山；周成王封过泰山，禅过社首山：他们都是接受天命登上帝位之后才举行这种封禅活动的。"

也不知司马迁是有意还是无意，总之，五帝时代，只有黄帝"禅亭亭"；而其他帝王大都是"禅云云"。

（3）其后百余年，秦灵公作吴阳上畤，祭黄帝；作下畤，祭炎帝。

往后又过了100多年，秦灵公在吴山之阳建造了上畤，祭祀黄帝；建造了下畤，祭祀炎帝。

（4）秦始皇既并天下而帝，或曰："黄帝得土德，黄龙地螾见。夏得木德，青龙止于郊，草木畅茂。殷得金德，银自山溢。周得火德，有赤乌之符。今秦变周，水德之时。昔秦文公出猎，获黑龙，此其水德之瑞。"于是秦更命河曰"德水"，以冬十月为年首，色上黑，度以六为名，音上大吕，事统上法。

秦始皇统一天下称帝后，有人说："黄帝得的是土德，所以当时有黄龙和巨大的蚯蚓出现。夏朝得的是木德，所以当时有青龙栖息在郊外，草木茁壮茂盛。殷朝得的是金德，所以当时有白银从山中流出来。周朝得的是火德，所以当时有红色乌鸦的符瑞。现在秦朝取代了周朝，是水德的时代，从前秦文公出外打猎，捕获了一条黑龙，这就是水德的祥瑞。"于是秦朝把黄河改名叫"德水"，规定以冬季十月作为每一年的开端。秦朝崇尚黑色，器物用六作单位，音乐推崇大吕律，国家政事崇尚法治。

（5）少君言上曰："祠灶则致物，致物而丹沙可化为黄金，黄金成以为饮食器则益寿，益寿而海中蓬莱仙者乃可见，见之以封禅则不死，黄帝是也。"

（6）后人复有上书，言"古者天子常以春解祠，祠黄帝用一枭破镜；冥羊用羊祠；马行用一青牡马"。

（7）有司皆曰："闻昔泰帝兴神鼎一，一者壹统，天地万物所系终也。黄帝作宝鼎三，象天地人。禹收九牧之金，铸九鼎。皆尝亨鬺上帝鬼神。遭圣则兴，鼎迁于夏商。周德衰，宋之社亡，鼎乃沦没，伏而不见。"

（8）齐人公孙卿曰："今年得宝鼎，其冬辛巳朔旦冬至，与黄帝时等。"卿有札书曰："黄帝得宝鼎宛朐，问于鬼臾区。鬼臾区对曰：'（黄）帝得宝鼎神策，是岁己酉朔旦冬至，得天之纪，终而复始。'于是黄帝迎日推策，后率二十岁复朔旦冬至，凡二十推，三百八十年，黄帝仙登于天。"卿因所忠欲奏之。所忠视其书不经，疑其妄书，谢曰："宝鼎事已决矣，尚何以为！"卿因嬖人奏之。上大说，乃召问卿。对曰："受此书申公，申公已死。"上曰："申公何人也？"卿曰："申公，齐人。与安期生通，受黄帝言，无书，独有此鼎书。曰'汉兴复当黄帝之时'。曰'汉之圣者在高祖之孙且曾孙也。宝鼎出而与神通，封禅。封禅七十二王，惟黄帝得上泰山封'。申公曰：'汉主亦当上封，上封则能仙登天矣。黄帝时万诸侯，而神灵之封居七千。天下名山八，而三在蛮夷，五在中国。中国：华山、首山、太室、泰山、东莱，此五山黄帝之所常游，与神会。黄帝且战且学仙。患百姓非其道者，乃断斩非鬼神者。百余岁然后得与神通。黄帝郊雍上帝，宿三月。鬼臾区号大鸿，死葬雍，故鸿冢是也。其后黄帝接万灵明廷。明廷者，甘泉也。所谓寒门者，谷口也。黄帝采首山铜，铸鼎于荆山下。鼎既成，有龙垂胡髯下迎黄帝。黄帝上骑，群臣后宫从上者七十余人，龙乃上去。余小臣不得上，乃悉持龙髯，龙髯拔，堕，堕黄帝之弓。百姓仰望黄帝既上天，乃抱其弓与胡髯号，故后世因名其处曰鼎湖，其弓曰乌号。'"于是天子曰："嗟乎！吾诚得如黄帝，吾视去妻子如脱躧耳。"乃拜卿为郎，东使候神于太室。

（9）上遂郊雍，至陇西，西登崆峒，幸甘泉。令祠官宽舒等具太一祠坛，祠坛放薄忌太一坛，坛三垓。五帝坛环居其下，各如其方，黄帝西南，除八通鬼道。

（10）其来年冬，上议曰："古者先振兵泽旅，然后封禅。"乃遂北巡朔方，勒兵十余万，还祭黄帝冢桥山，释兵须如。上曰："吾闻黄帝不死，今有冢，何也？"或对曰："黄帝已仙上天，群臣葬其衣冠。"既至甘泉，为且用事泰山，先类祠太一。

（11）天子既闻公孙卿及方士之言，黄帝以上封禅，皆致怪物与神通，欲放黄帝以上接神仙人蓬莱士，高世比德于九皇，而颇采儒术以文之。

（12）其明年，伐朝鲜。夏，旱。公孙卿曰："黄帝时封则天旱，乾封三年。"上乃下诏曰："天旱，意乾封乎？其令天下尊祠灵星焉。"

（13）初，天子封泰山，泰山东北阯古时有明堂处，处险不敞。上欲治明堂奉高旁，未晓其制度。济南人公王带上黄帝时明堂图。明堂图中有一殿，四面无壁，以茅盖，通水，圜宫垣为复道，上有楼，从西南入，命曰昆仑，天子从之入，以拜祠上帝焉。于是上令奉高作明堂汶上，如带图。及五年修封，则祠太一、五帝于明堂上坐，令高皇帝祠坐对之。祠后土于下房，以二十太牢。天子从昆仑道入，始拜明堂如郊礼。礼毕，燎堂下。而上又上泰山，自有秘祠其巅。而泰山下祠五帝，各如其方，黄帝并赤帝，而有司侍祠焉。山上举火，下悉应之。

（14）上还，以柏梁灾故，朝受计甘泉。公孙卿曰："黄帝就青灵台，十二日烧，黄帝乃治明廷。明廷，甘泉也。"方士多言古帝王有都甘泉者。其后天子又朝诸侯甘泉，甘泉作诸侯邸。

（15）其明年，东巡海上，考神仙之属，未有验者。方士有言"黄帝时为五城十二楼，以候神人于执期，命曰迎年"。上许作之如方，命曰明年。上亲礼祠上帝焉。

（16）公玉带曰："黄帝时虽封泰山，然风后、封巨、岐伯令黄帝封东泰山，禅凡山，合符，然后不死焉。"天子既令设祠具，至东泰山，[东]泰山卑小，不称其声，乃令祠官礼之，而不封禅焉。

上述从（5）到（16）内容与前面所述有所重复，此不赘言。

10.《楚世家》：

　　楚之先祖出自帝颛顼高阳。高阳者，黄帝之孙，昌意之子也。高阳生称，称生卷章，卷章生重黎。重黎为帝喾高辛，居火正，甚有功，能光融天下，帝喾命曰祝融。共工氏作乱，帝喾使重黎诛之而不尽。帝乃以庚寅日诛重黎，而以其弟吴回为重黎后，复居火正，为祝融。

楚的先祖是帝颛顼高阳的后代。高阳是黄帝的孙子，昌意的儿子。高阳生称，称生卷章，卷章生重黎。重黎为帝喾高辛氏做火正，非常有功劳，能够让天下光明和快乐，帝喾命名他为祝融。共工氏作乱，帝喾命重黎诛灭他们，重黎没能将他们诛灭干净，帝喾就在庚寅这一天杀了重黎，让他的弟弟吴回作为重黎的继承者，还作火正，为祝融。

11.《老子韩非列传》：

　　申子之学，本于黄老，而主刑名，著书二篇，号曰《申子》。

　　韩非者，韩之诸公子也，喜刑名法术之学，而其归本于黄老。

申不害的学说来源于黄老，但他的理论中心却是刑名法术。他曾著书两篇，名叫《申子》。

韩非是韩国的公子，爱好刑名法术之学，他也是以黄老的学说作为思想基础的。

12.《孟子荀卿列传》：

> 驺衍……其语闳大不经，必先验小物，推而大之，至于
> 无垠。先序今以上至黄帝，学者所共术，大并世盛衰。

战国时期，齐国驺衍善于著书立说，立意宏大。他的文章一般都从眼前写起，向上追溯到黄帝时代，运用阴阳五行理论，来说明国家的治理兴衰。

13.《扁鹊仓公列传》：

> （1）（公乘阳）庆年七十余，无子，使（淳于）意尽去其故方，更悉以禁方予之，传黄帝、扁鹊之脉书。五色诊病，知人死生，决嫌疑，定可治，及药论，甚精。

> （2）庆年七十余，意得见事之，谓意曰："尽去而方书，非是也。庆有古先道，遗传黄帝、扁鹊之脉书。五色诊病，知人生死，决嫌疑，定可治，及药论书，甚精。我家给富，心爱公，欲尽以我禁方书悉教公。"臣意即曰："幸甚！……"

司马迁将黄帝与扁鹊并列，指出黄帝是中华医学的鼻祖，意在说明黄帝文化与中国医学之关系。

14.《司马相如列传》：

（1）相如……乃遂就《大人赋》，其辞曰："……使五帝先导兮……属岐伯使尚方。"

（2）长卿未死时，……其遗札书，言封禅事。……其书曰："伊上古之初肇，自昊穹兮生民。历撰列辟，以迄于秦……略可道者七十有二君……轩辕之前，邈哉邈乎，其详不可得闻也。"

在司马相如的文章中，提到精通医道黄帝的大臣岐伯，这也证明了黄帝文化与中国医学之关系。

15.《日者列传》：

夫司马季主者，楚贤大夫，游学长安，道《易经》，术黄帝、老子，博闻远见。

司马季主，是楚地的贤大夫，游学于长安，精通《周易》，研究黄帝、老子，可称得上是远见博识，能把五帝三王以及圣人之道说得明白透彻，实在不是一般的浅显小家之所能望其项背。

16.《龟策列传》：

晋文将定襄王之位，卜得黄帝之兆，卒受彤弓之命。

这段史料说明，至少在春秋时期，黄帝的事迹已经被用在了卜筮文化中。

17.《太史公自序》：

> 故述往事、思来者，于是卒述陶唐以来至于麟止，自黄
> 帝始。
>
> 维昔黄帝，法天则地，四圣遵序，各成法度。唐尧逊位，
> 虞舜不台（怡）。厥美帝功，万世载之。作《五帝本纪》第一。
>
> 略推三代，录秦汉，上记轩辕，下至于兹，著十二本纪，
> 既科条之矣。
>
> 太史公曰：余述历黄帝以来至太初而讫，百三十篇。

这篇《史记·太史公自序》表露出来的信息都十分重要。

（1）就华夏文化而言，司马迁坦言"自黄帝始"。

（2）《史记》的篇章布局是："余述历黄帝以来至太初而讫，
百三十篇。"

（3）高度赞扬"维昔黄帝，法天则地，四圣遵序，各成法度"，
指出黄帝是中华民族的共祖。

## 三、司马迁的中国历史"起源观"

数千年来，因为孔子将尧舜作为中华文明史的起点和源头，
在汉代"罢黜百家独尊儒术"后，历代人们也都奉此为圭臬。

然而，作为盛世史官，司马迁却清楚地将中华文明史的起点

和源头进一步溯源并定格在黄帝时代。

正是因为有了司马迁这神来的一笔，黄帝作为中华民族共祖的地位从此才得以真正地确立下来。

作为一个无比深刻而渊博的学者，司马迁在《五帝本纪》的赞上说：

> 学者多称五帝，尚矣！然《尚书》独载尧以来；而百家言黄帝，其文不雅驯，荐绅先生难言之。孔子所传宰予问《五帝德》及《帝系姓》，儒者或不传。余尝西至空桐，北过涿鹿，东渐于海，南浮江淮矣，至长老皆各往往称黄帝、尧、舜之处，风教固殊焉。总之不离古文者近是。予观《春秋》、《国语》，其发明《五帝德》、《帝系姓》，章矣！顾弟弗深考。其所表见，皆不虚。书缺有间矣，其轶乃时时见于他说。非好学深思，心知其意，固难为浅见寡闻道也。余并论次，择其言尤雅者，故著为《本纪》书首。

这是司马迁在《史记》中的第一篇文字中的自注，不啻道出了司马迁自己对中华文明史起点和源头的独特而英明的断法。司马迁在《黄帝本纪》中，将一个形象原本不够稳定鲜明的古轩辕部族领袖，清楚鲜明地刻画并定位为中国历史上第一位懂得统合天人之道，任用贤才以佐治的顺天、惜地、爱民的文明大帝。他作战、用兵战无不胜，惩不轨，伐有罪，具有十足的雄霸与一统天下的气象。他带领他的部族扫除旧势力，跨越不稳定的游牧阶段，开启了中国文明大一统的新时代。经过司马迁的刻画与描绘，黄帝的形象与事功，成为中华民族的种性根源，黄帝也因此成了中华民族的人文初祖，成为中华文化的民族魂。

在先秦时代，黄河流域，大江南北，到处流传着黄帝的故事，诸子百家典籍中也都记载着黄帝的事迹。当时的黄帝形象，原本是很多元的。有的说黄帝是神，有的说黄帝是人。例如，在《山海经》较早的《五藏山经》和《海外经》中，黄帝的形象充满了神话图腾色彩。在稍后的《大荒北经》及《海内经》中，黄帝却成了有世系的人祖与历史人物，而且明显进入了父系社会。《海外西经》里的黄帝是个遥远地区的蛇图腾部族首领，到了《左传》中却成了云图腾的部族首领，形象是很参差不稳的。在《国语·晋语》与《鲁语》中，黄帝却渐已被姬姓子孙历史化、宗法化，其形象也渐次明显和稳定下来。司马迁抱着史家的存疑态度，经过"西至空桐，北过涿鹿，东渐于海，南浮江淮"的实地考察，得到的答案是"至长老皆各往往称黄帝、尧、舜之处，风教固殊焉。总之不离古文者近是"，"其所表见皆不虚"，也就是说，全国各地虽然风俗不同、教化各异，但都存在着称颂黄帝的情况，而且其总体精神也和古代经典的记载不相违背、绝非虚妄之说。所以司马迁认为轻易否定黄帝者，是"浅见寡闻"之人，对儒家典籍中宣扬黄帝事迹的《五帝德》及《帝系姓》二篇表示了充分的肯定，指出"《春秋》、《国语》，其发明《五帝德》、《帝系姓》章矣"，认为《春秋》《国语》这两部儒家心目中重要的典籍，很多地方正是对《五帝德》《帝系姓》的发明。最后司马迁"好学深思，心知其意"的结果是："余并论次，择其言尤雅者，故著为本纪书首。"即司马迁不拘泥于书本，在采择百家之言中"雅"的部分之后，慎择其合理而可信者，完成了《五帝本纪》。"因此在《史记·五帝本纪》里的黄帝，已不再是不雅驯的神话角色，而是不折不扣的历史大帝了。"①

司马迁从历史学家的角度，剔除神秘色彩，把黄帝写成一个创业有为、开拓进取的帝王形象。

在司马迁的笔下，黄帝擒灭蚩尤，兼并炎帝，统一天下，草创国家，创制立法，中华文明时代就从这里开始。

在司马迁的笔下，从黄帝开始，五帝承传，夏、商、周三代天子，春秋以来列国诸侯，秦汉两朝皇帝等等，都是黄帝的子孙。中华民族皆是黄帝子孙，这一民族一统观念就奠基于《史记》。这是司马迁对中华文化最伟大的贡献。

司马迁所提出的"黄帝子孙"这一概念，经过两千年来的千

① 陈丽桂著：《黄帝事迹与黄老法论——以五帝本纪与马王堆帛书为讨论核》，徐炳主编：《黄帝思想与先秦诸子百家》（上），社会科学文献出版社 2015 年版，第 224 页。

锤百炼，已经成为中华民族文化中最神圣的符号，数千年来激励了无数的仁人志士为民族的生存、繁荣和进步而斗争。

"黄帝子孙"，至今仍是一个神圣名词，具有无限凝聚力。

# 第四章 《黄帝四经》中的治理思想

《黄帝四经》是对黄帝君臣治理智慧的总结，是一种实践性很强的政治哲学，是自黄帝时代以来，经过代代口耳相传，在传递中不断增减、修正、丰富、发展、总结与提炼的结晶，亦是战国时期黄老学派进一步融老入黄、升华发展的结果。《黄帝四经》用天道说明人事，直面政治、经济、军事、文化、外交、君臣关系、军民关系中存在的诸多尖锐问题，以国家治理为目标，是春秋战国诸子百家"救世"思想之源头，是中国早期传统政治文化的集大成者，对于探讨与研究中华文明的源头以及中国早期的治理思想具有十分重要的文化与现实鉴示意义。

　　1973 年，湖南发生了一件轰动世界的文化大事，在长沙马王堆三号汉墓出土了《老子》乙本卷前几本古佚书，当时称《老子乙本卷前古佚书》。后经学界考证认定，这就是失传已久的《黄帝四经》的帛书本。班固在《汉书·艺文志》中曾经著录此书，但汉以后就失传了。今发现的古佚书《黄帝四经》共 1.1 万多字，分为《经法》《十大经》《称》《道原》四大部分。

　　在古佚书《黄帝四经》四篇当中，《经法》是第一篇，共分 9 节，主要是讲论自然和社会中所存在的恒定法则，即所谓的"道法"。在《经法》中，首论"道生法"及"法"的重要意义；以下各节则分别论述：如何征战伐国；治国之次第；判断"六顺""六逆"的标准；理顺君臣、贤不肖、动静、赏罚诛禁四个对立关系；"执六柄""审三名"的人事之理与取法"建八政""行七法"的天道之间的关系；"六危""三壅""三不辜""三凶""五患"等决定国家兴亡的主要因素；言说天道、天理与对其进行取法在治国理政中的关键作用以及静观悟道、循名究理、循法执度三者有机的结合；等等，都构成了《经法》的要点。①

　　《十大经》是第二篇，共分 15 节，主要是探讨政治、军事斗争中的策略问题。本篇从黄帝即位的演说开始，讲论《立命》之道；继则以黄帝君臣对话为讨论形式，各节相继论述了因顺自然

---

① 　参见陈鼓应注译：《黄帝四经今注今译》，中华书局 2016 年版，第 47 页。

法则、因顺民情与"布制建极"的关系，讨论了天地、阴阳、四时、晦明、万物的创生过程，以及刑与德、文与武、柔与刚、争与不争、如何取得战争胜利等一系列的政治与社会问题，自然恰当地将民本思想与自然天道融会贯通起来。

《称》是第三篇，近似于古代格言和谚语的集萃，不分小节，中间标有墨点处起分段作用，本篇主要讲论施政、行法必须权衡度量，区分轻重缓急。

《道原》是第四篇，不分小节。"道原"，顾名思义，就是对"道"的本体和功用进行探讨。本篇主要是讲宇宙观等哲学问题。本篇集中讲论"道"的既不可感知又可以感知的本体论，以及在此本体论作用下人类社会对"道"的功用的正确把握与运用。根据"道"的本体和功用，统治者在社会治理中应该处理好阴阳、刚柔、损益、进退、屈伸等等的关系。

应该说，《黄帝四经》是自黄帝时代以来，经过代代口耳相传，不断总结与提炼的结晶，也是战国时期黄老学派进一步融老入黄、升华总结的结果。《黄帝四经》是中国早期传统政治文化的集大成者，对于探讨与研究中华文明的源头以及中国早期的治理思想具有十分重要的文化与现实鉴示意义。

## 一、道治为上

"以道治理"是《黄帝四经》提出的一种融哲学、政治学、法学为一体的关于政治与社会的治理学说。道治内涵清楚地表明，所谓"以道治国"就是以道之客观规律为治国的准则，而不是以人的意旨为治国的依据。道治的价值目标是建立一个融规律之治、法治、无为而治、和谐之治等等为一体的理想社会之上的治理体系。《黄帝四经》中的"道治"学说深刻阐发了中国早期政治家与思想家对国家道路的顶层设计以及他们对中国文明的路径选择。在先秦，"以道治理"是诸子百家各种治理学说中的杰出代表；在中国五千多年思想史的历史长河中，它具有深远的影响和重要的历史地位；即使在今天，它仍然有着十分珍贵的历史启迪价值。

《黄帝四经》全书以"道"为中心而展开论述：道是什么？道何以成为治国之准则？循道与违道的结果是什么？道如何得以实施践行？等等，四篇中都有不同的涉及，因此，"道治"应该是《四经》的核心理论和根本主张。

那么，什么是以道治理？

按照《黄帝四经》的基本内容，所谓的"以道治理，"简言之，便是规律之治，遵循自然与社会的发展规律来探索与进行有效的社会治理。

从学科的角度来划分，"道"应该是哲学的范畴，"治"应该是政治学和法学的范畴。"道治"具有哲学的内涵，但已不是哲学的理论；"道治"具有政治学和法学的内涵，但也不是政治学和法学的理论。"道治"应该是将哲学和政治学、法学融为一体的理论或学说。这是早期中国人对人类政治学说的一大贡献。可以说，它源于一般的哲学、政治学和法学理论，又高于一般的哲学、政治学和法学理论，是中外政治思想史上一种颇具特色的治国理论，明显地带有中国文化的特色。

从先秦道家的主要经典《老子》与《黄帝四经》比较来看，《老子》和《黄帝四经》都以"道"为中心，但两者对道的可知性的认识却有着很大的不同。这表现在两个方面：

（1）《老子》开篇就说："道可道，非常道；名可名，非常名。"①虽然，老子的这种论述并不是完全表明道不可察知、不可体悟和不可践行，事实上老子也有许多关于"天之道"的具体内容的言说。但总体而言，老子反复强调的道是玄之又玄、高深莫测和难于体认的。战国时期，庄子继承和发展了老子的这种玄妙道论："道不可闻，闻而非也；道不可见，见而非也。道不可言，言而非也。"②总之，老庄之"道"不可闻、不可见、不可言，是形而

---

① 《道德经·第一章》。
② 《庄子·知北游》。

上，只能站在高高的神坛上，阳春白雪而难于走向社会之治和实践之治，所以，老庄之道虽高深却难有实用，虽然高明却无法与现实政治实践有机结合起来。

《黄帝四经》则不然，它虽然与《老子》一样，将"道"作为宇宙万物之本源和总规律，具有普遍性、抽象性、高深性甚或玄妙性，但它与《老子》又有很大的不同。《黄帝四经》反复强调道不远人，道不失人，道存在于人们的日常生活之中。《黄帝四经》说："天道不远，人与处，出与反。"① 甚至还提出，"人"与"道"虽然是主客之间的关系，但这种主客关系却可以转化，如果人把握住了天道运行的发展变化规律，就能主动地、能动地运用这种规律于政治治理的事业，明了通晓德赏、刑罚、动静、天道与人、主与客的对立转化关系，从而正确把握采取行动的契机，取得各种功业："明明至微，时反（返）以为几（机）。天道环 [周]，于人反为之客。争（静）作得时，天地与之。争不衰，时静不静，国家不定。可作不作，天稽环周，人反为之 [客]。静作得时，天地与之；静作失时，天地夺之。"② 显然，《黄帝四经》对道持有可知论的态度。这种可知论使"道"走下了高高的神坛，为其走向国家治理和社会化、实践化提供了基础和条件，"道治"理论因此

---

① 《黄帝四经·经法·四度》。
② 《黄帝四经·十大经·姓争》。

而获得了充分的理由。

（2）《黄帝四经》与《老子》虽然都倡导"功成不居"的谦下姿态，但《黄帝四经》明显具有"尚功"的倾向。同样对于"道"，老子多言抽象的根本之道，《黄帝四经》多言务实的应化之道。很显然，《黄帝四经》的重心已由"道"转向"治"，由"道学"转向"道治学"。所以，"道治"可以概括《黄帝四经》的全部学说和思想，是《黄帝四经》的总纲。

另外，纵观《黄帝四经》，我们可以清楚地发现，"以天道推衍人事"是其最显著的思维特征。天道是人事之依据、人事是天道之取法，这是贯穿于四篇最核心的观点。道既是宇宙万物产生和存在之源，又是自然、社会和万事万物之规律，人事与天道之间便必然存在有一定内在联系。

《黄帝四经》认为，天地之间恒久存在的客观规律是多种多样的，它们无不是人类效法和遵循的对象。既然自然秩序和社会秩序同源于道，道之恒常决定了社会之恒常，故治国理政者举事必察天地之常。因此《经法·道法》说：

> 天地有恒常，万民有恒事，贵贱有恒立（位），畜臣有恒道，使民有恒度。天地之恒常，四时、晦明、生杀、輮（柔）刚。万民之恒事，男农、女工。贵贱之恒立（位），贤不宵（肖）不相放。畜臣之恒道，任能毋过其所长。使民之恒度，

去私而立公。变恒过度，以奇相御。正、奇有立（位），而名
[形]弗去。凡事无小大，物自为舍。逆顺死生，物自为名。
名刑（形）已定，物自为正。

天地之间存在着固定永恒的规律，天下百姓都有各自从事的
固定的工作，贵贱高低也都有他们确定的位置，使用下臣有确定
的方法，统治百姓有既定的守则。四季更迭、昼夜交替、荣枯变
换、柔刚转化，便是天地间所存在的固有规律。男耕女织，便是
百姓所从事的固定的工作。有才德和无才德的人不能处于同等的
地位，这便是贵贱都有他们确定的位置。选任官吏时，职位的高
低要与他的能力相符合，这便是使用下臣的确定的方法。去私门
而行公道，这便是统治民众的既定的守则。如果一旦出现了不正
常或超越了常规的事情，就要相应地采取非常规的手段来加以控
制。而治理国家所使用的常规与特殊的两种方法是各有位置因事
而施的，明白了这一点，那么在判定一切事物的概念与情况时也
就不会发生偏颇了。事物无论巨细大小，都有它们各自存在的确
定的空间。而逆顺死生等等一切情况的发生，都是由事物本身的
性质决定的；根据性质，就可以准确地界定事物的名称和概念了。
事物的情况和对该事物的概念既已确定，那么就可以对该事物做
出正确的处理了。

这种尊天理、尽人事的道理，在《十大经·前道》中同样有

所表述：

> 圣 [人] 举事也，合于天地，顺于民，羊（祥）于鬼神，使民同利，万夫赖之，所谓义也。身载于前，主上用之，长利国家社稷，世利万夫百姓。天下名轩执 [国] 士于是虚。壹言而利之者，士也；壹言而利国者，国士也。是故君子卑身以从道，知（智）以辩（辨）之，强以行之，贵道以并世，柔身以待时。王公若知之，国家之幸也。

> 国大人众，强国也。[若] 身载于后，[主上不用之，则不利国家社稷、万夫百姓。王 [公] 而 [不知之，乃国家之不] 幸也。故王者不以幸 [倖] 治国，治国固有前道：上知天时，下知地利，中知人事。善阴阳□□□□□□□□□□□□□□□□□□□□□ [名] 正者治，名奇（倚）者乱。正名不奇，奇（倚）名不立。正道不台（殆），可后可始。乃可小夫，乃可国家。小夫得之以成，国家得之以宁。小国得之以守其野，大国 [得之以] 并兼天下。

> 道有原而无端，用者（则）实，弗用者（则）藿（寂）。合之而涅于美，循之而有常。古之贤者，道是之行。知此道，地且（宜）天，鬼且（宜）人。以居军 [强]，以居国 [昌]。古之贤者，道是之行。

那些得道的统治者在做事时，总是考虑如何符合天地之道，顺应民心和神祇的意愿，并且与民同利，人们都依赖于他们，这便是所谓的道义。他们应该得到应有的官位，君主任用了他们，对于整个国家乃至全天下的人都是大有利处的。这样的话，天下的名士就都会来归附的。一句话就可以使君主获利的，这便称作"士"；一句话就可以使国家获利的，这便称作"国士"。因此说，有道的贤人都是谦卑己身以遵从天道，用他们的才智去认识道，努力用道去指导自己的行动，并且寻求道的与世相合，卑屈己身以待天时。作为一国之君，如果懂得了这些圣贤们所掌握的道，这便是国家的大幸了。

幅员辽阔，人口众多，这本该算是强国了。但如果得道的贤人不能得到应有的官位，君主不任用他们，那么对于国家乃至全天下人都是大为不利的。对一个统治者来说，不能够认识到这一点，这是国家的大不幸。君主不应该不遵天道而以侥幸治国，治理国家本来是有既定的法则的，这便是要懂得天时、地理、人事；而且，精通阴阳之道。……正名定分使名实相符，万事就有条理，否则就会纷乱无序。正定了名分则万事可成，不正名定分事情就不会成功。天地正道是永不衰败的，掌握了正道，则后动先动皆顺当自如。"道"不但可施用于个人的修身，也可施于国家的治理。个人得"道"则可成就其事业，国家得"道"则可以治理太平。小国得"道"可以长保其疆土，大国得"道"则可以统一天下。

"道"是有它的本原的，但却寻不着它的边际，应用它的时候会感到它的实有，不用它的时候似乎它又是空无的。合于"道"则万事万物都会向好的方向转化，遵循"道"则一切都会有常规。古代圣贤，办事只知遵行"道"。懂得了"道"，则天地之道、人鬼之道皆能相宜。用"道"来治军则军队强大，用"道"来治国则国家强盛。古代的贤圣，只知遵行"道"。

《黄帝四经》对自然、社会领域中各种逆和顺的表现也有许多具体的举例和分析。

在自然领域，阴阳不调谓逆，四时无序谓逆："动静不时，种树失地之宜，[ 则天 ] 地之道逆矣。"①

在社会领域，刑名不合为逆，德刑不协为逆。又如，征伐而无存养之心、劝农而有刑虐之意、过度使用地力而稼作无收、人主偏执一己而强奸民意、君上无术而臣下结党，此谓"五逆"："五逆皆成，[ 乱天之经，逆 ] 地之刚（纲），变故乱常，擅制更爽，心欲是行，身危有 [ 殃。是 ] 胃（谓）过极失当。"② 又如，天地人各有其道，谓之天稽、地稽、人稽，不合"三稽"者谓之"三禁"③。总之，"察逆顺以观于朝（霸）王危亡之理"④，"顺天者昌，逆天者亡"⑤，国家

---

① 《黄帝四经·经法·论》。

② 《黄帝四经·经法·国次》。

③ 《黄帝四经·十大经·三禁》。

④ 《黄帝四经·经法·论》。

⑤ 《黄帝四经·十大经·姓争》。

或兴或衰，或存或亡尽在逆顺之间。

由上可见，《黄帝四经》清楚地认识到，在现实社会中，"道"能不能被遵循、客观规律能不能成为治国理政的最高准则，关键在于执政者的态度和行为。所以，《黄帝四经》反复强调统治者应当以谦卑敬畏的姿态对待"道"，无论决策还是举事都要顺道循理，不能将自己凌驾于道和理之上，举事要合于天地，顺于民，卑身以从道，顺"道"而循理。应该指出，就《黄帝四经》的思想主旨而言，"道"高于君而不是君高于"道"，这一立场和观点是明确的。然而，这一主张如何得到真正的实施贯彻，"道"和"执道者"的关系如何协调，《黄帝四经》也面临着困惑，甚至是棘手的难题。

## 二、君臣正位

君臣如何正确定位，是历代政治治理好坏的基础与前提，关乎君主身家、政治稳定、社会发展乃至国家兴衰存亡。《黄帝四经》在论及国家成败关键"四度"时，即把君臣正位列在首位，足可见其重要性。

《经法·四度》说：

> 君臣易立（位）胃（谓）之逆，贤不宵（肖）并立胃（谓）

之乱，动静不时胃（谓）之逆，生杀不当胃（谓）之暴。逆则失本，乱则失职，逆则失天，[暴]则失人。失本则[损]，失职则侵，失天则几（饥），失人则疾。周卺（迁）动作，天为之稽。天道不远，人与处，出与反。

君臣当立（位）胃（谓）之静，贤不宵（肖）当立（位）胃（谓）之正，动静参于天地胃（谓）之文，诛[禁]时当胃（谓）之武。静则安，正[则]治，文[则]明，武则强。安[则]得本，治则得人，明则得天，强则威行。参于天地，阖（合）于民心。文武并立，命之曰上同……审知四度，可定天下，可安一国。

君主、大臣改变了相互正常的位次就称为逆，贤与不贤人职爵贵贱无别就称作乱，违反了服役务农的时节规律就称之为逆，滥行生杀赏罚之权就叫作暴戾。违反了君臣的正常位次就使国家失去了生存的根本，淆乱了贤与不贤人的贵贱位序就会使之各自迷失本身的身份职守，动静违逆时令，就会失去上天的保佑，君主暴戾肆虐就会失去民心。国家失去根本就会受到重创，贤与不贤人迷失了各自身分职守就会发生僭越侵权之事，失去天佑则必有饥馑凶荒，失去民心就会遭到天下的憎恨。进退动静，都必须以天道作为法则。天道不远，人事的一切举措都应与之协调。

君臣各安其位就叫作位次整肃，贤与不贤人各安其位就叫作

贵贱正定，耕战参合于天时地利就称作"文"，伐乱止暴合于天
道人理就称作"武"。君臣位次整肃则上下安定，贤与不贤人位次
正定则万事都可得到治理，有文德则政令清明，讲武德则国家强
大。上下安定则国家就有了存在的保证，万事治理也会更好地招
徕人才，政令清明会得到天助，国家强大则威慑天下。参合于天
地，顺应于民心，文德武德并举，君主就会得到人民的普遍拥戴。
……深刻体会运用上述四种原则，大可以安定天下，小也可以安
治一国。

君臣正确定位，各司其职，各安其位，关系到国家政治社会
秩序与治理的成败得失，处理不当，就会违逆天道，就会散失民
心、丧失国本；处理得当，合于天道，则国家强盛，君主受到拥
护、爱戴，民心也会归顺。

要实现君臣正确定位，各安其位，各司其职，重在要求君主
要虚无清净，执度公平，驭臣有方。

> 王天下者之道，有天焉，有地焉，又（有）人焉，参
> （三）者参用之，[然后]而有天下矣。为人主，南面而立。
> 臣肃敬，不敢敝（蔽）其主。下比顺，不敢敝（蔽）其上。
> 万民和辑而乐为其主上用，地广人众兵强，天下无適（敌）。①

---

① 《黄帝四经·经法·六分》。

　　君主要想称王天下，就必须权衡参合天时、地利、人事三方面因素，唯有如此，才能广有天下。"为人主，南面而立。"作为国君就要居得其所，真正行使其作为国君的职权。大臣恭敬，不敢蒙蔽君主。下属和顺，不敢欺蒙其上。百姓和睦，甘愿为国君效力，地域广大，民人众多，军队强盛，就可无敌于天下。

　　要想治理好国家，君主不但要"正位"，还要有效地掌握权位，讲求"王术"，从根本上理顺上下关系。《黄帝四经》认为，"六顺六逆"是决定国家兴衰成败的分界线。君主要想实现对国家的治理，就必须处理好"六顺六逆"的问题。因此《经法·六分》中才有下列集中的论述：

> 　　观国者观主，观家 [者] 观父。能为国则能为主，能为家则能为父。凡观国，有六逆：其子父，其臣主，虽强大不王。其谋臣在外位者，其国不安，其主不悟，则社稷残。其主失位则国无本，臣不失处则下有根，[国] 忧而存；主失位则国荒，臣失处则令不行，此之谓颓国。[主暴则生杀不当，臣乱则贤不肖并立，此谓危国]。主两则失其明，男女争威，国有乱兵，此谓亡国。

　　考察一国如何关键在君，考察一家如何关键在父。能治理一国政事的堪任其君，能主持一家事务的堪当其父。在考察一个国家的时候，有六种悖逆的现象需要特别注意。

第一是作为太子的具有了君父的权威。

第二是作为大臣的具有了君主的权威，这样的国家虽然强大也不能称王天下。

第三是谋臣有外志而不能尽忠于本国君主，它的国家就不会安定；君主意识不到这一点，国家就会受到损害。

第四是君主失位，不能行使权力，国家便失去了依托，而大臣此时如能坚守岗位，克尽职守，国家还有生存的基础，虽有忧患尚可保存；君主失位已经使得政事荒废不治，此时大臣再不能克尽职守，则政令不能下达，这便称作"颓国"。

第五是君主暴戾无道，赏罚生杀失去准度，臣下贵贱位次混乱，贤与不贤人并立无别，这便称作"危国"。

第六是君主、后妃同时掌政，政令歧出，令人迷惑无所适从，加之王、妃争权，势必导致国家的内战，这便称作"亡国"。

本段所讲的"六逆"。概括起来，主要表现为："君与臣、父与子、王与妃、贤与不肖"四个问题。而前三个问题，又是其中的主要矛盾。

君臣易位、后妃擅政、太子行权这三个问题，在《黄帝四经》中常以并列的形式反复提出，因为此三逆的实际案例在历史上实在是比比可见。"牝鸡之晨，惟家之索"①，是周武王灭商动员令中

---

① 《尚书·牧誓》。

的名言，后人更是把它作为一种"史鉴"而时时提醒当政者应注意防范后宫干政。君臣易位、后妃擅政、太子行权的结果必然是"臣弑其君，子弑其父"，因此，《黄帝四经》要求统治者要格外注意。

《黄帝四经》继续在上述议论的基础上阐发自己的观点：

> 適（嫡）子父，命曰上曊（怫），群臣离志。大臣主，命曰雍塞。在强国削，在中国破，在小国亡。谋臣[在]外位者，命曰逆成，国将不宁；在强国危，在中国削，在小国破。主失位，臣不失处，命曰外根，将与祸蔺（邻），在强国忧，在中国危，在小国削；主失位，臣失处，命曰无本，上下无根，国将大损；在强国破，在中国亡，在小国灭。主暴臣乱，命曰大荒，外戎内戎，天将降殃，国无大小，有者灭亡。主两，男女分威，命曰大麋（迷），国中有师；在强国破，在中国亡，在小国灭。

太子具有了君父的权威，这就称作逆上，会使群臣不能与君主一心一德。大臣具有了君主的权威，这就称作大臣遮蔽了君主的威望。上述这两种情况，发生在大国会使大国削弱，发生在中等国家会使中等国家破败，发生在小国会使小国灭亡。谋臣有外心兼为他国设谋，这是违反常规的，国家将不会安宁；此种情况，发生在大国会使大国面临危险，发生在中等国家会使其削弱，发生在小国会使其破败。君主失去王位，大臣还能尽职，这就称作君主尚有依托，但是已接近祸患了；此种情形，发生在大国是令人担忧的，发生在中等国家是很危险的，发生在小国会使其削弱的。如果君主失位，而且大臣失职，那么就称作国家上下失去了存在的根基，根基一失，国家也就将受到绝大的损害了；此种情形，发生在大国会使其破败，发生在中等国家会使其衰亡，发生在小国会使其覆灭。君主行为暴戾，臣下位次淆乱，这就称为万事荒废不可救药，外患内乱必接踵而至，违背天理天必降灾；这种情况，无论发生在什么国家，都会灭亡。君主、后妃分争权力，导致国家出现二主，这就使国人迷惑不明无所适从，国家因此会有兵乱；这种情形，发生在强国会使其破败，发生在中等国家会使其衰亡，发生在小国会使其覆灭。

本段继续解释上段所谈的"六逆"。

"六逆"中最要命的是太子篡位，太子弑上，这种情况的发生，大多与君主的废嫡立庶、废长立少等不明智的行为有关，这在春秋、战国时代是常有的事。因此，《黄帝四经》将其作为一个重要的问题提出来，并视之为首逆。

凡观国，有大（六）顺：主不失其位则国[有本，臣]失其处则下无根，国忧而存。主惠臣忠者，其国安。主主臣臣，上下不赿者，其国强。主执度，臣循理者，其国霸昌。主得

[位]臣楅（辐）属者王。

六顺六逆[乃]存亡[兴坏]之分也。主上执六分以生杀，以赏[罚]，以必伐。天下太平，正以明德，参之于天地，而兼覆载而无私也，故王天[下]。①

"六顺"是说君主在治国理政中六种顺当的现象，即：主不失其位；主惠臣忠；主主臣臣；上下不趄；主执度，臣循理；主得位而臣辐属。

本段强调君主、臣子应该名副其实，不相僭越。"主执度，臣循理"，君主理政秉执法度，大臣行事遵循事理。"群臣辐辏"②，群臣归聚在君主周围就像车辐聚集在轮心周围一样，如《论语·为政》所说的"为政以德，譬如北辰居其所而众星共（拱）之"。

考察一个国家，有6种顺当的现象，这就是：君主不失其位，国家便具备了存在的根基；而如果大臣不能尽职，这就使得君主失去依托，这样的话，国家还可以在忧患当中继续生存。君主慈惠爱下，大臣忠心事上，则国家安定。君主大臣名副其实，不相僭越，君上臣下一心一德，则国家强盛。君主理政秉法执度，大臣行事遵循事理，则国家昌盛称霸天下。君主居得其位，大臣集

---

① 《黄帝四经·经法·六分》。
② 《淮南子·主术训》。

结在君主周围，这样便可称王天下了。

总之，"六逆"出现不仅威胁君权，而且使大国衰落，小国灭亡。"六顺"与"六逆"是决定国家存亡兴衰的分界。君主掌握判断"六顺""六逆"的标准，并以此来施行生杀、赏罚及果决征战。天下安定宁和，在于君主执度公正以明其德，同时再效法天地的公平无私，这样就可以称王天下。

另外，《黄帝四经》还专门提到"六危""三不辜""三雍""三凶""五患"等问题，告诫君主必须高度注意。

六危：一曰嫡子父。二曰大臣主。三曰谋臣[外]其志。四曰听诸侯之废置。五曰左右比周以雍塞。六曰父兄党以拂。

三不辜：一曰妄杀贤。二曰杀服民。三曰刑无罪。此三不辜。

三雍：内位胜谓之塞，外位胜谓之偾，外内皆胜则君孤特。以此有国，守不固，战不克，此谓一雍。从中另外[谓之]惑，从外令中谓之[贼]。外内遂争，则危都国。此谓二雍。一人擅主，命曰蔽光。从中外周，此谓重雍。外内为一，国乃更。此谓三雍。

三凶：一曰好凶器。二曰行逆德。三曰纵心欲。此胃（谓）[三凶]。

五患：[昧]天[下之]利，受天下之患；昧一国之利者，受一国之祸。约而倍（背）之，谓之襦（渝）传（转）。伐当罪，见利而反（返），谓之达刑。上杀父兄，下走子弟，谓之乱首。外约不信，谓之怨媒。有国将亡，当 [ 罪复 ] 昌。①

太子行权、重臣掌权、主失位、主暴臣乱、谋臣外志、后宫擅政，谓之"六危"。

肆意杀害贤良，杀戮已经归降的人，对无罪之人滥施刑罚，这即是"三不辜"。

后妃与大臣分别专权，一壅也；地方与中央争权，二壅也；后妃与权臣合谋专权，三壅也。

恃勇好战，专嗜杀伐；倒行逆施，妄杀贤良；无视法纪，随心所欲。这便是"三凶"。

贪图整个天下的财利，就会承受全天下的灾患；贪图一国的财利，就要承受一国的祸患。与别国签订了盟约却中途背叛了人家，这就叫作反复善变。讨伐有罪之国，见到利益便中途而返，退出盟国，不再共与讨伐，这就叫作不恭行天罚。杀戮迫害自己的亲属，这就叫作肇兴祸乱的罪魁。与大臣立有盟约却不守信义，这就叫作充当引起怨恨的媒介。上述这些，会导致本国灭亡，本已衰败了的敌国也会因此重新兴盛。则就是"五患"。如再进一步

① 《黄帝四经·经法·亡论》。

概括：所谓的"五患"，即是昧利、襦传、达刑、乱首、怨媒。而此五患，皆是就国君而言，言国君在处理国家利益、与盟国关系、与亲属关系、与大臣关系等方面的五大过失所形成的五大祸患。这五大患害之渊薮，不外乎"利"之与"权"，前三患是言"贪利"，后二患是言"争权"。因此《黄帝四经》希望做君主的要对此高度警惕，不要犯此五种错误。

综上可知，君臣关系异常复杂，涉及诸多方面，所以如何做到"御臣有术""君臣正位"，实在是历代君主必须思考与正确把握的治世要术。

关于君臣之间关系好坏对国家治理的重要作用，《黄帝四经·称》中也有比较详细的论述：

> 帝者臣，名臣，其实师也。王者臣，名臣，其实友也。霸者臣，名臣也，其实[宾也]。[危者]臣，名臣也，其实庸也。亡者臣，名臣也，其实虏也。

"帝师""王友""霸宾"点明了"名臣"对人君、治国的重要性。意指君主切忌自视甚高，一意孤行，而应与臣下善处，充分调动其政治智慧和治理能力，人君听其"圣慧之虑"，得其"辅佐之助"，即可成就帝王之业。但人君任用臣子时，亦应"量能而授官"，正如《经法·道法》中所指出："畜臣之恒道，任能毋过其所长。"总之，"人君南面之术"本质上是君术，而君臣之道可视为根本之基。《黄帝四经》中虽然论述了君主应该如何严防臣下篡权，但更多的还是正面对人君提出要求，侧重于人君提升自身德行的修养以及遵循天道、秉法执度，旨在追求一种效仿黄帝的以"文""德"为重的圣人之治。因此，"王天下者有玄德，有独知"，即"王天下者，轻县国而重士，故国重而身安；贱财而贵有知，故功得而财生；贱身而贵有道，故身贵而令行"[①]。人君不但要轻财利、卑谦己身、尊重贤者及有道之人，使"身贵而令行"，而且还要做到"是非有分，以法断之；虚静谨听，以法为符"[②]，只有这样才能使君臣关系和顺，上下协力，国家稳定强盛，从而治理好天下。

## 三、治民方策

道治，作为旨在对国家政治与社会实施合理与有效的治理的一种学说，必然有其一整套比较系统的关于治理的内容，这是道治理论中的最重要的组成部分。具体到《黄帝四经》的治民办法，本章择其要者做一简单考察：

---

① 《黄帝四经·经法·六分》。
② 《黄帝四经·经法·名理》。

## （一）以人为本

"以人为本"不是儒家文化的专属品，《黄帝四经》也谈"以人为本"。

表面上看来，《黄帝四经》的"以人为本"与西周和儒家的"以民为本"的价值观念相近似，其实不然。《黄帝四经》的"以人为本"原则具有更深邃的哲学依据，它是政治设计者对"道治"理论在实践中的演绎和总结。

为什么要以"人"为本？

《黄帝四经》从最根本的道源处作了充分的论证。在《黄帝四经》中，道治以"道"为最高准则，人们的一切言行都必须遵循"道"的要求。循道也就是"因"道，所以《黄帝四经》很重视"因"的建设与积累。《黄帝四经》说："弗因则不成，[弗]养则不生。"[①]那么，何者为"因"？"因"就是依循之意。"因也者，无益无损也"；"因也者，舍己而以物为法者也"。[②]对天道"无益无损"之"因"，在社会实践中又集中表现为顺人之心、从人之情，表现为"因也者，因人之情也"[③]。《黄帝四经》也清楚地写道："因地以为资，因

---

① 《黄帝四经·十大经·观》。
② 《管子·心术上》。
③ 《慎子·因循》。

民以为师；弗因无神也。"①就是说，要以因顺民心以为师，不知因顺，便是愚蠢之举。因此之故，《黄帝四经》总是将"天地人"并用不分，将"天道"与"人心"相须相联："参于天地，阖（合）于民心。文武并立，命之曰上同。"②"吾受命于天，定位于地，成名于人。"③"吾畏天、爱[地]、亲民，立有命，执虚信。"④这是《黄帝四经》中记载黄帝就职时发表的演说的唯一内容。黄帝说：我是禀受天地之命，功业成否全在于人心，所以我要敬天道、爱大地、护人民，因循道本，执守诚信。在黄帝那里，遵循天道与因顺人心是一致的、不可分离的自然生成的关系。

正因如此，《黄帝四经》进一步提出了一个重要的政治主张："优未爱民，与天同道。圣人正以侍（待）之，静以须人。"⑤

"正以待道"和"静以须人"，这正是一对并存并立、融为一体的哲学概念和治道方针："正以待道"要求统治者必须"静以须人"，没有"正以待道"，"静以须人"就没有根据；"静以须人"是"正以待道"的体现和具象，没有"静以须人"，"正以待道"就不能得以实施。

---

① 《黄帝四经·称》。
② 《黄帝四经·经法·四度》。
③ 《黄帝四经·十大经·立命》。
④ 《黄帝四经·十大经·立命》。
⑤ 《黄帝四经·十大经·观》。

由此，我们可以清楚地认识到《黄帝四经》的一贯思想逻辑：就根本而言，国家治理必须以"道"为准则；就社会生活的实践而言，国家治理则必须以"人"为中心。"以道为准则"和"以人为本"是自然与社会规律有机统一的一个整体。所以，《黄帝四经》之治理之"道"既玄虚高深，又咫近具象，"天道不远"，人与处之。天道就在人心，人心就是天道；人与"道"相联相融，所谓天人合一，人人都有道的内在因子。古人这种观念和西方自然法认为人人都有理性，自然法就在人人心中的主张多有相似之处，但根本处中国天人哲学则独高一筹。

在《黄帝四经》中，"以人为本"的治理学说表现为许多具体的内容和主张，其中以下面两项最为重要：

第一，"节赋敛，毋夺民时，治之安。"

《黄帝四经》这方面的主张较为系统，并多从天地阴阳之道出发予以论证。《经法·君正》篇中写道："人之本在地，地之本在宜，宜之生在时，时之用在民，民之用在力，力之用在节。知地宜，须时而树，节民力以使则财生。赋敛有度则民富，民富则有佄（耻），有佄（耻）则号令成俗而刑伐（罚）不犯，则守固战胜之道也。"国家治理，关键在于君臣各正其位，民众尊崇法度，上下一心致力于国富民强的事业之中。因此《黄帝四经》提出了在国家治理中应该"节度"民力的重要概念："民之用在力，力之用在节。"使用土地的根本在于因地制宜，恰当地种植适于该地生长的农作物。适宜于农作物生长的关键，还在于准确地掌握耕种的时间和季节，准确地掌握农时，还在于如何使用百姓。使用百姓的关键，在于使其各自尽力其事。使用民力的关键，在于适度。要了解土地适宜于种植什么，并且根据时令来种植五谷。适度地使用民力，就能有效地创造财富。赋敛适度，则人民富足。人民富足，则懂得政教廉耻。廉耻观念的形成，就使得百姓习惯于服从命令并且不敢触犯刑罚。百姓习惯于听令，又不敢触犯刑罚，这便是守国则牢、伐国则胜的原理所在。

经济是人们生活的基础，有财才有富，有富才有耻，有耻才不犯。而要使民富财，一是要合理和适时地使用地力与民力；二是政府必须"赋敛有度"，君要贱财，民要富财。

《黄帝四经》还提出，执政者应当尊重人的天性，因顺人的"自为"之心来完成国家治理的工作，而不能强求人以"他为"行之："不受禄者，天子弗臣也；禄泊（薄）者，弗与犯难。故以人之自为 [ 也，不以人之为我也 ]。"[1]

《黄帝四经》特别强调，国家和政府要满足人们最基本的物质生活和生理需求，这是因人心、顺人情的基本要求，也是"以人为本"的底线："夫民之生也，规规生（性）食与继。不会不继，

---

[1] 《黄帝四经·称》。

无与守地；不食不人，无与守天。"①就是说，饮食和生育，这是人类刚一降生就有的自然本能需求。不能让人生育繁衍，就谈不上守持地道；不能让人有足够的饮食住行，就谈不上守持天道。

第二，因俗立法。

《黄帝四经》中说："俗者，顺民心也。"②因俗立法，也就是因顺人心立法。《黄帝四经》强调，只有因俗而合于民心的法律，才能得到民众的信从和遵守。"号令阖（合）于民心，则民听令。""号令者，连为什伍，巽（选）练（拣）贤不肖有别也。以刑正者，罪杀（诛）不赦也。[畏敬者，民不犯刑罚]也。可以正（征）者，民死节也。""若号令发，必厥而上九，壹道同心，[上]下不赿，民无它志。然后可以守战。号令发必行，俗也。"③法律必须因俗而立，这是十分复杂的社会治理工程，《黄帝四经》为此还提出了具体的方法："一年从其俗，二年用其德，三年而民有得。四年而发号令，[五年而以刑正，六年而]民畏敬，七年而可以正（征）。"就是说，设法立刑不能急于求成、一步到位。必须循序渐进，遵从民风民俗，而后选贤举能，而后富民庶民，水到渠成，而后便可以发令制刑，这才是符合"因顺"之道的合理做法。

---

① 《黄帝四经·十大经·观》。

② 《黄帝四经·经法·君正》。

③ 《黄帝四经·经法·君正》。

### （二）予取妥当

在先秦，人们早就认为"取予"是一种契约。

《周礼·天官·小宰》说："听取予以书契。"

"予取得当"是国家治理中的一项十分重要的原则。

作为道治的一项原则，"予"和"取"不是指个人与个人、个人与家庭、家庭与家庭等私人领域之内的交往行为，而是指政府与民众、国家与社会之间的交换关系。"予取得当"是《黄帝四经》在协调和处理政府与民众、国家与社会之间关系方面的一项重要原则，自然也是一项基本的立法原则。政府向民众、国家向社会应该给予什么、给予多少，收取什么、收取多少，这是政府与民众、国家与社会关系中的重大问题，历代关心政治的各家各派都对此十分重视，并且提出了许多很有价值的观点和主张。但是，他们没有将这方面的观点和主张作出归纳和概括。

"予"和"取"，作为哲学与治道的概念，最早见于《道德经》，应该是老子最先明确提出来的。

老子说："将欲歙之，必固张之；将欲弱之，必固强之；将欲废之，必固兴之；将欲取之，必固与之。是谓微明。柔弱胜刚强。鱼不可脱于渊，国之利器不可以示人。"[①]但老子不是将两者作为一

---

① 《道德经·第三十六章》。

个整体范畴，而是以此为例着重说明哲学上"柔弱胜刚强"的道理，犹似欲上先下、欲进先退、欲高先低等一样，而且两者之间没有平衡的关系，一个是手段，一个是目的，"予"是为了"取"。

《黄帝四经》则不同，它将两者视为对立统一体，概括成为一个整体范畴，明确提出了"予""取"原则的主要内涵是"天制寒暑，地制高下，人制取予。取予当，立为[圣]王；取予不当，流之死亡。天有环刑，反受其殃"①。天道控制着寒来暑往，地道掌握着高低的差异，人道决定着夺取与给予。如果取予妥当，就可以成为圣王，就可以治理好国家。反之，如果取予失当，就会遭受老天的惩罚，自取祸殃。

《黄帝四经》认为，取予存在着一定的规律，统治者在治国实践中应当牢牢遵循，不可偏颇失当。

第一，"予"和"取"是天道所固有的客观规律，两者都有存在和实施的正当依据。"天固有夺有予，有祥[福至者也而]弗受，反隋（随）以殃。"②

第二，在实践中应以"先予后取、厚予薄取"为首选方针。虽然，"予"和"取"都有道治的依据，但由于"予阳受阴"，"予"代表阳，"取"代表阴，又因为道"以人为本"，以"爱民"为先，

---

① 《黄帝四经·称》。
② 《黄帝四经·十大经·兵容》。

所以政府和执政者对民众就必须先行予，再行取，厚施予，薄征取。尤其是对于初建之国的民众，更应该实施优惠的政策："三年无赋敛，则民有得。""[有]得者，发禁拕（弛）关市之正（征）殹（也）。"① 就是说，要在3年之内废除山泽及关口市场的税赋。3年过后，民众富有了，才可以向民众征收赋税，但也必须"赋敛有度"。当然，《黄帝四经》也不主张向民众过分无度地施予，否则会适得其反："民生有极，以欲涅（淫）洫（溢），涅（淫）洫（溢）[即]失。丰而[为][杀]，[加]而为既，予之为害。致而为费，缓而为[衰]。"② 就是说，人们的欲望总有一个极限，超过这个极限就会走向反面。恣其欲望便会淫溢，淫溢便会失性，失性便会走向失败，所以"予"也有为害的状况。

第三，在治国理政中一定要防止克服"只取不予"的现象。只取不予，一味地占有掠夺，这是予取失度的典型表现，也是最失败的下下之策。"夺而无予，国不遂亡。"③ 夺占他国却不分封给贤能有功者，取得的成果也是暂时的。"兼人之国，修其国郭，处其郎（廊）庙，听其钟鼓，利其资财，妻其子女。是胃（谓）[重]逆以芒（荒），国危破亡。"④ 兼并他国以后，修其城郭，占其

① 《黄帝四经·经法·君正》。
② 《黄帝四经·十大经·正乱》。
③ 《黄帝四经·经法·国次》。
④ 《黄帝四经·经法·国次》。

宫室，纵享钟鼓，掠其资财，占其子女，这是大逆不道的败国之政，必然会导致国家危殆而走向灭亡。《黄帝四经》以"兼人之国"为例，深刻说明了"只取无予"的极端危害。

### （三）公正去私

《黄帝四经》认为天地无私，"公正去私"是统治者对天道的遵循与在人事中的运用，十分强调"公正去私"原则在治国理政中的重要性：

> 天地无私，四时不息。天地立（位），圣人故载。过极失（佚）当，天将降殃。①
> 参之于天地，而兼覆载而无私也，故王天[下]。②

"道"的"公正去私"的本质，自然应成为"道治"的内在要求和基本原则，《黄帝四经》反复申述"执道者"必须以"公""正""去私"作为执政治道的指导方针：

> 公者明，至明者有功。至正者静，至静者圣。无私者知（智），至知（智）者为天下稽。③

---

① 《黄帝四经·经法·国次》。
② 《黄帝四经·经法·六分》。
③ 《黄帝四经·经法·道法》。

使民有恒度，去私而立公。①

唯公无私，见知不惑。②

君臣不失其立（位），士不失其处，任能毋过其所长，去私而立公，人之稽也。③

在"道治"体系内，"公"者，是指执政者心胸应如天地一样宽广包容，处事为政坦荡平允。"正"者，是指阴阳有序、名实相合、行事从政应当不倚不偏。守持"公正"者，才能清静而无私，明智而有功，成为天下的稽式。

对于统治者来说，"公正去私"不仅体现在日常行政实践中，更是要体现在立法与守法上面。《黄帝四经》写道："法度者，正之至也……精公无私而赏罚信，所以治也。"④法律，是全社会之规矩、绳墨、尺寸、权衡、斗石，是人们日常行为的标准，所以统治者制定的法度必须是天下最为公正的；失去了公正，法就不成其为法了。至于法推行的公正性，则要依赖刑德也就是赏罚二柄来实现。赏和罚是对所有法律行为作出评判和处理的两个最基本的手段，是法律得以贯彻实施的保障，法律公正性的社会效果主

---

① 《黄帝四经·经法·道法》。

② 《黄帝四经·经法·名理》。

③ 《黄帝四经·经法·四度》。

④ 《黄帝四经·经法·君正》。

要就是通过赏罚的成功实践体现出来的。因此,《黄帝四经》非常重视赏罚的至公至正性:

> 诛禁不当,反受其央(殃)。①
>
> 受赏无德,受罪无怨,当也。②
>
> 所伐当罪,其祸(福)五之;所伐不当,其祸什之。③

《黄帝四经》认为,赏罚的"公正性"集中体现为"当":赏当其功,罚当其罪。因功而受赏,人们不会因此而感恩戴德;因罪而受罚,人们不会因此而不服抱怨。一个国家的赏罚是否得当,对于其或祸或福,或兴或亡有着密切的关系。在诛禁不当之中,滥杀无辜是最不能容忍的,为此《黄帝四经》特别告诫统治者不能发生"三不辜"的情况,指出"生杀不当,谓之暴"④,"三不辜"是犯禁绝理的典型表现,是亡国之重要祸因。

同时,与刑当相对立,《黄帝四经》提出了"达刑"的观念。

什么是"达刑"?

《黄帝四经》中说得很是明白:"伐当罪,见利而反(返),胃

---

① 《黄帝四经·经法·国次》。
② 《黄帝四经·经法·君正》。
③ 《黄帝四经·经法·亡论》。
④ 《黄帝四经·经法·四度》。

（谓）之达刑。"①

这就是说，犯罪而理当受罚，但因利而不加处罚，便是"达刑"。达刑违背了天理，必然会使自己窘迫而受害："伐当罪，必中天理。背（倍）约则窘，达刑则伤。怀（倍）逆合当，为若有事，虽无成功，亦无天殃。"②按照天道的规定，该要惩罚的就惩罚，不该惩罚的就不要去惩罚，这叫合于天刑，反之就是"达刑"，即是乱刑，只会对国家与社会稳定造成更大的伤害。③

### （四）平衡合度

"平衡合度"是《黄帝四经》重点强调的一个十分重要的治理理念，也是统治者立法施政、治理社会的一个重要原则。

《黄帝四经》中专门列有《称》篇，主旨就是通过对自然界与人类社会的阴阳、雌雄、动静、取予、屈伸、隐显、实华、强弱、卑高、得失等等矛盾对立转化关系的论述，为人们权衡选择出最正确、最得体、最有效、最易践行的治国修身的方案：

> 称以权衡，参以天当，天下有事，必有巧（考）验。事

---

① 《黄帝四经·经法·亡论》。

② 《黄帝四经·经法·四度》。

③ 参见艾永明：《道治：〈黄帝四经〉卓越的治理思想》，《中国优秀传统文化与国家治理学术研讨会暨研究院成立三十周年论文集》，2015 年。

如直（植）木，多如仓粟。斗石已具，尺寸已陈，则无所逃其神。故曰：度量已具，则治而制之矣。绝而复属，亡而复存，孰知其神。死而复生，以祸为福，孰知其极。反索之无形，故知祸福之所从生。应化之道，平衡而止（已）。轻重不称，是谓失道。①

从哲学上讲，"平衡"就是对立统一体内的事物双方保持均衡有序的自然状态。"道"具有这样的状态，"治道"能够发现和促成这种状态。"平衡"是"道"的天然属性；治国理政的"平衡合度"原则来源于对"道"的因循，"天地之道，有左有右，有牝有牡。诰诰作事，毋从我冬（终）始"。②一阴一阳、一长一短、一左一右、一牝一牡、一立一废等，都是天地之道所规定的，人们行事应守天道而不能固执己意。

在《黄帝四经》的治理体系中，与"平衡"具有相同或相似内涵概念的还有"称""度""当""节"等，它们时常互用互代，《黄帝四经》也经常用它们来作为评判治理者思想行为是否合适的重要标准。

"称"，就是对事物的对立双方（如阴阳、雌雄、动静、强弱、予取等）加以权衡比较，通过对正反两方面的权衡做出符合天道

---

① 《黄帝四经·经法·道法》。
② 《黄帝四经·称》。

的最正确、最有效的选择。"审其名，以称断之"①，"轻重不称，是谓失道"便是此意。

"度"，根本上是指道之内涵和外延，是事物维持恒常与稳定的界限，多指天地之道中那些确定不移的规则、度数，是人力不可更改的客观的度量标准。但有时"度"也表示人可以主观把握的尺度。合度，就是平衡，就是中庸；不合度，就是失衡，就是失中。"度"虽然有标准意，但却是可以操纵的、灵活的尺度。

"当"，即适度、适中。符合天道者，谓之"天当"，形名相符，亦谓之"当"。在具体领域中，如赏罚合适，谓之当；予取合适，谓之当；等等。

"节"，在《黄帝四经》中有时表示一些关键的节点，如"逆节""柔节""雌节""雄节""凶节""吉节""女节"等，这似乎也有节序度数的意思，但不像"四时之度"那样是明确的、不易的标准，而是必须用心揣摩拿捏的、不易量化的尺度。此外，"节"字在《黄帝四经》中也常用为动词，作"调节"的意思，例如，同样《经法·君正》中有："民之用在力，力之用在节。……节民力以使，则财生。""[毋]苟事，节赋敛，毋夺民时。"等②。

---

① 《黄帝四经·称》。
② 参见曹峰著：《文本与思想——出土文献所见黄老道家》，中国人民大学出版社 2018 年版，第 189 页。

纵观《黄帝四经》各篇，对"平衡合度"的阐述还是十分具体的，这一原则大致包括以下三层含义：

第一，对立统一的事物双方不能偏废，这是"平衡合度"的最基本要求。一阴一阳谓之道，有阳无阴不成道，有阴无阳也不成道。所以，必须文武并用，不能只用武不用文或只用文不用武；必须德刑并用，不能只用德不用刑或只用刑不用德；必须予取并用，不能只予不取或只取不予；等等。

第二，对立统一的事物双方不能错位。阳主生、主德、主赏；阴主杀、主刑、主罚，这是天道。如果"极阳以杀，极阴以生，是谓逆阴阳之命"①。君沦为下臣，下臣僭位君上；父无家权，子越父威；贤者贬为不肖，不肖者倖获贤位，如此等等，都是错位的不平衡不合度现象。

第三，对立统一的事物双方不能失衡，即不能过"度"，"过"或"不及"都不行。《黄帝四经》说："当者有[数]，极而反，盛而衰；天地之道也，人之李（理）也。""功泏（溢）于天，故有死刑；功不及天，退而无名；功合于天，名乃大成。人事之理也。"以天道之度数为准则，"过"或"不及"都是不可取的，只有恰当称合，才能取得成功，这是一条取法于天道的社会治理的

① 《黄帝四经·经法·四度》。

原则。①

应该说，"过"或"不及"都是违反"平衡合度"的最常见的情形，也是人们在生活实践中最容易犯的错误，因此《黄帝四经》谆谆告诫统治者管理国家必须在国家治理中真正践行权衡合度的原则，处理与把握好"称"的关系，适中有度，不能穷奢极欲，否则将为天道所不容，从而导致治理国家的失败。因此，《黄帝四经》才会反复强调："应化之道，平衡而正，轻重不称，是谓失道"②"夫神圣视天下之形，知动静之时，视先后之称，知祸福之门"③，反复强调要重视"称"对统治者治国理政的重要性。

### （五）"精公无私而赏罚信"

《黄帝四经》虽然以"道治"为根本，但从不排斥"法治"作为国家治理最重要的保障。在四篇论说中，我们可以看到，"道治"与"法治"是一对母子关系，"道治"为母，"法治"为子。"道生法。法者，引得失以绳，而明曲直者殹（也）。故执道者，生法而弗敢犯殹（也），法立而弗敢废 [ 也 ]。[ 故 ] 能自引以绳，然后见知天

---

① 参见艾永明：《道治:〈黄帝四经〉卓越的治理思想》，《中国优秀传统文化与国家治理学术研讨会暨研究院成立三十周年论文集》，2015 年。

② 《黄帝四经·经法·道法》。

③ 《管子·霸言》。

下而不惑矣。"①"道治"为体，"法治"为用。道法是一体的，共生的，互相作用的。治理社会所需要的法度、法则，都要顺应"道治"的规律。

《黄帝四经》非常重视法治的建设，认为"法治"是实现"道治"的主要途径。"法度者，正之至也。而以法度治者，不可乱也。而生法度者，不可乱也。精公无私而赏罚信，所以治也。"②法度，是至为公正的。以法度来治理国家，而不能任意妄为。创制法度，不能变化不一。依法办事公正无私，赏罚分明便能取信于民，这是天下治理的道理所在。

第一，要以法治国，而不能以己之私意妄为。"世恒不可择（释）法而用我，用我不可，是以生祸。"③人世规律是不允许舍弃法度而用一己之私的，如果偏执于一己之私，就会导致祸患。"上苛则下不听，下不听而强以刑罚，则为人上者众谋矣。为人上者众谋之，虽欲毋危，不可得也。"④或"苛"或"强"，皆是指不依法而妄为。去私就是执法，只有做到"精公无私而赏罚信"，法度才能真正建立起来，社会秩序与国家治理才能够取得明显的进步。

第二，创制法度，不能变化不一。"号令已出又易之，礼义

① 《黄帝四经·经法·道法》。
② 《黄帝四经·经法·君正》。
③ 《黄帝四经·称》。
④ 《管子·法法》。

已行又止之，度量已制又迁之，刑法已错又移之。如是，则庆赏虽重民不劝也，杀戮虽繁民不畏也。故曰：上无固植，下有疑心。国无常经，民力必竭。"①易止迁移，变化莫一，虽重其赏罚，民亦不劝不畏也，"是故天下有事，无不自为刑名声号矣。刑名已立，声号已建，则无所逃迹匿正矣"②。

第三，"主执度，臣循理。"法度一定要操于君主之手。《韩非子·扬权》说："上操度量，以割其下（割，断，判断。以判断下属之是非）。故度量之立，主之宝也。"义与此近。

### （六）治国之次序

黄帝时代，是一个战乱不已、走向统一的时代，因此《黄帝四经》中所反映出来的治国次序应是处在战乱中的治国方案的脉络。其基本顺序是：兵戎为首，其次务农，其次任地，再次治民，最次驭下。道法为统，首治兵戎，然后是农、地、民、臣，这是《黄帝四经》中的治国次序。《经法·国次》提出了五毋、五逆的论点：

> 毋阳窃，毋阴窃，毋土敝，毋故执，毋党别。阳窃者天

---

① 《管子·法法》。
② 《黄帝四经·经法·道法》。

夺[其光，阴窃]者土地芒（荒），土敝者天加之以兵，人执者流之四方，党别[者外]内相功（攻）。阳窃者疾，阴窃者几（饥），土敝者亡地，人执者失民，党别者乱，此胃（谓）五逆。五逆皆成，[乱天之经，逆]地之刚（纲），变故乱常，擅制更爽，心欲是行，身危有[殃。是]胃（谓）过极失当。

《黄帝四经》告诉我们，在诛伐征讨敌国时，不应从护生存养对方的角度去审度问题，而在务耕农桑时，不要从刑虐死杀的角度去审度问题。不要过度地使用地力而使土地凋敝，为政治民，不可偏执一己之私。治臣驭下，不使其拉帮结派。征伐敌国不尽天极而怀存养之心，则天反夺其声名。劝农而有刑虐之意，则必导致土地荒芜。过度使用地力，稼作无收，国力贫弱，则必有外兵侵侮。人主偏执一己之私，强奸民意，必被人民逐放而流徙四方。君主驭下无术，臣下结帮营私，党派纷争，则必有外内相攻之患。违逆诛伐之道，必受其殃。违反耕种之宜，必导致饥馑年荒。用地失度，必被侵失土。偏执私见，必失民心。党派纷争，必致国家大乱。这些做法，被称为五逆，即是搅乱违背天地的纲纪常道、改变破坏旧制和常规的做法；专断法令、私设制度，更动律令差乱无常，一意孤行，不知改悔，最终会殃及自身。这些做法，就叫作违反天道。

古人云："国之大事，在祀与戎。"《黄帝四经》言"祀"绝少，而多言"戎"。言"戎"处之多仅次于"道"和"法",则"道""法"之下,"戎"为"国次"之首。其次是务农,其次是任地,其次是治民,其次是驭下。这种治国的顺序,既符合了黄帝时代的特点,也是春秋战国乱世的反映。应该说,这种次序的排列是符合历史发展实际情况的。

# 第五章 《黄帝内经》中的天人大道

黄帝认为，人的养生有四重境界：真人、至人、圣人、贤人。从长寿角度看，真人是"寿敝天地，无有终时"，至人是"益其寿命而强者也"，圣人是"可以百数"，贤人是"可使益寿而有极时"。从精气神的修炼角度而言，真人"呼吸精气，独立守神"；至人"积精全神"；圣人"形体不敝，精神不散"；贤人则只能"合同于道"了。精、气、神、形是中国生命科学及中医学用来说明生命现象以及指导生命修炼及养生治疗的基本概念。精、气、神、形之间存在着相互依存和相互转化的关系。气乃神之祖，精乃气之子，气是精神充沛的根本，而这一切都是为了有一个健康的身体。积气以成精，积精以全神，全神才可保障形体的健康。养生之道，就是要在精气神修养上下足功夫。只有做到"外不劳形于事，内无思想之患。以恬愉为务，以自得为功"，与阴阳四时运行相适应，才能真正达到祛病延年、健康长寿的效果。

## 一、《古医书》中的黄帝四问

《古医书》是 20 世纪 70 年代初于长沙马王堆 3 号汉墓出土一批珍贵的帛书古籍中的一份关于养生医道的文献。马王堆帛书整理小组根据其编例特点，将其命名为《十问》。本书共分 10 篇，分别为：黄帝问天师，黄帝问大成，黄帝问曹敖，黄帝问容成，尧问舜，王子巧父问彭祖，帝盘庚问耇老，禹问师癸，文挚问齐威王和王期问秦昭王。"黄帝四问"虽然不是来自《黄帝内经》，但其内容却异曲同工，主要从天人合一、正确饮食、房中养生以及吸气之道等等角度来论述养生之道，提出了以精、气、神为基础，通过聚精、养气、存神、食补、房中等养生之法而达健康"寿长"的目的，这是对《黄帝内经》中黄帝君臣关于医道养生观点的重要补充或者证明，因此列入本章简单进行探讨。

一问：黄帝问于天师。

> 黄帝问于天师曰："万物何得而行？草木何得而长？日月何得而明？"
>
> 天师曰："尔察天地之情？阴阳为正，万物失之而不继，得之而赢。食阴拟阳，稽于神明。食阴之道，虚而五脏，广而三咎。若弗能出朴。谷食之贵静而神风，距而两峙。参筑

而毋遂，神风乃生，五声乃对。翁毋过五，至之口，枚之心，四辅所贵，玄尊乃至。饮毋过五，口必甘味，至之五脏。形乃丞退。搏而肌肤，及夫发末，毛脉乃遂，阴水乃至，减彼阳勃，坚塞不死，饮食宾体，此谓复奇之方，通于神明。"

天师之食神气之道。

"一问"揭示了万物与天地阴阳之间的关系。在"一问"中，天师告诉黄帝，天地万物的发展变化，都要靠阴阳平衡来调整与把握，"阴阳为正，万物失之而不继，得之而赢。食阴拟阳，稽于神明"。正确地采日月之精华，抟气炼食之法，是保障人神气丰盈、健康长寿的最佳良方。"一问"亦涉及房中养生之术的内容。

二问：黄帝问于大成。

黄帝问于大成曰："民何失而颜色鹿黎，黑而苍？民何得而膝理靡曼，鲜白有光？"

大成答曰："君欲练色鲜白，则察观尺蠖。[尺]（食）蠖之食方，通于阴阳。食苍则苍，食黄则黄，唯君所食，以变五色。君必食阴以为常，助以柏实盛良，饮走兽泉英，可以却老复壮，曼泽有光。接阴将众，继以飞虫，春雀圆子，兴彼鸣雄，鸣雄有精，诚能服此，玉策复生。太上艺遇，瓮彼玉窦，盛乃从之，圆子送之。若不执遇，置之以□。诚能服此，可以起死。"

大成之起死食鸟精之道。

"二问"重在说明食补之方对于人健康长寿的重要性，指出正确得法地服食滋阴补阳之品对于改善人的皮肤颜色光泽等都具有很重要的作用。例如，久服柏实可令人悦泽美色，耳目聪明，不饥不老，轻身延年；常饮牛羊乳，可使人返老复壮，让人的肌肤细腻润泽有光。另外，"二问"也指出春雀卵、才开鸣的雄鸡等食品对男性功能具有一定的疗效等等。

三问：黄帝问于曹敖。

黄帝问于曹敖曰："民何失而死？何得而生？"

曹敖答曰："□□□□□而取其精，待彼合气，而微动其形。能动其形，以致五声，乃入其精。虚者可使充盈，壮者可使久荣，老者可使长生。长生之稽，慎用玉闭。玉闭时辟，神明来积。积必见章，玉闭坚精。必使玉泉毋倾，则百疾弗婴，故能长生。接阴之道，必心塞葆，形气相葆。故曰：一至勿泻，耳目聪明。再至勿泻，音气高扬。三至勿泻，皮革有光。四至勿泻，脊胠不伤。五至勿泻，尻髀能壮。六至勿泻，百脉通行。七至勿泻，终身无殃。八至勿泻，可以寿长。九至勿泻，通于神明。"

曹敖之接阴治神气之道。

"三问"说明调养身体，必须积蓄精气，只有精气充满且运动循环才能长生久视。如若过于耗泄阴精，就会经脉郁闭痿废，损身折命。"三问"明确提出养生必须聚精、蓄精，勿使阴精漏泄，应是房中养生一种更为具体的理论说法。

四问：黄帝问于容成。

黄帝问于容成曰："民始敷淳溜刑，何得而生？溜刑成体，何失而死？何泄之人也，有恶有好，有夭有寿？欲闻民气赢屈弛张之故。"

容成答曰："君若欲寿，则顺察天地之道。天气月尽月盈，故能长生。地气岁有寒暑，险易相取，故地久而不腐。君必察天地之情，而行之以身，有征可知。间虽圣人，非其所能，惟道者知之。天地之至精，生于无征，长于无形，成于无体，得者寿长，失者夭死。故善治气抟精者，以无征为积，精神泉溢，吸甘露以为积，饮瑶泉灵尊以为经，去恶好俗，神乃溜刑。吸气之道，必致之末，精生而不厥，上下皆精，寒温安生？息必深而久，新气易守。宿气为老，新气为寿。善治气者，使宿气夜散，新气朝最，以彻九窍，而实六府。食气有禁，春避浊阳，夏避汤风，秋避霜雾，冬避陵阴，必去四咎，乃深息以为寿。朝息之志，其出也务合于天，其入也揆彼闰满，如藏于渊，则陈气日尽，而新气日盈，则形有云光。以精为充，故能久长。昼息之志，呼吸必微，耳目聪明，阴阴喜气，中不溃腐，故身无苟殃。暮息之志，深息长徐，使耳无闻，且以安寝。魂魄安形，故能长生。夜半之息也，觉悟毋变寝形，深徐去势，六府皆发，以长为极。将欲寿神，必以腠理息。治气之精，出死入生，欢欣美谷，以此充形，此谓抟精。治气有经，务在积精，精盈必泻，精出必补。补泻之时，于卧为之。酒食五味，以志治气，目明耳聪，皮革有光，百脉充盈，阴乃盈生，繇是则可以久交，可以远行，故能寿长。"

"四问"指出人的健康夭寿实与所处的自然环境、阴阳五行、四季变化有着很大的关系，只有天人合一，遵循顺应天地自然的养生大道，而且懂得"治气有经，务在积精"的道理，善于治气抟精，才能够达到健康长寿的目的。

## 二、《素问》中的天人大道

《黄帝内经·素问》24卷，[唐]王冰注、[宋]林亿等校正。《汉书·艺文志》载《黄帝内经》18篇，无《素问》之名，后汉张机《伤寒论》引之始称《素问》。[晋]皇甫谧《甲乙经序》称《针经》9卷、《素问》9卷，其实皆为《黄帝内经》之内容，与《汉志》18 篇之数合。至于《黄帝内经》产生的缘由，林亿等在《校正黄帝内经素问序》中这样解释道："在昔黄帝之御极也，以理身绪余，治天下，坐于明堂之上，临观八极，考建五常，以谓人之生也，负阴而抱阳，食味而被色，外有寒暑相荡，内有喜怒之交侵，天昏札瘥，国家代有，将欲敛时，五福以敷，锡厥庶民。乃与岐伯，上穷天纪，下极地理，远取诸物，近取诸身，更相问难，垂法以福万世，于是雷公之伦授业传之，而《内经》作矣。"[①]《黄帝内经》是在黄帝"天人之道"思想下建构起来的人体生命学说，是我国中医学界的医道经典。这部医道宝典所表现出来的养生原理和方法，是中国人关于人与自然和谐共生的最佳的说明，可以养生，可以治病，可以治性，可以理国。

《黄帝内经》属对话体，是黄帝和六位大臣的问答、对话。这六位大臣是岐伯、雷公、鬼臾区、伯高、少俞、少师。据有人统计，"黄帝共向六位大臣发问 955 次，其中问岐伯 841 次，问伯高 41 次，问少俞 32 次，问少师 17 次，问鬼臾区 9 次，问雷公 11 次。黄帝的发问绝大多数是每次问一个问题，有时则连续问好几个问题。黄帝的发问不是简单的问问题，而是互相讨论，有时是问中有答，问题本身即蕴含深入的思考与见解。黄帝的发问不仅

---

① 李学勤、张岂之总主编，王贵民、杨志清主编：《炎黄汇典》（史籍卷），吉林文史出版社 2002 年版，第 508 页。

可以引起大家的注意和兴趣，而且能提高问题的重要性"。[1] 基于此，本章即以《黄帝内经》中黄帝君臣对话为主体，以主要的可作代表性的内容为研究对象，来简单探讨黄帝君臣关于"医道养生"的一些核心思想。

## （一）"积精全神""形与神俱"

黄帝认为，养生的核心要义即在于保持"形与神俱""形体不敝，精神不散"的形神统一的状态。《黄帝内经》说：

> 昔在黄帝，生而神灵，弱而能言，幼而徇齐，长而敦敏，成而登天。乃问于天师曰：余闻上古之人，春秋皆度百岁，而动作不衰。今时之人，年半百而动作皆衰者，时世异邪？人将失之邪？
>
> 岐伯对曰：上古之人，其知道者，法于阴阳，和于术数，食饮有节，起居有常，不妄作劳，故能形与神俱，而尽终其天年。今时之人，不然也，以酒为浆，以妄为常，醉以入房，以欲竭其精，以耗散其真，不知持满，不时御神，务快其心，逆于生乐，起居无节，故半百而衰也。
>
> 夫上古圣人之教下也，皆谓之虚邪贼风，避之有时，恬

---

① 张其成著：《道原与医道——以〈黄帝内经〉黄帝与雷公对话为例》，徐炳主编：《黄帝思想与先秦诸子百家》，社会科学文献出版社 2015 年版，第 89 页。

澹虚无，真气从之，精神内守，病安从来。是以志闲而少欲，心安而不惧，形劳而不倦，气从以顺，各从其欲，皆得所愿。故美其食，任其服，乐其俗，高下不相慕，其民故曰朴。是以嗜欲不能劳其目，淫邪不能惑其心，愚、智、贤、不肖、不惧于物，故合于道。所以能年皆度百岁而动作不衰者，以其德全不危也。[①]

黄帝问岐伯道："我听说上古时代的人，年龄都超过了百岁，但行动没有衰老的迹象；现在的人，年龄到五十岁，动作就显得衰老了，这是因为时代的不同？还是人们违背了养生之道的缘故呢？"

岐伯回答说："上古时代的人，大都懂得养生之道，取法天地阴阳的变化规律，用保养精气的方法来调和，饮食有节制，起居有规律，不过分劳作，所以形体和精神能够协调统一，享尽自然的寿命，度过百岁才离开世间。现在的人就不同了，把浓酒当作甘泉无节制地贪饮，把任意妄为当作生活的常态，醉酒还勉强行房，纵情声色，以致精气衰竭，真气耗散。不懂得保持精气的盈满，不明白节省精神，一味追求感官快乐，违背了生命的真正乐趣，起居没有规律，所以五十岁左右就衰老了。

---

① 《黄帝内经·素问·上古天真论》。

"上古时期，对通晓养生之道的圣人的教诲，人们都能遵守。对于四时不正之气，能够及时回避，思想上清静安闲，无欲无求，真气深藏顺从，精神持守于内而不耗散，这样，疾病怎么会发生呢？所以他们心志闲淑，私欲很少，心情安宁，没有恐惧，形体虽然劳动，但不过分疲倦。真气从容和顺，每个人的希望和要求，都能满足。无论吃什么都觉得甜美，穿什么都觉得漂亮，喜欢社会习俗，互相之间也不羡慕地位的高低，人们日渐变得自然朴实。所以过度的嗜好，不会干扰他的视听，淫乱邪说也不会惑乱他的心志。无论愚笨聪明有能力无能力的，都不追求酒色等身外之物，所以合于养生之道。因而他们都能够度过百岁而动作不衰老，这是因为他们的养生之道完备而无偏颇的缘故。"

黄帝认为人的天年，即自然赋予人的寿命之限应该是百岁，而当时的普遍情形是"半百而动作皆衰"了，这种情况的出现究竟是时代变化所致，还是人事之失呢？岐伯的回答是：这种情况不是时代变化的原因而是人们自身养生失当造成的。岐伯在这里提出了养生外避虚邪、内守精神的两大准则。

人生存于天地之间，天地四时之气是人生活的基本条件，但是不正常的四时之气又是造成人类疾病的重要因素，所以养生首要的就是避免虚邪贼风的侵入。同时，在避免虚邪贼风侵入的同时，还要保持内心的安静，精神持守于内，这是身体健康、不为疾病困扰的根本。在中医学看来，养生保健需要我们在方方面面都加以注意，其中重要的有避免外邪侵袭，饮食有节，房事有度，等等，但其中最重要的莫过于调养情志，安宁心灵，修养精神。《黄帝内经》警示世人节制。告诫世人要懂得保养精气使之盈满，时时驾驭自己的精神，而不能只知道追求感官的快乐，以致半百而衰。在这里，岐伯提出了养生必须遵守的基本原则，这就是：第一，要"法于阴阳，知于术数，食饮有节，起居有常，不妄作劳"。第二，要"恬憺虚无，真气从之，精神内守……以志闲而少欲，心安而不惧，形劳而不倦，气从以顺，各从其欲"。岐伯认为，能够做到了这些的人就算是"知道者"了。而达到"知道者"的境界，就可以"形与神俱，而尽终其天年"，也就能"终天年""尽百岁"了。

黄帝曰：余闻上古有真人者，提挈天地，把握阴阳，呼吸精气，独立守神，肌肉若一，故能寿敝天地，无有终时，此其道生。

中古之时，有至人者，淳德全道，和于阴阳，调于四时，去世离俗，积精全神，游行天地之间，视听八达之外，此盖益其寿命而强者也。亦归于真人。

其次有圣人者，处天地之和，从八风之理，适嗜欲于世俗之间，无恚嗔之心，行不欲离于世，被服章，举不欲观于俗，外不劳形于事，内无思想之患，以恬愉为务，以自得为功，形体不敝，精神不散，亦可以百数。

其次有贤人者，法则天地，象似日月，辨列星辰，逆从阴阳，分别四时，将从上古，合同于道，亦可使益寿，而有极时。①

黄帝说："我听说上古时代有被称为'真人'的人，能把握天地阴阳消长的要领，吐故纳新，保养精气，超然独处，精神内守，使筋骨肌肉与整个形体达到高度协调，所以能与天地同寿，永无终结，这是契合养生之道，因而能够长生。

"中古的时候首先有被称为'至人'的人，具有淳厚的道德，能完整地掌握养生的方法，能应和于阴阳四时的变化，远离世俗生活的纷扰，聚蓄精气，集汇精神，悠游于天地之间，让视听够所及远达八荒之外，这是一类延益寿命和强健身体的方法，也可以归属到'真人'之列。

"其次有被称为'圣人'的人，能够安处于天地的和气之中，顺合于八风的变化，使自己的嗜欲和喜好同世俗相适应，毫无恼怒怨念之情，行为并不脱离世俗，而举止又不受世欲所牵制，穿着装饰普通纹彩的衣服，举动也没有炫耀于世俗的地方，在外不使形体过度劳累，在内不让思绪有所负荷，以求安静逸悦，以求

① 《黄帝内经·素问·上古天真论》。

悠然自得为满足，所以其形体不易衰惫，精神不易耗散，寿数亦可达到百岁。

"其次有被称为'贤人'的人，能够依据天地变化的法则，依照日月昼夜盈亏的运行，辨别星辰的位置，以顺应阴阳的升降消长，根据四时寒暑变迁来调养，冀求符合上古真人的养生之道，也能够增益寿数，却有一定的极限。"

在这里，黄帝认为，养生有四重境界：真人、至人、圣人、贤人。从长寿角度看，真人是"寿敝天地，无有终时"，至人是"益其寿命而强者也"，圣人是"可以百数"，贤人是"可使益寿而有极时"。从精气神的修炼角度而言，真人"呼吸精气，独立守神"；至人"积精全神"；圣人"形体不敝，精神不散"，贤人则只能"合同于道"了。精、气、神是中国生命科学及中医学用来说明生命现象以及指导生命修炼及养生治疗的基本概念。精、气、神之间存在着相互依存和相互转化的关系。气乃神之祖，精乃气之子，精气神全部充溢才能保障个人的健康。积气以成精，积精以全神，养生之道，就是要在精气神修养上多下功夫。只有做到"外不劳形于事，内无思想之患。以恬愉为务，以自得为功"，才能真正达到延年益寿的效果与目的。

### （二）"生之本，本于阴阳"

黄帝提出了人体生命"本于阴阳"的养生医道理论，比较详细地论证了人体阴阳偏胜偏衰所造成的疾病，并且按照阴阳学说确立自己的养生理论。

黄帝曰：夫自古通天者，生之本，本于阴阳。天地之间，六合之内，其气九州、九窍、五脏、十二节，皆通乎天气。其生五，其气三，数犯此者，则邪气伤人，此寿命之本也。①

黄帝说："自古以来人的生命活动与自然界的变化就是息息相通的，这是生命的根本，生命的根本就是阴阳。在天地之间，四方上下之内，无论是地之九州，还是人的九窍、五脏、十二节，都与自然之气相通。天之阴阳化生地之五行之气，地之五行又上应天之三阴三阳。如果经常违反阴阳变化的规律，那么邪气就会伤害人体。所以说阴阳是寿命的根本。"

黄帝曰：阴阳者，天地之道也，万物之纲纪，变化之父母，生杀之本始，神明之府也。治府必求于本，故积阳为天，积阴为地，阴静阳躁，阳生阴长，阳杀阴藏，阳化气，阴成形，寒极生热，热极生寒，寒气生浊，热气生清，清气在下则生飧泄，浊气在上则生䐜胀，此阴阳反作，病之逆从也。故清阳为天，浊阴为地，地气上为云，天气下为雨，雨出地

_____

① 《黄帝内经·素问·生气通天论》。

气，云出天气。故清阳出上窍，浊阴出下窍。<sup>①</sup>

黄帝说："阴阳，是天地间的普遍规律，是一切事物的纲领，是万物发展变化的起源，是生长毁灭的根本，是万物发生发展变化的动力源泉，因此，治病必须寻求治本的方法。清阳之气，积聚上升，就成为天；浊阴之气，凝聚下降，就成为地。阴主静，阳主动，阳主发生，阴主成长，阳主杀伐，阴主收藏。阳能化生力量，阴能构成形体。寒到极点会转化生热，热到极点会转化生寒。寒气的凝聚，能产生浊阴，热气的升腾可产生清阳。清阳之气在下，如不得上升，就会发生飧泄。浊阴之气在上，如不得下降，就会发生胀满。这是违反了阴阳运行规律，因此疾病也有顺证和逆证的不同。"

黄帝问曰：余闻天为阳，地为阴，日为阳，月为阴，大小月三百六十日成一岁，人亦应之，今三阴三阳不应阴阳，其故何也？

岐伯对曰：阴阳者，数之可十，推之可百，数之可千，推之可万，万之大，不可胜数，然其要一也。<sup>②</sup>

---

① 《黄帝内经·素问·阴阳应象大论》。
② 《黄帝内经·素问·阴阳离合论》。

　　黄帝问岐伯："听说天属阳，地属阴，日属阳，月属阴，大月和小月合起来，三百六十天而成为一年，人体也与此相应。如今听说人体的三阴三阳与天地阴阳之数不对应，这是为什么呢？"

　　岐伯回答道："天地阴阳的范围极其广泛，可由一推演到十，由十分解到百，由百推演到千，由千推演到万，再推演下去是无穷无尽，总而言之是不外乎对立统一的阴阳之道。"

　　在本段中，黄帝首先指出："阴阳者，天地之道也。"阴阳是天地之道，即自然界的根本规律，是欣欣向荣、万千变化的根据。这也是中国古代思想家的共同认识。老子说："万物负阴而抱阳，冲气以为和。"《周易·系辞》说："一阴一阳之谓道。"所谓"万物之纲纪"，是说万物依赖于阴阳才能存在。"变化之父母"，是说一切事物都在变化之中，而变化的根源在于阴阳。变化是中国哲学的一对重要范畴。《周易·系辞》又言："在天成象，在地成形，变化见矣。"逐渐的变化为化，显著的变化为变。变化虽多，皆产生于阴阳，所以为"变化之父母"，"生杀之本始"，万物都不是永恒存在的，都有一个生成、存续、消亡的变化过程。这个过程古人称为"生杀"。生杀的根据在于阴阳。冬至以后阳气开始生发，春为阳气之始，夏为阳气之盛，春夏万物开始生长盛大；夏至以后阴气始生，秋为阴始，冬为阴盛，万物开始收藏。这就是阴阳生杀之道。明了阴阳与万物生杀变化的关系，就可以推知疾病与阴阳之间的道理。疾病的表现虽然变化万千，但其致病之源，总不外乎阴阳发生了偏差，或本于阴，或本于阳，抓住了阴阳也就抓住了防止与治疗疾病的根本。

### （三）"五脏应四时"

在《黄帝内经》中，黄帝提出了"五脏应四时"理论，这是根据五行学说所建立的以五行为内核，四时（五时）、五方为间架，人体五脏为中心，配合人的五窍、五体、五华、五志等状况以及外界的五色、五味、五音、五畜、五谷等物质所形成的一个相互联系统一的医道养生的宇宙观。自从"五脏应四时"理论提出之日起，它就成了中国医学的理论核心之一，对于人们的保健养生具有十分重要的指导意义。

　　黄帝问曰：天有八风，经有五风，何谓？

　　岐伯对曰：八风发邪，以为经风，触五脏，邪气发病。所谓得四时之胜者，春胜长夏，长夏胜冬，冬胜夏，夏胜秋，秋胜春，所谓四时之胜也。

　　东风生于春，病在肝，俞在颈项；南风生于夏，病在心，俞在胸胁；西风生于秋，病在肺，俞在肩背；北风生于冬，病在肾，俞在腰股；中央为土，病在脾，俞在脊。

　　故春气者病在头，夏气者病在脏。秋气者病在肩背。冬气者病在四肢。

　　故春善病鼽衄，仲夏善病胸胁，长夏善病洞泄寒中，秋善病风疟，冬善病痹厥。

　　故冬不按蹻，春不鼽衄，春不病颈项，仲夏不病胸胁，长夏不病洞泄寒中，秋不病风疟，冬不病痹厥，飧泄而汗出也。

　　夫精者，身之本也，故藏于精者，春不病温。夏暑汗不出者，秋成风疟。此平人脉法也。

　　故曰：阴中有阴，阳中有阳。平旦至日中，天之阳，阳中之阳也；日中至黄昏，天之阳，阳中之阴也；合夜至鸡鸣，天之阴，阴中之阴也；鸡鸣至平旦，天之阴，阴中之阳也。故人亦应之。

　　夫言人之阴阳，则外为阳，内为阴。言人身之阴阳，则背为阳，腹为阴。言人身之脏腑中阴阳，则脏者为阴，腑者为阳，肝、心、脾、肺、肾五脏皆为阴，胆、胃、大肠、小肠、膀胱三焦六腑皆为阳。所以欲知阴中之阴、阳中之阳者何也？为冬病在阴，夏病在阳，春病在阴，秋病在阳，皆视其所在，为施针石也。故背为阳，阳中之阳，心也。背为阳，阳中之阴，肺也；腹为阴，阴中之阴，肾也；腹为阴，阴中之阳，肝也；腹为阴，阴中之至阴，脾也。此皆阴阳、表里、内外、雌雄相输应也，故以应天之阴阳也。

　　帝曰：五脏应四时，各有攸受乎？

岐伯曰：有。东方青色，入通于肝，开窍于目，藏精于肝，其病发惊骇，其味酸，其类草木，其畜鸡，其谷麦，其应四时，上为岁星，是以春气在头也，其音角，其数八，是以知病之在筋也，其臭臊。

南方赤色，入通于心，开窍于耳，藏精于心。故病在五脏，其味苦，其类火，其畜羊，其谷黍，其应四时，上为荧惑星。是以知病之在脉也，其音徵，其数七，其臭焦。

中央黄色，入通于脾，开窍于口，藏精于脾，故病在舌本，其味甘，其类土，其畜牛，其谷稷，其应四时，上为镇星，是以知病之在肉也，其音宫，其数五，其臭香。

西方白色，入通于肺，开窍于鼻，藏精于肺，故病在背，其味辛，其类金，其畜马，其谷稻，其应四时，上为太白星，是以知病之在皮毛也，其音商，其数九，其臭腥。

北方黑色，入通于肾，开窍于二阴，藏精于肾，故病在谿，其味咸，其类水，其畜彘，其谷豆，其应四时，上为辰星，是以知病之在骨也，其音羽，其数六，其臭腐。

故善为脉者，谨察五脏六腑，一逆一从，阴阳表里，雌雄之纪，藏之心意，合心于精，非其人勿教，非其真勿授，是谓得道……①

---

① 《黄帝内经·素问·金匮真言论》。

黄帝问："为何天有八方之风，人的经脉又有五脏之风呢？"

岐伯答："八方之风是外部的致病风邪，中伤人的经脉，形成经脉的风病，风邪还会继续循经脉而触动伤害五脏，使五脏发生病变。一年四季有相克相胜的关系，如春木胜长夏土，长夏土胜冬水，冬水胜夏火，夏火胜秋金，冬水胜春木，某个季节出现了克制它的季候，就是四时气候的相克相胜。

"东风生于春季，春季属木，位于东方，因此春季多东风，病变常发生在肝，病邪常从俞穴侵于颈项。南风生于夏季，夏季属火，因此夏季多南风，引发心的病变，病邪常从俞穴侵于胸胁。西风生于秋季，秋季属金，位于西方，因此秋天多西风，病变常发生在肺，病邪常从俞穴侵于肩背。北风生于冬季，病变多发生在肾，病邪常从俞穴侵入腰股。长夏属土，土位于中央，病变多发生在脾，病邪常从俞穴侵于背脊。

"因此春季病邪之气伤人，疾病表现在头部；夏季病邪之气伤人，多病在心；秋季病邪之气伤人，多病在肩背；冬季病邪之气伤人，多病在四肢。

"春天多发生鼻涕和鼻出血等症，夏天多发生在胸胁不舒等疾患，长夏季多发生洞泄等脾胃虚寒症；秋天多发生风疟，冬天多发生四肢痹厥。

"如果冬天不进行激烈运动而扰动潜伏的阳气，春天就不会发生鼻出血等病症和颈项部位的疾病，夏天就不会发生胸胁不舒的疾患，长夏季节就不会发生脾胃虚寒的洞泄病症，秋天就不会发生风疟病，冬天也不会发生四肢厥冷、飧泄、汗出过多等病症。

"精是人体的根本，所以冬季善于保藏阴精的，春天就不会罹患温热病。夏暑阳盛，人体腠理开疏，如不能排汗散热，就会造成暑湿内伏，到秋天便酿成风疟病。这是诊察普通人四时发病的诊脉法。

"所以说：阴阳对立又互相维系，二者不可割离。阴中有阳，阳中有阴，阴中有阴，阳中有阳。白昼属阳，平旦到中午，阳气由初生到旺盛，为阳中之阳。中午到黄昏，阳气由旺盛到衰弱，则属阳中之阴。落日到半夜，阴气由初生到旺盛，所以是阴中之阳。黑夜属阴，合夜到鸡鸣，为阴中之阴。鸡鸣到平旦，阴气由旺盛到衰弱，则属阴中之阳。人身中的阴阳也与此相应。

"就人体阴阳而言，体表属阳，体内属阴。就身体的部位来分阴阳，则背部属阳，腹部属阴。从脏腑的阴阳划分而言，则脏属阴，腑属阳，肝、心、脾、肺、肾五脏都属阴，胆、胃、大肠、肠、膀胱、三焦六腑属阳。为什么要了解阴中之阴、阳中之阳的道理？这是要分析四时疾病的在阴在阳，以作为治疗的依据，如冬病在肾，肾属水属阴，居下部，为阴中之阴；夏病在心，心属火属阳，居上部，为阳中之阳；春病在肝，肝属木属阳。居下部，为阳中之阴；秋病在肺，肺属金属阴，居上部，为阴中之阳。对症治疗必须要根据疾病发生的脏腑阴阳属性来施用相应的针刺和砭石疗法。胸腔在上为阳，居于胸腔的心为阳中之阳，肺为阳之中阴；腹腔在下为阴，居于腹腔的肝为阴中之阳，肾为阴中之阴，而脾为阴中之至阴。这些都是人体阴阳、表里、内外、雌雄相互联系又相互对应的关系，因此人与天地的阴阳是相应的。"

黄帝说："五脏与四时相对应，都各有所用吗？"

岐伯答："有。东方青色，和肝相应。肝开窍于目，精华藏于肝脏，发病多在头部。比象来说，在五味中为酸味，在五行中为木，在五畜中为鸡，在五谷中为麦。在四时中上应于岁星，所以肝病多发生在筋。在五音中为角音，在五行生成数中为八，在五气中为腥臊。

"南方赤色，和心相应。心开窍于舌，精华藏在心，发病多在五脏。比象来说，在五味中为苦味，在五行中为火，在五畜中为羊，在五谷中为黍。在四时中上应于荧惑星，所以心病多发生在血脉。在五音中为徵音，在五行生成数中为七，在五气中为焦臭。

"长更属土主中央，中央为黄色，与脾相应，脾在体表开窍于口，土的精气内藏于脾，对应的五味为甘，与土同类，对应的五畜为牛，对应的五谷为稷，与四时上应天体为土星，病变多发生在舌根和肌肉，对应的五音为宫，其五行生生数为五，在五气中为得气。

"秋属金主西方，西方白色，与肺相应，肺在体表开窍于鼻，金的精气内藏于肺，在五味为辛，与金同类，对应的五畜为马，对应的五谷为稻，与四时中上应天体为太白金星，病变多发生在肩背和皮毛，对应的五音为商，其五行生成数为九，在五气为腥气。

"冬属水主北方，北方黑色，与肾相应，肾在体表开窍于前后二阴，水的精气内藏于肾，对应的五味为咸，与水同类，对应的五畜为猪，对应的五谷为豆，与四时中上应天体为水星，病变多发生在骨，对应的五音为羽，其五行生成数为六，在五气中为腐气。

"所以善于诊脉察病的大夫，细心谨慎地审察五脏六腑的顺逆变化，了解其顺道的情况，把阴阳、表里、雌雄的对应规律和联系，体察揣摩，并把这些精辟理论牢记在心。这些极为宝贵的学术，对那些心术不正或天资低劣者切勿轻易传授。如此才是这门学术的正道。"

总之，五脏就是心肝脾肺肾，四时就是春夏秋冬四季，黄帝认为人体是一个小宇宙，自然界是一个大宇宙，人处在大自然中，人体的小宇宙就应该顺从自然大宇宙的安排，顺势而为，与万物沉浮于荣衰长生之门，这就是养生，就能健康，就能长生。

黄帝提出的"五脏应四时"理论，是天人相应观念在养生领域的具体化，其观点的基础来源于自然界的天地四时、阴阳五行，以及天人合一的宇宙观，具体内容可以下二表为参考：

表一 ① ：

| 五方 | 五色 | 五脏 | 五窍 | 五病 | 五味 | 五类 | 五畜 | 五谷 | 五星 | 五在 | 五音 | 五数 | 五臭 |
|---|---|---|---|---|---|---|---|---|---|---|---|---|---|
| 东方 | 青色 | 肝 | 目 | 在头 | 酸 | 草木 | 鸡 | 麦 | 岁星 | 在筋 | 角 | 八 | 臊 |
| 南方 | 赤色 | 心 | 舌 | 五脏 | 苦 | 火 | 羊 | 黍 | 荧惑星 | 在脉 | 徵 | 七 | 焦 |
| 中央 | 黄色 | 脾 | 口 | 在脊 | 甘 | 土 | 牛 | 稷 | 镇星 | 在肉 | 宫 | 五 | 香 |
| 西方 | 白色 | 肺 | 鼻 | 在背 | 辛 | 金 | 马 | 稻 | 太白星 | 在皮毛 | 商 | 九 | 腥 |
| 北方 | 黑色 | 肾 | 二阴 | 在谿 | 咸 | 水 | 彘 | 豆 | 辰星 | 在骨 | 羽 | 六 | 腐 |

表二 ② ：

| 五方 | 五气 | 五行 | 五味 | 五脏 | 五体 | 五色 | 五音 | 五声 | 五变 | 五窍 | 五志 |
|---|---|---|---|---|---|---|---|---|---|---|---|
| 东 | 风 | 木 | 酸 | 肝 | 筋 | 苍 | 角 | 呼 | 握 | 目 | 怒 |
| 南 | 热 | 火 | 苦 | 心 | 脉 | 赤 | 徵 | 笑 | 忧 | 舌 | 喜 |
| 中央 | 湿 | 土 | 甘 | 脾 | 肉 | 黄 | 宫 | 歌 | 哕 | 口 | 思 |
| 西 | 燥 | 金 | 辛 | 肺 | 皮毛 | 白 | 商 | 哭 | 咳 | 鼻 | 忧 |
| 北 | 寒 | 水 | 咸 | 肾 | 骨髓 | 黑 | 羽 | 呻 | 栗 | 耳 | 恐 |

---

① 钱超尘主编，姚春鹏评注：《黄帝内经》，中华书局 2011 年版，第 104 页。

② 钱超尘主编，姚春鹏评注：《黄帝内经》，中华书局 2011 年版，第 122 页。

### （四）"春夏养阳，秋冬养阴"

黄帝认为，在天地四时之气的变化中调摄身体与精神情志是养生的关键。因此他在"五脏应四时"的基础上，同时指出了调摄的具体法门：

春三月，此谓发陈。天地俱生，万物以荣。夜卧早起，广步于庭，被发缓形，以使志生；生而勿杀，予而勿夺，赏而勿罚。此春气之应，养生之道也。逆之则伤肝，夏为寒变，奉长者少。

夏三月，此谓蕃秀。天地气交，万物华实，夜卧早起，无厌于日，使志无怒，使华英成秀，使气得泄，若所爱在外，此夏气之应，养长之道也。逆之则伤心，秋为痎疟，奉收者少，冬至重病。

秋三月，此谓容平。天气以急，地气以明。早卧早起，与鸡俱兴，使志安宁，以缓秋刑；收敛神气，使秋气平，无外其志，使肺气清，此秋气之应，养收之道也。逆之则伤肺，冬为飧泄，奉藏者少。

冬三月，此谓闭藏。水冰地坼，无扰乎阳。早卧晚起，必待日光，使志若伏若匿，若有私意，若已有得，祛寒就温，无泄皮肤，使气亟夺，此冬气之应，养藏之道也。逆之则伤肾，春为痿厥，奉生者少。

天气，清净光明者也，藏德不止，故不下也。天明则日月不明，邪害空窍。阳气者闭塞，地气者冒明，云雾不精，则上应白露不下，交通不表，万物命故不施，不施则名木多死。恶气不发，风雨不节，白露不下，则菀槁不荣。贼风数至，暴雨数起，天地四时不相保，与道相失，则未央绝灭。唯圣人从之，故身无奇病，万物不失，生气不竭。

逆春气，则少阳不生，肝气内变。逆夏气，则太阳不长，心气内洞。逆秋气，则太阴不收，肺气焦满。逆冬气，则少阴不藏，肾气独沉。

夫四时阴阳者，万物之根本也。所以圣人春夏养阳，秋冬养阴，以从其根，故与万物沉浮于生长之门。逆其根，则伐其本，坏其真矣。故阴阳四时者，万物之终始也，死生之本也。逆之则灾害生，从之则苛疾不起，是谓得道。道者，圣人行之，愚者佩之。

从阴阳则生，逆之则死，从之则治，逆之则乱。反顺为逆，是谓内格。是故圣人不治已病，治未病，不治已乱，治未乱，此之谓也。夫病已成而后药之，乱已成而后治之，譬犹渴而穿井，斗而铸锥，不亦晚乎？①

———————————————

① 《黄帝内经·素问·四气调神大论》。

　　春温、夏热、秋凉、冬寒为四季之气，生存于天地间，绵绵不绝，人的生命健康与大自然之气息息相通，因此黄帝才会有这样的养生理论：

　　春季的正月、二月和三月，是推陈出新、万物复苏的时令。天地自然生机勃发而富有生气，草木生枝长叶，万物欣欣向荣。为适应这一时令，应入夜即睡，清晨即起；披散头发，松开衣带，使形体舒缓，放宽步子，在庭院中漫步，使神志随着春阳升发而舒畅。处事待物应助其生发，切勿滥行杀戮，多施予而少敛夺，多奖赏而少处罚，这便适应了春季的时令，是调养生发之气的方法。如若违逆了春发阳升之气，便会损伤肝脏，使供给夏季盛阳的春阳匮乏，到夏季便会发生阳气不足的虚寒病症。

　　夏季的四月、五月和六月，是天地万物繁茂秀美的时令。此时，天气下降，地气上腾，天地阴阳之气相交，植物开花结实，长势旺盛。为适应这一时令，应晚睡早起，不要厌恶长日，报怨气候炎热，神志应怡悦舒畅，避免激动和恼怒，使精神之英华适应夏气以成其秀美，使体内阻气向外宣泄，保持体内的阳气通畅，精神饱满与外界相适应，对外界事物有浓厚的兴趣。这与夏天阳气旺盛相应，是保护长养之气的方法。如若违逆了夏阳旺盛，便会损伤心气，由于阳气未能充分发泄，到秋天则容易发生疾病，供给秋天收敛能力减少，冬天来临时可能会患重病。

　　接夏三月而来的是七、八、九秋三月，其物象特征是容平，这是阴阳作用的结果。万物尤其是植物开始秀而结实，已经平定，不再像夏天那样成长、扩张了，所以称"容平"。这时天气的特点是风气劲急，地气清明，物色清肃。顺应这一特点，秋天的养生应该"早卧早起，与鸡俱兴"。早卧以避初寒，早起以从新爽。秋天养生在情志上要"使志安宁""收敛神气""无外其志"；在五脏上颐养肺气。

冬季十、十一、十二月三个月，是万物生机潜伏闭藏的季节。由于阳气潜藏，适应这种环境，应该早睡晚起，一定等到太阳出来时再起床。使意志如伏似藏，心里充实，还要避开寒凉，保持温暖。不要让皮肤开张出汗，而频繁耗伤阳气。这就是与冬藏之气相应，是养藏的方法。冬季应该充分颐养肾气。如果违背了这个道理，就会损伤肾气，到了春天，就要得痿厥病。这是因为冬天闭藏的基础差，供给春季生养的能力也就差了。

天气是清净光明的，蕴藏其德，运行不息，因为不暴露自己的光明德泽，所以万古长存而不衰。如若天气阴覆晦暗，便会日月昏冥，充满阴霾邪气，阳气闭塞而不通，大地朦胧浊阴，云雾迷蒙，日色无光，相应的雨露不能下降。地气不能上应，天气不得下降，万物的生命便不能够延续，巨大的树木也会死亡。恶劣的气候发作，风雨失调，雨露当降而不降，草木得不到滋润，生机郁塞，万物枯槁而不荣。贼风频频而至，暴雨不时而作，天地四时的变化失去了秩序，违背了正常的规律，致使万物的生命未及一半便夭折了。只有圣人能顺应这种自然变化，注重养生之道，所以身体没有怪症，因不背离自然万物的发展规律，而生机不会枯竭。

违逆了春天的生气，体内少阳之气就不生发，导致肝气内部产生病变。违逆了夏天的长气，体内大阳之气就不能旺盛，导致心气内虚和悸动。违逆了秋天的收气，体内大阴之气就不得收敛，导致肺热叶焦而胀满。违逆了冬天的藏气，体内少阴之气就不得潜藏，导致肾气衰竭，出现注泄阴冷等症。

四时阴阳之气的消长进退，是万物生长收藏之本，所以圣人在春夏季节调养生、长之气，使心肝二脏功能旺盛，在秋冬季节调养收、藏之气，使肺肾两脏精气充足。顺应了阴阳消长进退的规律，便能与万物一样，在生长收藏的四时循环中得以维养。如若违逆了这个养生的原则，便会摧残本元，败坏身体的真气。因此，阴阳四时是万物生长收藏、终而复始之元，是盛衰存亡的根本。违背了它，便会产生灾害，顺从了它，就不会罹患疾病，这样便可谓是懂得了养生之道。

顺应阴阳消长的规律则生，违道了这个规律，便导致死亡。顺应了它便会太平，违背了它，便会产生混乱。如若与四时阴阳变化背道而驰，便会使机体与自然相抗拒。所以圣人不等发病再治疗，而是治疗在疾病发生之前，如同不等到乱事已经发生再去治理，而是治理在它发生之前。如若疾病已发生然后才去治疗，国家动乱已经形成才去治理，就如同临渴而掘井，临阵方才铸造兵器，岂不是太晚了吗？

天人相应是中医学的核心思想。从养生的角度看，由天地之气化生而来的人的生命是与天地自然息息相关的，人生于天地之间，天地之气可以致病；人有情志、情感，七情六欲可以致病；人有饮食男女之欲，饮食男女可以致病。所以，养生是治未病的第一要义。中医学最重视的是养生学，其次才是治疗学。医学的最高境界是治未病。因此，养生的根本大法就是因顺自然，而违逆自然之道则是养生的大忌，是疾病之由。天地自然之道的基本规律表现为循春夏秋冬四时之序终而复始的循环，所以人的养生也应遵循四季变化而相应进行调整。春养肝，夏养心，秋养肺，冬养肾，情志、食物、衣着等活动规律等等都要依据季节的变化顺势而为，努力做到春养生、夏养长、秋养收、冬养藏，正如《黄帝内经·灵枢·本神》所总结的养生大法："故智者之养生也，必顺四时而适寒暑，和喜怒而安居处，节阴阳而调刚柔，如是则僻邪不至，长生久视。"

## 三、《灵枢经》中的医道探讨

《黄帝内经·灵枢经》12卷。[唐]王冰称："《灵枢》即《汉志》《黄帝内经》18卷之九。"[宋]史崧说："黄帝著成《内经》18卷，其中《灵枢》有9卷，《素问》有9卷。"可见《黄帝内经》包括《灵枢》和《素问》，在汉代实为一书。《灵枢》与《素问》的文体大致相同，都是以黄帝君臣对话的形式来探讨人体养生的基本道理。

## （一）"立形定气而视寿夭"

在《黄帝内经·灵枢·寿夭刚柔》篇中，黄帝与少师就人的形气与疾病先后内外的关系进行了探讨，得出了"形与气相任则寿""立形定气而视寿夭"的医道养生的观点。

> 黄帝问于少师曰："余闻人之生也，有刚有柔，有弱有强，有短有长，有阴有阳，愿闻其方。"
>
> 少师答曰："阴中有阴，阳中有阳，审知阴阳，刺之有方，得病所始，刺之有理，谨度病端，与时相应。内合于五脏六腑，外合于筋骨皮肤，是故内有阴阳，外亦有阴阳。在内者，五脏为阴，六腑为阳；在外者，筋骨为阴，皮肤为阳。故曰病在阴之阴者，刺阴之荥俞；病在阳之阳者，刺阳之合；病在阳之阴者，刺阴之经；病在阴之阳者，刺络脉。故曰病在阳者命曰风，病在阴者命曰痹，阴阳俱病命曰风痹。病有形而不痛者，阳之类也；无形而痛者，阴之类也。无形而痛者，其阳完而阴伤之也，急治其阴，无攻其阳；有形而不痛者，其阴完而阳伤之也，急治其阳，无攻其阴。阴阳俱动，

乍有形，乍无形，加以烦心，命曰阴胜其阳，此谓不表不里，其形不久。"

黄帝问少师说："我听说人的先天禀赋，有刚柔、强弱、长短、阴阳的区别，希望听一下其中的道理。"

少师回答说："就人体阴阳来说，阴当中还有阴，阳当中还有阳，只有了解阴阳的规律，才能很好地运用针刺方法，了解疾病发生的情况，才能在针刺时做出适当的手法，同时要认真地揣度发病的经过与四时变化的相应关系。人体的阴阳，在内合于五脏六腑，在外合于筋骨皮肤，所以人体内有阴阳，体外也有阴阳。在体内的，五脏为阴，六腑为阳；在体外的，筋骨为阴，皮肤为阳。因此，病在阴中之阴的，当刺阴经的荥俞；病在阳中之阳的，当刺阳经的合穴；病在阳中之阴的，当刺阴经的经穴；病在阴中之阳的，当刺阳经的络穴。这是根据阴阳内外与疾病的关系，而选取针刺穴位的基本法则。阴阳也可以作为疾病的分类准则，病在阳经的叫风，病在阴经的叫痹，阴阳两经都有病的叫风痹。病有形态变化而不疼痛的，属于阳经一类；病无形态变化而疼痛的，属于阴经一类。没有形态变化而感到疼痛的，是阳经未受侵害，只是阴经有病，赶快在阴经取穴治疗，不要攻治阳经；有形态变化而不感觉疼痛的，是阴经未受侵害，只是阳经有病，赶快在阳经取穴治疗，不要攻治阴经。阴阳表里都有病，忽然有形态变化，忽然又没了，更加上心烦，叫阴病重于阳，这是所谓的不表不里，预后不良。"

在上段中，黄帝与少师讨论了阴阳在人体的基本情况、疾病分类以及阴阳在治疗中的具体运用。

> 黄帝问于伯高曰："余闻形气，病之先后，外内之应，奈何？"
>
> 伯高答曰："风寒伤形，忧恐忿怒伤气。气伤脏，乃病脏。寒伤形，乃应形。风伤筋脉，筋脉乃应。此形气外内之相应也。"

黄帝问伯高："我听说形气与发病有先后内外的相应关系，是什么道理？"

伯高回答说："风寒外袭，先伤形体，忧恐忿怒的精神刺激，先伤内气。气逆伤了五脏之和，就会使五脏有病。寒邪侵袭形体，就会使肌表皮肤发病。风邪伤了筋脉，就会使筋脉发病。这就是形气与疾病外内相应的关系。"

在本段中，黄帝与伯高论述了形气与疾病先后内外的关系。

> 黄帝问于伯高曰："余闻形有缓急，气有盛衰，骨有大小，肉有坚脆，皮有厚薄，其以立寿夭，奈何？"
>
> 伯高答曰："形与气相任则寿，不相任则夭；皮与肉相裹

则寿，不相裹则夭；血气经络胜形则寿，不胜形则夭。"

在这里，"相任"，是相当、相称的意思。胜形则是指血气经络不但与外形相称，而且要更为强盛才能长寿。本段大意是，黄帝问伯高说："我听说人的外形有缓有急，正气有盛有衰，骨骼有大有小，肌肉有坚有脆，皮肤有厚有薄，从这些怎样来确定人的寿夭呢？"

伯高回答说："外形与正气相称的多长寿，不相称的多夭亡；皮肤与肌肉结合紧密的多长寿，不紧密的多夭亡；血气经络充盛胜过外形的多长寿，血气经络衰弱不能胜过外形的多夭亡。"

在本段中，黄帝与伯高就人的"形、气、骨、肉、皮"与寿夭之间的关系，展开了探讨，提出了"形与气相任则寿"的观点，告诉人们在日常养生中应该注意协调自己的形气关系。

黄帝曰："何谓形之缓急？"

伯高答曰："形充而皮肤缓者则寿，形充而皮肤急者则夭。形充而脉坚大者顺也，形充而脉小以弱者气衰，衰则危矣。若形充而颧不起者骨小，骨小则夭矣。形充而大肉䐃坚而有分者肉坚，肉坚则寿矣；形充而大肉无分理不坚者肉脆，肉脆则夭矣。此天之生命，所以立形定气而视寿夭者。必明乎此，立形定气，而后以临病人，决死生。"

黄帝问："什么叫作形体的缓急？"

伯高回答说："形体充实而皮肤柔软的人，多长寿；形体充实而皮肤坚紧的人，多短命。形体充实而脉气坚大的为顺，形体充实而脉气弱小的属于气衰，气衰是危险的。如果形体充实而面部颧骨不突起的人，骨骼必小，骨骼小的多短命。形体充实而臂腿臀部肌肉突起坚实而有肤纹的，称为肉坚，肉坚的人多长寿；形体充实而臂腿臀部肌肉没有肤纹的，称为肉脆，肉脆的人多短寿。这是自然界赋予人生命所形成的形体与生气的自然状态，可据此来判断人的寿命长短。医者，必须了解形体与生气的状态，然后可以临床治病，判断死生。"

在本段中，黄帝君臣论述了形与皮、脉、骨、肉的状态和关系及与寿夭的联系，提出了"立形定气，而后以临病人，决死生"的著名观点。

> 黄帝曰："余闻寿夭，无以度之。"
>
> 伯高答曰："墙基卑，高不及其地者，不满三十而死；其有因加疾者，不及二十而死也。"
>
> 黄帝曰："形气之相胜，以立寿夭，奈何？"
>
> 伯高答曰："平人而气胜形者寿；病而形肉脱，气胜形者死，形胜气者危矣。"

黄帝说："我听说人有寿夭，但无法推测。"

伯高回答说："衡量人的寿夭，凡是面部肌肉陷下，而四周的骨骼显露，不满三十岁就会死的；再加上疾病影响，不到二十岁，就可能死亡。"

黄帝问："从形与气的相胜，怎样用它去确定寿命长短呢？"

伯高回答说："健康人，正气胜过形体的可以长寿；有病的人，形体肌肉很消瘦，即使其气胜过形体，也是要死的；即使形体尚可，但元气已衰，也很危险。"

在本段中，黄帝与伯高讨论了预测寿夭的一些具体方法，提出了"立形定气而视寿夭"的著名观点。人的形气与寿夭之间确实存在实在的联系，如何正确"养形"，正确"养气"，做到内外兼修，达到健康长寿的目的，这是摆在我们人类面前一项永远需要研究与探讨的任务。

**（二）五脏与本神之关系**

"本神"，一般是指精神活动，是心的主要功能，并主宰着整个人体的生命活动。广义的神，还包括肝、肺、脾、肾等脏器所主的魂、魄、意、志，以及思、虑、智、忆等精神思维活动在内。本段以黄帝与岐伯的对答方式来阐明人的精神活动的产生、变化与五脏之间的对应关系，尤其是提出了"故智者之养生也，必顺四时而适寒暑，和喜怒而安居处，节阴阳而调刚柔，如是则僻邪不至，长生久视"的著名养生观点，非常值得我们的重视。

　　黄帝问于岐伯曰："凡刺之法，先必本于神。血、脉、营、气、精、神，此五脏之所藏也。至其淫泆离脏则精失，魂魄飞扬，志意恍乱，智虑去身者，何因而然乎？天之罪与？人之过乎？何谓德、气、生、精、神、魂、魄、心、意、志、思、智、虑？请问其故。"

　　岐伯答曰："天之在我者，德也；地之在我者，气也。德流气薄而生者也。故生之来谓之精，两精相搏谓之神，随神往来者谓之魂，并精而出入者谓之魄，所以任物者谓之心，心之所忆谓之意，意之所存谓之志，因志而存变谓之思，因思而远慕谓之虑，因虑而处物谓之智。

　　"故智者之养生也，必顺四时而适寒暑，和喜怒而安居处，节阴阳而调刚柔，如是则僻邪不至，长生久视。"

　　黄帝问岐伯说："针刺的法则，必须先研究病人的精神状态。因为血、脉、营、气、精、神，这都是五脏所藏的。至其失了正常，离开所藏之脏，五脏精气走失，魂魄也飞扬了，志意也烦乱了，智慧和思考能力离开了自身，为什么会这样呢？是上天的惩罚呢，还是人为的过失呢？什么叫德、气、生、精、神、魂、魄、心、意、志、思、智、虑？希望听到其中的道理。"

　　岐伯回答说："天赋予我们人类的是德，地赋予我们人类的是气，由于天德下流与地气上交，阴阳相结合，使万物化生成形，人才能生存。所以，人体生命的原始物质，叫作精；阴阳两精相结合产生的生命活动，叫作神；随着神的往来活动而出现的知觉机能，叫作魂；跟精气一起出入而产生的运动机能，叫作魄；可以支配外来事物的，叫作心；心里有所忆念而留下的印象，叫作意；意念所在，形成了认识，叫作志；根据认识而反复研究事物的变化，叫作思；因思考而有远的推想，叫作虑；因思虑而能定出相应的处理事物方法，叫作智。"

岐伯接下来继续阐述他的五脏与本神之间关系的理论：

是故怵惕思虑者，则伤神，神伤则恐惧流淫而不止。因哀悲动中者，竭绝而失生。喜乐者，神惮散而不藏。愁忧者，气闭塞而不行。盛怒者，迷惑而不治。恐惧者，神荡惮而不收。心怵惕思虑则伤神，神伤则恐惧自失。破䐃脱肉，毛悴色夭死于冬。脾忧愁而不解则伤意，意伤则悗乱，四肢不举，毛悴色夭死于春。肝悲哀动中则伤魂，魂伤则狂忘不精，不精则不正当人，阴缩而挛筋，两胁骨不举，毛悴色夭死于秋。肺喜乐无极则伤魄，魄伤则狂，狂者意不存人，皮革焦，毛悴色夭死于夏。肾盛怒而不止则伤志，志伤则喜忘其前言，腰脊不可以俛仰屈伸，毛悴色夭死于季夏。恐惧而不解则伤精，精伤则骨酸痿厥，精时自下。是故五脏主藏精者也，不可伤，伤则失守而阴虚；阴虚则无气，无气则死矣。是故用针者，察观病人之态，以知精神魂魄之存亡，得失之意，五者以伤，针不可以治之也。肝藏血，血舍魂，肝气虚则恐，实则怒。脾藏营，营舍意，脾气虚则四肢不用，五脏不安，实则腹胀，经溲不利。心藏脉，脉舍神，心气虚则悲，实则笑不休。肺藏气，气舍魄，肺气虚则鼻塞不利，少气，实则喘喝，胸盈，仰息。肾藏精，精舍志，肾气虚则厥，实则胀。五脏不安。必审五脏之病形，以知其气之虚实，谨而调之也。①

此后继续说：

"人如过度的惊恐思虑，会伤神气，伤了神气会使阴气流失而不能固摄。悲哀过度的，会使气绝而丧命。喜乐过度的，会使气散而不能收藏。忧愁过度的，会使神气闭塞而不能流畅。过分的恼怒，会使神志昏迷，失去常态。恐惧过度的，会由于精神动荡而精气不能收敛。过度的惊恐思虑，会伤神气，神伤就会恐惧，自己控制不住，日久则内耗伤，肌肉脱消，皮毛憔悴，颜色异常，必死于冬季。过度的忧愁而得不到解除，就会伤意，意伤就会苦闷烦乱，四肢无力，不能举动，皮毛憔悴，颜色枯槁，必死于春季。过度悲哀影响到内脏，就会伤魂，魂伤会出现精神紊乱，致

---

① 《黄帝内经·灵枢·本神》。

使肝脏失去藏血功能，阴器收缩，筋脉拘挛，两胁骨痛，毛发憔悴，颜色枯槁，必死于秋季。过度的喜乐就会伤魄，魄伤就会神乱发狂，对意识活动失去观察能力，其人皮肤枯焦，毛发憔悴，颜色异常，必死于夏季。大怒不止会伤志，志伤则经常忘掉自己从前说过的话，腰脊不能俯仰屈伸，毛发憔悴，颜色异常，必死于季夏。

"过度的恐惧而解除不了，就会伤精，精伤就会发生骨节酸楚和阳痿，常有遗精现象。因此，五脏是主藏精气的，精气不可被损伤，如伤就会使精气失守而形成阴虚，阴虚就不能气化，那样人就不能生存了。所以使用针刺的人，首先要观察病人的形态，从而了解他的精、神、魂、魄等精神活动的旺盛或衰亡，假若五脏的精气都受到损伤，针刺就不能治疗了。

"肝是藏血的器官，魂又是依附于血液的，肝气虚就会恐惧，肝气盛就会发怒。脾是藏营气的器官，意又是依附于营气的，脾气虚就会使四肢活动不灵，五脏也不安和，脾气过实就会发生腹胀、月经及大小便不利。心是藏脉气的器官，神则依附于脉，心气虚就会产生悲伤情绪，心气太盛就会狂笑不止。肺是藏气的器官，魄是依附于气的，肺气虚就会发生鼻塞、呼吸不利，气短，肺气太实就会发生大喘、胸满甚至仰面而喘。肾是藏精的器官；人的意志是依附于精气的，肾气虚就会四肢发冷，肾气太盛就会有胀满、五脏不安之状。因此，五脏如患病，一定要审察其病形，了解元气的虚实，从而谨慎加以调治。"

总之，在本段中，黄帝与岐伯论述了五脏所藏以及五脏虚实的不同病变，探讨了情志过极对神的损伤所造成的精神症状以及生理病变，提示人们养神对于养生的重要意义。

### （三）五脏与五谷之关系

《五味》是《黄帝内经·灵枢经》中的第五十六篇文章，主要论述五谷、五菜、五果、五畜中的五种性味，对人体营养所起的不同作用，阐明了五味对于五脏疾病的宜忌，这些宜忌，都是药物治疗、饮食疗法以及饮食调补的基本原则，为后世食养疗法奠定了基础。

在《五味》篇中，黄帝与伯高二人，就五味入走五脏的规律，进行了深入的探讨：

> 黄帝曰：愿闻谷气有五味，其入五脏，分别奈何？伯高曰：胃者，五脏六腑之海也，水谷皆入于胃，五脏六腑，皆禀气于胃。五味各走其所喜，谷味酸，先走肝，谷味苦，先走心，谷味甘，先走脾，谷味辛，先走肺，谷味咸，先走肾。谷气津液已行，营卫大通，乃化糟粕，以次传下。
>
> 黄帝曰：营卫之行奈何？伯高曰：谷始入于胃，其精微者，先出于胃之两焦，以溉五脏，别出两行，营卫之道。其

大气之搏而不行者，积于胸中，命曰气海，出于肺，循咽喉，故呼则出，吸则入。天地之精气，其大数常出三入一，故谷不入，半日则气衰，一日则气少矣。

黄帝曰：谷之五味，可得闻乎？伯高曰：请尽言之。五谷：糠米甘，麻酸，大豆咸，麦苦，黄黍辛。五果：枣甘，李酸，栗咸，杏苦，桃辛。五畜：牛甘，犬酸，猪咸，羊苦，鸡辛。五菜：葵甘，韭酸，藿咸，薤苦，葱辛。

五色：黄色宜甘，青色宜酸，黑色宜咸，赤色宜苦，白色宜辛。凡此五者，各有所宜。

五宜：所言五宜者，脾病者，宜食糠米饭、牛肉、枣、葵；心病者，宜食麦、羊、肉、杏薤；肾病者，宜食大豆、黄卷、猪肉、栗、藿；肝病者，宜食麻、犬肉、李、韭；肺病者，宜食黄黍、鸡肉、桃、葱。

五禁：肝病禁辛，心病禁咸，脾病禁酸，肾病禁甘，肺病禁苦。①

黄帝说："我想听听，谷气有五味，它们进入五脏的情况各是怎样的呢？"

伯高说："胃是五脏六腑所需营养汇聚于其中的大海，水谷俱

---

① 《黄帝内经·灵枢·五味》。

都进入胃中，五脏六腑都从它那里接受水谷所化的精微之气。食物中所含的五味，分别趋走于各自喜欢的一脏：酸味先趋走入肝，苦味先趋走入心，甘味先趋走入脾，辛味先趋走入肺，咸味先趋走入肾。谷气津液已在体内运行，营卫之气也就大为通畅，于是废物化为糟粕，以次传下而排出体外。"

黄帝问："营卫之气的运行是怎样的呢？"

伯高说："谷物起初入于胃中，其中所化精微，先由胃输出于上中两焦，以灌注、滋养五脏；另外又分两路而行，这就是营、卫之气的道路。又有大气抟聚不行，积贮胸中，叫作气海，这气由肺而出，沿着喉咙，呼则气出体外，吸则气入体内。贮于气海中的精气，概而言之，常是呼出三分，而吸入一分，所以，人如果半日不进水谷，就会感到气衰，一日不进水谷，就会感到气短。"

黄帝说："谷物的五味，可以讲给我听吗？"

伯高说："让我来详细谈谈这个问题。五谷之中，粳米味甘，麻味酸，大豆味咸，小麦味苦，黄黍味辛。五果之中，枣味甘，李味酸，栗味咸，杏味苦，桃味辛。五畜之中，牛肉味甘，犬肉味酸，猪肉味咸，羊肉味苦，鸡肉味辛。五菜之中，葵菜味甘，韭菜味酸，豆叶味咸，薤白味苦，葱味辛。

"五色：黄色与甘味相适宜，青色与酸味相适宜，黑色与咸味相适宜，赤色与苦味相适宜，白色与辛味相适宜。凡此五种颜色，各有其相适宜的味道。

"五宜：所谓五宜是指，脾脏有病的，宜食用粳米饭、牛肉、枣、葵菜；心脏有病的，宜食用麦、羊肉、杏、薤白；肾脏有病的，宜食用大豆、猪肉、栗子、豆叶；肝脏有病的，宜食用麻籽、狗肉、李子、韭菜；肺脏有病的，宜食用黄黍、鸡肉、桃、葱。

"五禁：肝病禁食辛味，心病禁食咸味，脾病禁食酸味，肾病禁食甘味，肺病禁食苦味。"

中医自古以来就有药食同源的说法，在《五味》篇中，黄帝、伯高君臣二人针对五谷、五菜、五果、五畜中的五种性味对人体所起的不同的作用，以及五味对于五脏疾病的宜忌等进行了详细的探讨，这些探讨对于饮食养生具有极其重要的指导意义。

# 第六章　黄帝音乐与中华文化

司马迁说，"六律为万事根本"，"合符节，通道德"，"王者制事立法，物度轨则，壹禀于六律"。中华民族制律作乐的历史，始于黄帝。中国音乐历史上的"十二平均律"，《咸池》《云门》《清角》等乐曲，传说都与黄帝有着重要的关系。考察黄帝文化与黄帝乐舞，在某种程度上，也就是考察中华民族音乐文化的源头。这是因为，黄帝乐舞作为华夏初民最基本的艺术活动，可以说是当时所有精神活动（包括宗教、艺术、哲学甚至科学）生息发展的土壤。从现有的史料来看，黄帝乐舞与原始氏族部落生活中的图腾崇拜、祭祀典礼、农耕狩猎、部落战争以及生息蕃衍等社会生活都密切相关。这些都为我们考察、分析民族古乐之源，提供了一个非常广阔的历史背景。

## 一、黄帝作《咸池》

就目前所能见到的先秦文献资料中,《庄子》是最早记载"黄帝有《咸池》"的文献资料者。书中说:

> 古之礼乐。黄帝有《咸池》,尧有《大章》,舜有《大韶》,禹有《大夏》,汤有《大濩》,文王有《辟雍》之乐,武王、周公作《武》。①

《庄子》将《咸池》置于上古音乐之首,认为是黄帝的作品,这一观点为《吕氏春秋》所继承。

《吕氏春秋》说:

> 昔黄帝令伶伦作律……又命伶伦与荣将铸十二钟,以和五音,以施《英韶》,以仲春之月,乙卯之日,日在奎,始奏之,命之曰《咸池》。②

伶伦,传说为黄帝的乐官。古人认为他是乐律的创始者。荣将,传说中的黄帝之臣。黄帝命伶伦制律,又让他和荣将一同去

---

① 《庄子·天下》。
② 《吕氏春秋·仲夏纪·古乐》。

铸造十二口钟，用以和谐五音，以传播《英韶》，在仲春之月的乙卯那一天，当太阳的位置在奎星的时候，才开始吹奏它们，取名叫《咸池》。

与《庄子》及《吕氏春秋》不同的是，《周礼》和《礼记》则在顺序上把《咸池》放在了《大章》之后，从而引发了后代学者对黄帝与《咸池》之间关系的种种猜测和议论。

《周礼》说：

> 大司乐掌成均之法，以治建国之学政，而合国之子弟焉。凡有道者、有德者，使教焉；死则以为乐祖，祭于瞽宗。以乐德教国子中、和、祇、庸、孝、友。以乐语教国子兴、道、讽、诵、言、语。以乐舞教国子舞《云门》、《大卷》、《大咸》、《大韶》《大夏》《大濩》《大武》。以六律、六同、五声、八音、六舞大合乐，以致鬼、神、示，以和邦国，以谐万民，以安宾客，以说远人，以作动物。乃分乐而序之，以祭，以享，以祀。乃奏黄钟，歌大吕，舞《云门》，以祀天神。乃奏大蔟，歌应钟，舞《咸池》，以祭地示。乃奏姑洗，歌南吕，舞《大韶》，以祀四望。乃奏蕤宾，歌函钟，舞《大夏》，以祭山川。乃奏夷则，歌小吕，舞《大濩》，以享先妣。乃奏无射，歌夹钟，舞《大武》，以享先祖。凡六乐者，文之以五声，播之以八音。凡六乐者，一变而致羽物及川泽之示，再变而致嬴

物及山林之示，三变而致鳞物及丘陵之示，四变而致毛物及坟衍之示，五变而致介物及土示，六变而致象物及天神。凡乐，圜钟为宫，黄钟为角，大蔟为徵，姑洗为羽，雷鼓、雷鼗，孤竹之管，云和之琴瑟，《云门》之舞；冬日至，于地上之圜丘奏之，若乐六变，则天神皆降，可得而礼矣。凡乐，函钟为宫，大蔟为角，姑洗为徵，南吕为羽，灵鼓灵鼗，孙竹之管，空桑之琴瑟，《咸池》之舞；夏日至，于泽中之方丘奏之，若乐八变，则地示皆出，可得而礼矣。凡乐，黄钟为宫，大吕为角，大蔟为徵，应钟为羽，路鼓、路鼗，阴竹之管，龙门之琴瑟，《九德》之歌，《九韶》之舞；于宗庙之中奏之，若乐九变，则人鬼可得而礼矣。凡乐事，大祭祀，宿县，遂以声展之。王出入，则令奏《王夏》；尸出入，则令奏《肆夏》；牲出入，则令奏《昭夏》。帅国子而舞。大飨不入牲，其他皆如祭祀。大射，王出入，令奏《王夏》；及射，令奏《驺虞》。诏诸侯以弓矢舞。王大食，三宥，皆令奏钟鼓。王师大献，则令奏恺乐。凡日月食，四镇五岳崩，大傀异灾，诸侯薨，令去乐。大札、大凶、大灾、大臣死，凡国之大忧，令弛县。凡建国，禁其淫声、过声、凶声、慢声。大丧，莅廞乐器；及葬，藏乐器，亦如之。[1]

---

[1] 《周礼·春官宗伯第三·大司乐》。

《礼记》中则说：

> 《大章》，章之也；《咸池》，备矣；《韶》，继也；《夏》，
> 大也；殷周之乐，尽矣。[1]

如上所述，明确指定黄帝为《咸池》的作者，并将其定位为上古乐曲之首的主张出于《庄子》。《吕氏春秋》中则言《咸池》是黄帝与其大臣伶伦和荣将的作品。《周礼》《礼记》则有所不同，它们也提及先王之乐舞，但并没有明确对应个别乐舞与其作者，还将《咸池》置于《云门》《大卷》或《大章》的后面。《周礼·春官·大司乐》载："《云门》、《大卷》、《大咸》、《大韶》、《大夏》、《大濩》、《大武》。"《礼记》中除了将《大章》放在《咸池》之前以外，其他乐舞的顺序与《周礼》差不多。问题是，如果从周武王的《大武》起向前追溯，即商汤的《大濩》、夏禹的《大夏》、虞舜的《大韶》这样一一对应的话，《大咸》或《咸池》的作者就应该是尧，而不是黄帝了。为了解决在《庄子》的黄帝作《咸池》说与《周礼》及《礼记》所暗示的异议之间的矛盾，汉代以来的注释家们尝试过种种解释。班固说："昔黄帝作《咸池》。"[2]《纬书集成·乐编·乐叶图徵》说："黄帝乐曰《咸池》。《咸池》，五车天关也。"

---

① 《礼记·乐记·乐施》。

② 《汉书·礼乐志第二》。

东汉郑玄提出以"尧增修而用《咸池》"的说法来解决先后倒错的问题。郑氏保持原有的黄帝作《咸池》、尧作《大章》的说法，解释《周礼》及《礼记》顺序倒过来的理由。唐代孔颖达则认为"黄帝之乐，尧不增修者，则别立其名，则此《大章》是也。其《咸池》虽黄帝之乐，尧增修者，至周谓之《大咸》。其黄帝之乐，尧不增修《大章》者，至周谓之《大卷》"。[①] 清代孙希旦则否定以往注释，将《周礼》看作唯一可靠的依据，而推翻了黄帝作《咸池》说，认为"《大章》为黄帝乐，《咸池》为尧乐，以《周礼》六乐之序断之，无可疑者。纬书缪妄，庄生寓言，而《汉志》之言即本之纬书，均未可据也。"[②]

　　《咸池》的作者问题表面上看起来很复杂，但实际的关键处正在于是否相信《庄子》中的记载。从汉以来，学者们虽然意见纷纭，但有一点不可否认，这就是——无论是《周礼》或者是《礼记》，都没有明确否认《咸池》是黄帝的作品，而同时代的《庄子》与稍后的《吕氏春秋》则明确指出《咸池》就是黄帝的作品。按照这种肯定的说法来统一认识的话，说黄帝作《咸池》应该是成立的。反对者可以持存疑态度，但并不能找到更原始准确的证据来否定黄帝与《咸池》之间的关系。

---

① 李学勤主编《十三经注疏·礼记正义》（下），北京大学出版社 1999 版，第1101 页。

② 孙希旦著：《礼记集解》，中华书局 1989 年版，第 996 页。

另外，据传，《清角》乐曲也为黄帝在泰山大会各路鬼神时所作。

除了《清角》，与黄帝有关系的还有《云门》乐舞。《国语·周语上》："六代之乐，谓黄帝曰云门。"《晋书·志第十二·乐下》："昔黄帝作《云门》。"《宋书·志第九·乐一》："凡音乐以舞为主，自黄帝《云门》以下，至于周《大武》，皆太庙舞名也。"

在原始部落联盟时代，人们往往都有自己部落的图腾崇拜。"传说中的黄帝氏族是以云为图腾的。它的乐舞，叫作《云门》，就是一种崇拜图腾的乐舞。"[①]

## 二、黄帝与十二平均律

《史记》说："王者制事立法，物度轨则，壹禀于六律，六律为万事根本焉。"

《史记》又说："昔黄帝有涿鹿之战，以定火灾；颛顼有共工之陈，以平水害；成汤有南巢之伐，以殄夏乱。递兴递废，胜者用事，所受于天也。"[②]

---

① 杨荫浏著：《中国古代音乐史稿》（上册），人民音乐出版社1981年版，第8页。
② 《史记·律书》。

在司马迁看来，"六律为万事根本"，"合符节，通道德"①，"王者制事立法，物度轨则，壹禀于六律"。中华民族制律作乐的历史，始于黄帝。这种观点，可以在《吕氏春秋》中找到类似的证据。

《吕氏春秋》说：

> 昔黄帝令伶伦作律。伶伦自大夏之西，乃之阮隃之阴，取竹于嶰谿之谷，以生空窍厚钧者、断两节间、其长三寸九分而吹之，以为黄钟之宫，吹曰"舍少"。次制十二筒，以之阮隃之下，听凤皇之鸣，以别十二律。其雄鸣为六，雌鸣亦六，以比黄钟之宫，适合。黄钟之宫，皆可以生之，故曰黄钟之宫，律吕之本。②

伶伦，传说为黄帝的乐官。古人认为他是乐律的创始者。"大夏"，高诱注："大夏，西方之山。""阮隃"，俞樾说："阮隃即昆仑也。""阴"，山之北。"嶰谿之谷"，昆仑山北谷名。传说黄帝使伶伦取嶰谿之谷的竹子以制乐器。上文的大意是：从前，黄帝命伶伦制作乐律。伶伦从大夏的西方，来到昆仑山的北面，取嶰谿谷的竹子，用长得壁厚且均匀者，截取两个竹节中的一段，长度

---

① 《史记·律书》。
② 《吕氏春秋·仲夏纪·古乐》。

为 3 寸 9 分而吹之，这就是黄钟律的宫音，吹出来的声音就叫"舍少"。依次做了 12 根竹筒，带到昆仑山下，听凤凰的鸣叫，用以区别十二乐律。其雄凤鸣叫的为 6 个声音，其雌凤鸣叫的为 6 个声音，这 12 个声音与黄钟的宫音相比较，很是适合。黄钟之宫音，都可以派生出其他的声音来，所以说黄钟之宫是十二律吕的根本。

班固在《汉书》中也认为，中国历史上的制律作乐是从黄帝开始的。

《汉书》说：

> 五声之本，生于黄钟之律。九寸为宫，或损或益，以定商、角、徵、羽。九六相生，阴阳之应也。律十有二，阳六为律，阴六为吕。律以统气类物，一曰黄钟，二曰太族，三曰姑洗，四曰蕤宾，五曰夷则，六曰亡射。吕以旅阳宣气，一曰林钟，二曰南吕，三曰应钟，四曰大吕，五曰夹钟，六曰中吕。有三统之义焉。其传曰，黄帝之所作也。黄帝使伶纶，自大夏之西，昆仑之阴，取竹之解谷，生其窍厚均者，断两节间而吹之，以为黄钟之宫。制十二筒以听凤之鸣，其雄鸣为六，雌鸣亦六，比黄钟之宫，而皆可以生之，是为律本。至治之世，天地之气合以生风；天地之风气正，十二律定。①

---

① 《汉书·律历志第一上》。

《纬书集成·易编·易纬是类谋》说：

圣人兴起，不知姓名，当吹律听声以别其姓。黄帝吹律以定姓是也。

《晋书·志第六·律历志上》说：

十二律，黄帝之所作也。

《魏书·律历志上》说：

昔黄帝采竹昆仑之阴，听凤岐阳之下，断自然之物，写自然之音。音既协矣，黄钟以立；数既生矣，气亦徵之。于是乎备数、和声、审度、嘉量、权衡之用，皆出于兹矣。三古所共行，百王不能易。

《隋书志·志第十一·律历上》说：

传称黄帝命伶伦断竹，长三寸九分，而吹以为黄钟之宫，曰含少。次制十二管，以听凤鸣，以别十二律，比雌雄之声，以分律吕。上下相生，因黄钟为始。

《宋史·志第三十四·律历一》说：

昔黄帝作律吕，以调阴阳之声，以候天地之气。

上述种种史料表明，十二平均律是黄帝所作。

在古乐十二调中，阳律六：黄钟、太蔟、姑洗、蕤宾、夷则、无射；阴律六：大吕、夹钟、中吕、林钟、南吕、应钟。《资治通鉴·后周世宗显德六年》："昔黄帝吹九寸之管，得黄钟正声，半之为清声，倍之为缓声，三分损益之以生十二律。"胡三省注："三分其一而损益之，上生下生而十二律备矣。"如以9寸为黄钟正声，分为3分，各得3寸，减损去1分，得6寸，这便是林钟的管律长度。林钟为6，分为3分，各得2寸，增益1分，得8寸，这便是太蔟的管律长度。但具体如何上生下生，各家说法有异。

至于十二平均律之间相生相克的关系，《吕氏春秋》中说：

> 黄钟生林钟，林钟生太蔟，太蔟生南吕，南吕生姑洗，姑洗生应钟，应钟生蕤宾，蕤宾生大吕。大吕生夷则，夷则生夹钟，夹钟生无射，无射生仲吕。三分所生，益之一分以上生；三分所生，去其一分以下生。黄钟、大吕、太蔟、夹钟、姑洗、仲吕、蕤宾为上，林钟、夷则、南吕、无射、应钟为下。[①]

而对于五行与音乐治政之间的关系，《吕氏春秋》中则这样认为：

---

① 《吕氏春秋·季夏纪·音律》。

中央土：其日戊己。其帝黄帝。其神后土。其虫倮。其音宫。律中黄钟之宫。其数五。其味甘。其臭香。其祀中霤。祭先心。天子居太庙太室，乘大辂，驾黄骊，载黄旗，衣黄衣，服黄玉，食稷与牛。其器圜以揜。①

中央与五行相配属土：以干支配五方，戊己属中央，故季夏于甲子属戊己。其主宰之帝是以土德王的黄帝。辅佐黄帝的是后土神。与时相应的动物是麒麟之类的倮虫。其声音是五声的宫声。音律与黄钟之宫相应。这时的数字为五。其味甘。其臭香。这个月要举行中霤祭。祭时先用心。天子居住在中央太庙的中间。乘坐的是以玉为饰的大车，驾着黄色的大马，车上插着黄色旗帜，身上穿着黄色的衣服，佩戴着黄色美玉，吃的是粟和牛肉。使用的是圆形而口小的器物。

黄帝所以制定十二平均律，与治国理政、建立秩序有着很大的关系。关于这一点，《吕氏春秋》也有述及：

大圣至理之世，天地之气，合而生风，日至则月钟其风，以生十二律。仲冬日短至，则生黄钟。季冬生大吕。孟春生太蔟。仲春生夹钟。季春生姑洗。孟夏生仲吕。仲夏日长至，则生蕤宾。季夏生林钟。孟秋生夷则。仲秋生南吕。季秋生

---

① 《吕氏春秋·季夏纪·季夏》。

无射。孟冬生应钟。天地风气正，则十二律定矣。<sup>①</sup>

在至圣治理得最好的时代，天地之气相合而产生风，日至则月就聚集了那月的风，从而产生出十二律，仲冬月，日照最短，就产生出黄钟。季冬月就产生出大吕。孟春月就产生出太蔟。仲春月就产生出夹钟。季春月就产生出姑洗。孟夏月就产生出仲吕。仲夏月日照最长，就产生出蕤宾。季夏月就产生出林钟。孟秋月就产生出夷则。仲秋月就产生出南吕。季秋月就产生出无射。孟冬月就产生出应钟。天地之风气正，那么十二律就确定了。

黄钟之月，土事无作，慎无发盖，以固天闭地，阳气且泄。大吕之月，数将几终，岁且更起，而农民无有所使。太蔟之月，阳气始生，草木繁动，令农发土，无或失时。夹钟之月，宽裕和平，行德去刑，无或作事，以害群生。姑洗之月，达道通路，沟渎修利，申之此令，嘉气趣至。仲吕之月，无聚大众，巡劝农事，草木方长，无携民心。蕤宾之月，阳气在上，安壮养侠，本朝不静，草木早槁。林钟之月，草木盛满，阴将始刑，无发大事，以将阳气，夷则之月，修法饬刑，选士厉兵，诘诛不义，以怀远方。南吕之月，蛰虫入穴，趣农收聚，无敢懈怠，以多为务。无射之月，疾断有罪，当

---

① 《吕氏春秋·季夏纪·音律》。

法勿赦，无留狱讼，以亟以故。应钟之月，阴阳不通，闭而
为冬，修别丧纪，审民所终。①

律中黄钟的十一月，不要兴办土木建筑等事，谨慎不要揭
开藏物之盖，以使天地固闭，否则，阳气将要泄露。律中大吕的
十二月，一年之数将接近于完结，新的一年重新开始，农事也将
开始，对于农民不要役使他们做非农之事。律中太蔟的一月，阳
气开始产生，繁多的草木萌动生长，命令农民开始动土耕种，不
要失误农时。律中夹钟的二月，政令宽裕和平，要施行仁德，省
去刑戮，不要兴办兵戎、工程等事，以免损害百姓的生活。律中
姑洗的三月，道路应通达，沟渠应整修，申明命令，美善之夏气
会很快来到。律中仲吕的四月，不要聚集群众，要到各处劝勉农
事，这月正是草木生长的季节，不要违离民心。律中蕤宾的五月，
阳气在上，要育养丁壮，君臣如果不宁静，会影响社会的平静，
一连草木也会早早枯槁。律中林钟的六月，草木丰满，阴气将要
杀死万物，不要举行大事，用以将养阳气。律中夷则的七月，应
修饰刑法，选拔士子，磨砺兵器，责问或诛杀不义，以怀柔远方。
律中南吕的八月，过冬的虫豸要入穴藏伏，催促农民尽快收获，
不要懈怠，越多越好。律中无射的九月，急速判断有罪的人，应

①《吕氏春秋·季夏纪·音律》。

当法办的不要赦免，不要遗留下狱讼案件，尽速处理，而且要合于旧有的法典。律中应钟的十月，天气上升，地气下降，天地之气不通，封闭而进入冬天，要辨别丧事的纲纪，审正处理一切送终的事宜。

## 三、黄帝造鼓

据《山海经》记载：

> 大荒东北隅中。有山名曰凶犁土丘。应龙处南极，杀蚩尤与夸父，不得复上，故下数旱。旱而为应龙之状，乃得大雨。

> 东海中有流波山，入海七千里。其上有兽，状如牛，苍身而无角，一足，出入水则必风雨，其光如日月，其声如雷，其名曰夔。黄帝得之，以其皮为鼓，橛以雷兽之骨，声闻五百里，以威天下。[①]

鼓，是中华民族打击乐中的一种十分重要的乐器。它因为结构简单、声音响亮、快活生动，节奏鲜明、演奏方便而中国城乡民众喜闻乐听。可是很少人知道，"鼓"的发明者是中华民族的共

---

① 《山海经·卷十四·大荒东经》。

祖黄帝。鼓的历史，是从黄帝统一中原诸部落时期开始的，是在黄帝战蚩尤的过程中为鼓舞士气发明的，历史悠久，已经有五千余年的历史。

据中国最早的一本古代神话汇集《山海经》的记载，早在公元前26世纪，那时的宇宙万物由5个天帝所掌管。黄帝轩辕氏为中央大帝，是天上、人间、地下的最高统治者。他统领着东方天帝太皞、南方天帝炎帝、西方天帝少昊、北方天帝颛顼。总管春、夏、秋、冬四季轮回和东、南、西、北广阔无垠的空间。

当时，南方出现了一个叫蚩尤的战神，他原本是南方天帝炎帝的孙子，为九黎族81个兄弟的首领。他兽身人面、铜头铁额，耳边的头发如剑戟，头上还长着抵人的锐角。他们自恃武力高强，首先用武力征服了南方的苗人，组织了一支剽悍的军队。再用武力袭击自己的老祖宗——炎帝，一直把炎帝从南方赶到涿鹿之野（今河北涿鹿）。炎帝无奈，只得向黄帝求救。

黄帝闻讯后，非常震怒，统率天兵天将、四方臣民，在涿鹿之野与蚩尤部落展开了一场惊天动地、旷日持久的血战。战斗极其惨烈，经过9次大的交战，只见尸骨遍地、血流成河，双方都难分胜负。

旷日持久的战争，无法使蚩尤军队降服。黄帝这时想到，如果造一面能发出巨响的大鼓，以鼓舞自己军队的士气，挫损蚩尤军队的锐气，这个办法不是很好吗？但造这样的大鼓，选什么材料才能震天动地呢？于是他想到东海流坡山上的怪兽夔。夔形状似牛而无犄角，而且身材高大，皮厚且坚。它大声吼叫时，声音大过 100 个响雷。因此，黄帝命令神兵天将，把夔的皮剥下来做了一面大鼓。有了大鼓，还须一对相当的鼓槌。这时，时刻伴随黄帝左右的风伯，提起了住在雷泽里的雷神，说只有用雷神的腿骨做鼓槌才相配。黄帝同意后，神兵天将取来了雷神的双腿骨，做了一对鼓槌。大鼓造好后，黄帝命令将大鼓搬上战车，令大力士常伯擂鼓。力大无比的常伯，抡起臂膀将鼓直擂得山吼谷应、天昏地暗，黄帝的军队士气大振，英勇之气倍增，而蚩尤的军队突然受到鼓声的震慑，则胆战心惊，惊慌失措，败下阵来。当蚩尤带着军队退到冀州时，终于被黄帝的神兵天将活捉，并被砍下了脑袋。

经过涿鹿之战，"鼓"从此以后被用在了古战场上，鸣鼓是前进的信号，当两军交战时，将帅往往用震天动地的战鼓来鼓舞士气，指挥作战。

据《旧唐书》记载：

> 鼓吹之作，本为军容，昔黄帝涿鹿有功，以为警卫。故鼓曲有《灵夔吼》、《雕鹗争》、《石坠崖》、《壮士怒》之类。[1]

---

[1] 《旧唐书·志第八·音乐一》

除了"鼓"外，"钟"的出现，据传说亦与黄帝有着重要的关系。

《旧唐书》说：

> 钟，黄帝之工垂所造。钟，种也，立秋之音，万物种成也。大曰镈，镈亦大钟也。《尔雅》谓之镛。小而编之曰编钟，中曰剽，小曰栈。镈于，圆如碓头，大上小下，县以笼床，芒漠将之以和鼓。[①]

由上述史料可见，在中国乐器中占有重要地位的"钟""鼓"的发明，看来都与黄帝有着一定的关系。

另外，据宋代高承所作《事物纪原·戎容兵械·钲》中记载：

> 《黄帝内经》曰：玄女请（黄）帝制角二十四，以警象；请（黄）帝铸钲、铙，以拟雷击之声。今铜锣其遗事也。

由此看来，钲、铙等乐器也是黄帝所发明。

《文献通考》卷一三八《乐考十一》说：

> 竹律：上古圣人本阴阳，别风声，审清浊，铸金作钟，主十二月之声，效升降之气，立和适之音。然钟难分别，又

---

① 《旧唐书·志第九·音乐二》。

截竹为管,谓之律者,声之清浊,率法以长短为制故也。黄帝以听为之,远取诸物也;夏禹以声为之,近取诸身也。

双角:书记所不载。或云羌胡,以惊中国马。马融又云出吴越谷间。黄帝会群臣于泰山,作清角之音,似两凤双鸣,二龙齐吟,丹蛇绕首,雄虹带天,横吹双角之实,不过如此。《乐录》亦云:蚩尤氏率魑魅与黄帝战于涿鹿之野,黄帝乃命吹角为龙吟以御之。

凤鸣笛:昔黄帝使伶伦采竹于嶰谷,以为律;斩竹于昆溪,以为笛。或吹之以作凤鸣,或法之以作龙吟。

据传瑟亦为黄帝所造。"《黄帝书》:泰帝使素女鼓瑟而悲,帝禁不止,故破其瑟为二十五弦。"[1]

由此可见,黄帝也是中华民族器乐制作与乐舞发明的鼻祖。

## 四、黄帝作乐与中华文化之关系

按照《吕氏春秋》中的记载,中国古乐的历史早在黄帝作乐制律之前,就已经存在朱襄氏之乐、葛天氏之乐、阴康氏之乐了。《吕氏春秋》说:

---

[1] 《风俗通义·声音第六》。

昔古朱襄氏之治天下也，多风而阳气畜积，万物散解，果实不成，故士达作为五弦瑟，以来阴气，以定群生。[①]

从前，朱襄氏统治天下时，经常刮风，使阳气过多，万物散落，果实不成熟，所以士达弹奏五弦琴瑟，用来招阴气，以安定众生。

昔葛天氏之乐，三人操牛尾投足以歌八阕：一曰《载民》，二曰《玄鸟》，三曰《遂草木》，四曰《奋五谷》，五曰《敬天常》，六曰《达帝功》，七曰《依地德》，八曰《总万物之极》[②]。

从前，葛天氏时的音乐，3个人拿着牛尾踏着步而歌唱8支乐曲：一叫《载民》，歌颂负载人民的大地，二叫《玄鸟》，歌颂作为氏族标志的图腾——黑色的鸟，三叫《遂草木》，祝草木顺利地生长，四叫《奋五谷》，祝五种谷物茂盛地生长，五叫《敬天常》，表达人民对自然规律的敬畏，六叫《达帝功》，表达了他们要通达天帝之功的愿望，七叫《依地德》，表达人们要遵照四时旺气行事，八叫《总万物之极》，总的希望万物发展达到最高终极。

---

① 《吕氏春秋·仲夏纪·古乐》。
② 《吕氏春秋·仲夏纪·古乐》。

　　　　昔阴康氏之始，阴多滞伏而湛积，水道壅塞，不行其原，民气郁阏而滞著，筋骨瑟缩不达，故作为舞以宣导之。①

　　从前，阴康氏开始治理天下的时候，阴气过多，凝聚不散而深深积聚着，人民受其影响，也郁结着阴气，筋骨收缩而不舒展，所以创作歌舞使之散发出来以求舒畅。

　　不过，这些远古传说并没有形成历史的共识，战国时期道家的《庄子》追溯中华音乐的源头是从黄帝作《咸池》开始的。春秋战国的儒家则是从尧舜《大章》开始追本溯源的。这说明，无论是先秦的道家，还是先秦儒家，都没有将中华音乐历史的源头追溯在朱襄氏时代，或者葛天氏、阴康氏时代。

　　在对周王朝以前的音乐传统认知中，儒家最推崇的、有关记载也最丰富的是虞舜的音乐。黄帝的音乐很少提及自不必说，即使唐尧、夏禹以及商汤的音乐的相关记载也不多见，只有其名目留下来，而关于创作背景和音乐特色等具体内容则无从得知。虞舜的音乐则在今、古文《尚书》中都有记载，尤其是在《论语》中有孔子赞扬韶乐说"尽善尽美"②的记录。虽然都是零星记载而已，但说明韶乐被儒家不断地提及并成为尊崇的音乐理想。

---

① 《吕氏春秋·仲夏纪·古乐》。

② 《论语·八佾》。

《荀子·儒效》说："故无首虏之获，无蹈难之赏，反而定三革，偃五兵，合天下，立声乐，于是武象起而韶护废矣。"按照《荀子》的说法，在周朝重新创作武王的武乐和文王的象乐之后，以前的音乐如虞舜的韶乐和商汤的护乐等都零落了。如果事实真是这样的话，那么《论语·述而》中所记载的"子在齐闻韶，三月不知肉味，曰：不图为乐之至于斯也"的说法就证明了孔子时代的韶乐已经不可能是上古虞舜时代的简朴的原本了。

值得注意的是，《韩非子·十过》中有这样一段记载：

平公提觞而起为师旷寿，反坐而问曰："音莫悲于清徵乎？"师旷曰："不如清角。"平公曰："清角可得而闻乎？"师旷曰："不可。昔者黄帝合鬼神于泰山之上，驾象车而六蛟龙，毕方并辖，蚩尤居前，风伯进扫，雨师洒道，虎狼在前，鬼神在后，腾蛇伏地，凤皇覆上，大合鬼神，作为清角。今主君德薄，不足听之，听之，将恐有败。"

从上述《韩非子》所提及的关于黄帝《清角》的音乐境界来看，黄帝音乐所想表达的内容及其形式是与儒家所提倡的中庸之道具有很大的差距，这也许是儒家不愿意接受与提倡黄帝音乐的症结所在。

那么，接下来就有一个问题需要解惑，这就是，黄帝音乐的特质是什么？

前面说过，《咸池》《清角》《云门》均为黄帝的音乐作品，但这些作品的内容是什么，今天已不得而知了，我们只能推测出一个大概。

《咸池》应该是与战争有关的素材，类似于后世的《大武》；《清角》是祭神的作品；《云门》是黄帝部落所崇拜的图腾音乐。由此可以得出一个比较清晰的线索，这就是：基于战争、鬼神、图腾崇拜是黄帝时代的主题，那么，黄帝音乐的内容与特质很可能都与战争、鬼神祭祀、图腾崇拜有很大的关系，歌颂战争的胜利，赞扬、敬畏、祭祀不可知的鬼神，崇拜武力可能就是黄帝音乐的特质与灵魂。

据《通典》记载：

> 蔡邕曰："军乐也，黄帝岐伯所作，以扬德建武，劝士讽敌也。"①

《宋史·志第九十三·乐十五》说：

> 鼓吹者，军乐也。昔黄帝涿鹿有功，命岐伯作凯歌，以建威武、扬德风、厉士讽敌。其曲有《灵夔竞》、《雕鹗争》、《石坠崖》、《壮士怒》之名，《周官》所谓"师有功则凯歌"者也。

---

① 《通典》卷一百四十六。

如果真是这样的话，就难怪先秦儒家要放弃黄帝音乐而尊尧舜之乐了。

这是因为，儒家鼻祖孔子有着自己一套独特的系统文化观念。

孔子讨厌战争，不信鬼神，高举人文主义的旗帜，希望把人从上帝那里解放出来。关于这方面的内容，《论语》多处都有记载：

> 樊迟问知。子曰："务民之义，敬鬼神而远之。"[1]
>
> 子不语怪、力、乱、神。[2]
>
> 子之所慎：齐（斋），战，疾。[3]
>
> 祭如在，祭神如神在。子曰："吾不与祭，如不祭。"[4]

孔子从不谈论怪异、勇力、叛乱与鬼神。

孔子很少谈论斋戒、战争、疾病的话题，对此采取了谨慎的态度。

当樊迟问"智"时，孔子明确告诉他要"敬鬼神而远之"。

对于鬼神，孔子实际上是不信的。因为无法证明鬼神究竟存在与否，因此对此采取了灵活的态度。他告诉他的学生：信就有，

---

[1] 《论语·雍也》。

[2] 《论语·述而》。

[3] 《论语·述而》。

[4] 《论语·八佾》。

不信就没有。

儒家学派为孔子所一手开创，孔子的价值观与对世故人情的态度会直接影响到儒家对其文化的选择标准。既然黄帝文化与儒家文化在价值理念上差异较大，那么，自孔子开始的后世儒家对黄帝音乐避而不谈，也就不太难以理解了。

富有戏剧意味的是，虽然儒家谈乐从尧舜开始，但先秦道家却旗帜鲜明地声明中国音乐的源头应该从黄帝《咸池》开始，这一点在《庄子》中得到了明确的证明。

道家哲学具有天人沟通的精神。"人法地，地法天，天法道，道法自然。"道家博大精深的思想与黄帝文化恢宏阔大气象有着一定的相通之处，在音乐表现方面都有着庄严肃穆、玄静缥缈、威武雄壮、天人沟通的特点，这也许就是道家尊崇黄帝音乐的原因所在吧。

从文化史的角度看，考察黄帝文化与黄帝乐舞，在某种程度上，也就是考察中华民族音乐文化的源头。这是因为，黄帝乐舞作为华夏初民最基本的艺术活动，可以说是当时所有精神活动（包括宗教、艺术、哲学甚至科学）生息发展的土壤。从现有的史料来看，黄帝乐舞与原始氏族部落生活中的图腾崇拜、祭祀典礼、农耕狩猎、部落战争以及生息蕃衍等社会生活都密切相关。这些都为我们考察、分析民族古乐之源，提供了一个非常广阔的历史背景。

以图腾之乐为代表的黄帝时代，是中华民族早期文明进化过程中非常重要的一个环节。原始图腾乐舞在氏族社会中，往往成为巫术礼仪、图腾崇拜活动的表现形式本身。

相传，黄帝氏族以云为图腾，其乐舞名叫《云门》。据《左传·昭公十七年》记载："昔者黄帝氏以云为纪，故为云师而云名。"这表明黄帝氏族是以"云"作为其图腾标记的，其军队也因此而称为"云师"。

从图腾的地域文化特点来看，它在一定程度上，与部族赖以生存的地理自然环境以及生产方式、生活条件有着密切关系。当黄帝氏族在其萌发的原始意识思维活动中，以云作为其图腾标志的时候，就已经暗示着某种心理意识，并且具有某种确定的思维定式和指向。

作为很早便进入农耕时代的华夏民族，当农业收成的好坏成为直接影响其生存的客观条件时，自然气候在原始人心灵中占有的重要地位，是可想而知的。这方面，可以不必怀疑我们是在用后人的意识来对我们祖先原始思维中的图腾表象——形象作纯主观的臆测，相反，我们可以而且能够做出中肯的判断：黄帝氏族以云为图腾，在一定程度上是反映了原始人生存（包括其生产活动）中对自然气候的依赖心理。古代神话传说中，黄帝会鬼神于西泰山上，其行进队伍中"风伯进扫，雨师洒道"，并作《清角》之乐的描写，估计也同黄帝以云为图腾的文化心态有着一定的关系。①

总之，"乐以政通"。黄帝作乐，本意在沟通天人，制定秩序，用于治理之道，最终达到"天下太平，万物安宁"的目的。黄帝作乐的这些功用，在《吕氏春秋》中有系统的解释。摘录如下：

第一，先王定乐，"声出于和，和出于适"。

> 音乐之所由来者远矣，生于度量，本于太一。太一出两仪，两仪出阴阳。阴阳变化，一上一下；合而成章。浑浑沌沌，离则复合，合则复离，是谓天常。天地车轮，终则复始，极则复反，莫不咸当。日月星辰，或疾或徐，日月不同，以尽其行。四时代兴，或暑或寒，或短或长，或柔或刚。万物所出，造于太一，化于阴阳。萌芽始震，凝寒以形。形体有处，莫不有声。声出于和，和出于适。和适先王定乐，由此而生。②

音乐的由来，已很久远了，产生于律管，始于太一。太一生两仪，两仪生阴阳。阴阳变化，一上一下，合而成章。在天地开辟前，元气未分，浑浑沌沌，离了又合，合了又分，这就叫作天

---

① 参见修海林著：《古乐的沉浮：中国古代音乐文化的历史考察》，上海音乐学院出版社 2013 年版，第 2、3 页。

② 《吕氏春秋·仲夏纪·大乐》。

的常道。天地如同车轮之转，周而复始，到极点又返回，全都恰当。日月星辰的运行，有的快，有的慢，日月不同轨道，但都能各尽其行度。春夏秋冬更换出现，有的热，有的寒，有的短，有的长，有的柔，有的刚。万物的产生，生于太一，化于阴阳。植物动物由于太一使其萌芽、振苏，而阴阳凝结于其中以成其形。形体要占一定空间，没有不发出声音的。声音产生于谐和，谐和来源于适合的节奏。先王制定音乐，就从这个原则出发。

第二，先王制乐，目的在于"天下太平，万物安宁"。

> 天下太平，万物安宁，皆化其上，乐乃可成。成乐有具，必节嗜欲。嗜欲不辟，乐乃可务。务乐有术，必由平出。平出于公，公出于道。故惟得道之人，其可与言乐乎！亡国戮民，非无乐也，其乐不乐。溺者非不笑也，罪人非不歌也，狂者非不武也，乱世之乐，有似于此。君臣失位，父子失处，夫妇失宜，民人呻吟，其以为乐也，若之何哉？①

天下太平，万物安宁，人民都归附其上，音乐才能形成。制乐有一定条件，一定要节制嗜欲。嗜欲而不邪僻，乐才可以致力去从事。从事音乐要有方法，一定出于平和。平和出于公正，公正出于道。所以，只有得道的人才可以与他讲律论乐！被灭亡国

---

① 《吕氏春秋·仲夏纪·大乐》。

家的人民，遭受暴虐的人民，不是说他们没有乐，只是他们的乐并不快乐。将要被淹没的人不是不知道欢笑，有罪的人并非他们不会唱歌，精神狂乱的人，并不是他们不知舞蹈，世道混乱的音乐，与此是有相似之处的。这样，君臣父子都会失掉其应有的本分，夫妇失义而不和，人民痛苦而呻吟。以此来作乐，又会怎么样呢？

第三，先王制律作乐，本意在"调和""听政""治身""治国""治天下"。

> 凡乐，天地之和，阴阳之调也。始生人者天也，人无事焉。天使人有欲，人弗得不求。天使人有恶，人弗得不辟。欲与恶所受于天也，人不得兴焉，不可变，不可易，世之学者，有非乐者矣，安由出哉？[①]

凡音乐，都出于天地和谐以及阴阳的调和。贪欲与憎恶是人的天性，黄帝制乐，其目的在于移风易俗，让人们在社会与天性中找到一个平衡点。当世的学者，有非议音乐的，不知理由是什么？

> 大乐，君臣父子长少之所欢欣而说也。欢欣生于平，平

---

① 《吕氏春秋·仲夏纪·大乐》。

生于道。道也者，视之不见，听之不闻，不可为状。有知不
见之见、不闻之闻、无状之状者，则几于知之矣。道也者，
至精也，不可为形，不可为名，强为之，谓之太一。故一也
者制令，两也者从听。先圣择两法一，是以知万物之情。故
能以一听政者，乐君臣，和远近，说黔首，合宗亲。能以一
治其身者，免于宎，终其寿，全其天。能以一治其国者，奸
邪去，贤者至，成大化。能以一治天下者，寒暑适，风雨时，
为圣人。故知一则明，明两则狂。①

　　音乐，是君臣父子长幼都欢欣而喜悦的。欢欣生于平和，平
和生于道。所谓道，是看不见，听不着，不可为它描绘形状的。
有知道它的则可于不见之中包括着见，于听不着中包括听得着，
于不可为它描绘形状中包括着它的形状，那么就差不多可以说懂
得道了。道这个东西，是非常精微的，不可为它描绘出形状，不
可为它命名，勉强给它命一个名字，就叫作太一。所以君和道是
一，是制定法令制度的准则，臣子和万物是两，是听从命令的。
古圣先王抛弃处于听从地位的"两"而效法处于号令地位的"一"，
因而知道万物生长的道理。因此，能够以太一来处理政事的，君
臣就会欢乐融洽，远近就会平和，老百姓就会高兴喜悦，父母兄

---

① 《吕氏春秋·仲夏纪·大乐》。

弟就会和谐相处。能够用太一来治身的，就会免去灾害，享尽年寿，保全其天性。能够用太一来治理国家的，奸邪者就会离去，贤明者就会到来，教化也会得到完成。能够用太一来治理天下的，寒暑就会和适，风雨会适时，像这样就可为圣人。所以知道太一就聪明，君臣无别就混乱。制律作乐，就是为政治定方向，为社会定秩序，为君臣定明分，为天下定太平。黄帝治政，所以重视制律作乐，目的即在于此。

# 第七章 "黄老学"旨归

黄老学是战国时期出现的一门依托黄帝、老子名义而旨在救世、治世的政治学说。黄老学，以道为体，以法为用，兼采儒、墨、名、阴阳等各家学说，是能够明于"成败存亡祸福古今之道"的一种"君人南面之术"。作为一种旨在为统治者总结治理经验的学说，黄老之学有因循、顺应、清静、简易的特点，"知秉要执本，清虚以自守，卑弱以自持"。与"博而寡要，劳而少功"的儒学不同，黄老"无为，又曰无不为，其实易行，其辞难知。其术以虚无为本，以因循为用"，"指约而易操，事少而功多"。与儒学比较起来，它显然与汉初的社会实际情况、高层统治集团的文化水准更容易磨合。因此，黄老就因为适应了汉初社会而被统治者所选择，成为一种治国理政的思想幸运地登上了中国政治的实践舞台。文帝、景帝及窦太后都尊奉黄老之学，黄老之道在汉帝国大行 70 余年。

## 一、"黄老"之由来

"黄老学"是兴起于战国中期、全面实践于汉初政治的一门关于国家治理的用世学说。

"黄老"作为一个学术名词的提出，其时间应该是在西汉初年，并被两汉所沿用。

从文献记载来看，在先秦文献中，并无"黄老"这个名词或者是"黄""老"合称的记载。就目前所看到的文献而言，黄帝与老子都是单独提到的。最早提出"黄老"这个名词、能查找到的文献，目前只能是《史记》了。考诸《史记》，凡言及"黄老"篇章者主要如下：

（1）《孝武本纪》《封禅书》："会窦太后治黄老言，不好儒术。"

（2）《曹相国世家》："闻胶西有盖公，善治黄老言，使人厚币请之。既见盖公，盖公为言，治道贵清静而民自定，推此类具言之。参于是避正堂舍盖公焉，其治要用黄老术。"

（3）《老子韩非列传》："申子之学本于黄老而主刑名，著书二篇号曰《申子》。韩非者，韩之诸公子也，喜刑名法术之学，而其归本于黄老。"

（4）《孟子荀卿列传》："慎到，赵人；田骈、接子，齐人；环渊，楚人。皆学黄老道德之术，因发明序其指意。"

（5）《袁盎晁错列传》："其子章，以修黄老言显于诸公间。"

（6）《张释之冯唐列传》："王生者，善为黄老言，处士也。"

（7）《田叔列传》："叔喜剑，学黄老术于乐巨公所。"

（8）《魏其武安侯列传》："太后好黄老之言，而魏其、武安、赵绾、王臧等务隆推儒术，贬道家言。"

（9）《汲郑列传》："黯学黄老之言，治官理民好清静，择丞史而任之。……庄好黄老之言，其慕长者如恐不见。"

（10）《儒林列传》："然孝文帝本好刑名之言，及至孝景，不任儒者，而窦太后又好黄老之术，故诸博士具官待问，未有进者。"

（11）《太史公自序》："曹参荐盖公言黄老。"

另外，在《史记》中，也有用"黄帝、老子"全名合称的，其意思与"黄老"连言无异：

（1）《外戚列传》："窦太后好黄帝、老子言，帝及太子、诸窦不得不读《黄帝》《老子》，尊其术。"

（2）《陈丞相世家》："陈丞相平少时本好黄帝、老子之术。"

（3）《乐毅列传》："乐臣公善修黄帝、老子之言，显闻于齐，称贤师……乐臣公学黄帝、老子。"

（4）《日者列传》褚先生曰："夫司马季主者，楚贤大夫，游学长安，通《周易》，术黄帝、老子。"

从上述材料所用的"黄老"或者"黄帝、老子"概念中，我们可以看出，"黄老"一词大兴于西汉初期。"黄老"之称，始于《史记》。

## 二、百家融黄老

"黄老之学"旨在"治道"。

在战国百家争鸣的思想园地里，与其他各家相比，"黄老学派"是产生较晚的一个政治学派。然而，它既没有像老庄道家那样拒斥其他各家，也没有像儒法诸家那样严守门户之见，而是以其积极进取、阔达开放的政治情怀与海纳百川、有容乃大的东海气象引领诸子百家"救世"方案之风骚，成为一个以兼容并包、积极入世、注重实践为特色的新的政治学派，从而对秦汉政治产生了很大的影响。

"黄老学派"在汉代被称为"黄老道家"，其深刻而全面的政治思想与学术观念，是在汉代学者与思想家对"道家"的概念界定中被揭示出来的。换言之，汉代学者与思想家对道家概念的界定，实际上正是对黄老思想的界定。这一界定可以通过几位汉代学者或思想家的表述来加以说明：

1. 司马谈说："道家使人精神专一，动合无形，赡足万物。其为术也，因阴阳之大顺，采儒墨之善，撮名法之要，与时迁移，应物变化，立俗施事，无所不宜，指约而易操，事少而功多。"①

2. 刘向说："道家者，秉要执本，清虚无为，及其持身接物，务崇不竞，合于六经。"②

3. 班固说："道家者流，盖出于史官，历记成败、存亡、祸福、古今之道，然后知秉要执本，清虚以自守，卑弱以自持，此君人南面之术也。合于尧之克攘，《易》之嗛嗛，一谦而四益，此其所长也。及放者为之，则欲绝去礼学，兼弃仁义，曰独任清虚，可以为治。"

4. 王充说："贤之纯者，黄老是也。黄者，黄帝也，老者，老子也。黄老之操，身中恬淡，其治无为。"③

很显然，上述汉代学者对黄老思想所界定之"道家"虽略有差异，但其基本的理论特征——博采众家之长、尤兼儒墨却是相同的。司马谈称之为"采儒墨之善，撮名法之要，与时迁移，应物变化，立俗施事，无所不宜"；刘向称之为"务崇不竞，合于六经"；班固称之为"知秉要执本，清虚以自守，卑弱以自持，此君人南面之术也"；王充称之为"身中恬淡，其治无为"。总之，在汉人的眼中，道家就是黄老，黄老就是道家，立俗施事，无所不

---

① 《史记·太史公自序》。
② 《别录·列子叙录》。
③ 《论衡·自然》。

宜，把"黄老"视为一种治国治身的思想。

本人以为，就"黄老学"内涵而言，汉初虽然"黄老"并称，将"黄老"作为"道家"看待，但其实"黄老"是一个新出现的以救世、治世为目的的政治学派，兴起于战国，在西汉初期其政治学说被统治者所采用，成为治国安邦的基本国策。黄老学派肯定、吸纳了黄帝文化中的治理思想与原始道家三项基本理论内涵——道、无为、养性，兼采儒墨名法阴阳各家之道；将在原始道家中作为被体悟、谈说的"道"的理论，转化为可操作运用的治国理政的实践之术。黄老学派理论具有兼容、综合性的特征，与当时正在接近实现的从诸侯分裂到天下一统的社会发展趋势是一致的，因而为秦汉统治者不同程度地采用，从而对中国历史产生了一定的影响。

事实上，汉初，黄老之学所以能成为国家治理的指导思想，其根本原因即在于它其实并不是一个纯粹道家学派，而是在黄老的名义下汇集了各家各派的"用世"思想的精华。司马谈在《论六家要旨》中所言之道家，即不同于老、庄之道，而是与其他学派混合了的黄老道家，它抛弃了老、庄所固有的浓厚的避世色彩和脱离人生实际、政治实际的倾向，是一种积极向上的讲求政治实际的治世之道。司马谈说："夫阴阳、儒、墨、名、法、道德，此务为治者也。直所从言之异路，有省不省耳。"又说："道家使人精神专一，动合无形，赡足万物。其为术也，因阴阳之大顺，采儒、墨之善，撮名、法之要，与时迁移，应物变化，立俗施事，无所不宜，指约而易操，事少而功多。儒者则不然。以为人主天下之仪表也，主倡而臣和，主先而臣随。如此则主劳而臣逸。至于大道之要，去健羡，绌聪明，释此而任术。夫神大用则竭，形大劳则敝。形神骚动，欲与天地长久，非所闻也。"

这里有几点值得注意：其一，黄老之说抛弃了诸家之"不省"，吸收了其中一些有用的东西，所谓"因阴阳之大顺，采儒、墨之善，撮名、法之要"也。其二，对于儒家，由于立义每有相反，相对地采用较少，如仁义礼乐是儒家的基本学说，成书于战国的今本《老子》坚斥力拒，《黄帝四经》也绝少论及。这里司马谈还特别举出黄老对儒家主劳臣逸主张的批判。其三，"去健羡，绌聪明，释此而任术"乃黄老之学的主旨之一。黄老重视君主驾驭臣下之术，其具体表现为刑名之学。从这点来说，它与申韩本是一体的。其四，黄老学派从天道自然的高度论证：刑与德不是绝对排斥，而是相反相成，相得益彰，因而主张刑德对举，强调兼用，德先刑后，德主刑辅。法治和德治两种治国方法的结合和兼用，是取法家之"要"，又采儒家之"善"——这是对儒法思想的高度整合，开启了阳儒阴法的政治文化模式的理论建构。这是礼法结合、调和儒法的最初尝试。[①]这种思想为后来的汉代儒家所

---

① 参见白奚：《稷下学研究》，生活·读书·新知三联书店1998年版，第279页。

接受，成为中国政治文化模式中德主刑辅的先声。黄老学派这种对儒法进行高层次的整合，符合儒法思想发展的逻辑和先秦思想发展的趋势，当然也合乎社会历史发展要求。这种治国方略更主要的是为汉代文武兼治、德主刑辅、霸王道杂之的政治文化模式的构建做了理论上的有益探索与准备工作，对汉初的治国理政政策产生了深远的影响。

过去，我们说到黄老之学，往往一言以蔽之曰"清静无为"。其实这只是过去史家不自觉地站在道家立场上的一种看法，是有其一定历史缘由的。但历史实际上比这复杂多了，事实上黄老政治的清静无为并不是一切不管，放任自流，而是要求在统治秩序已定的前提下的清静无为，君道无为是立足于臣道有为，上层统治者的无为而治是以各级官吏循名责实、各自有为为基础的。从黄老思想本身来说，在清静无为一面的背后，还有无为而无不为、以法治国的一面，实际上是"上无为"与"下有为"的辩证结合。例如文帝行清简之政，很快就取得了成效。距其不远的司马迁就曾反复地描述过其时天下和洽、人民安居乐业的社会景象，由衷地赞美文帝"德厚侔天地，利泽施四海，靡不获福焉"，"世功莫大于高皇帝，德莫盛于孝文皇帝"[1]。在《史记·律书》中他还说："文帝时，会天下新去汤火，人民乐业，因其欲然，能不扰乱，故

---

[1] 《史记·孝文本纪》。

百姓遂安。……孔子所称有德君子者邪！"但是，文帝"好刑名之言"①，在"除诽谤，去肉刑"②的同时，又主持通过了对刑法的新修订，正如班固后来所批评的，"外有轻刑之名，内实杀人。斩右止者又当死。斩左止者笞五百，当劓者笞三百，率多死"③。加笞与死刑无异，幸而不死，亦不可为人，以至景帝又一次下诏减笞数。总之汉初黄老政治其实就是实行法家上无为而下有为的进取原则，有宽容、兼收并蓄的一面，也有严酷的另一面，缺少一方面，就不是汉初的黄老思想。

## 三、"黄老学"源流考

前文说过，"黄老"这一概念虽最早见于《史记》，但作为独立的政治学派，它则有一个漫长的形成和发展的过程。考诸文献，最早把黄老结合起来的是齐国的稷下学宫的学者们。

齐国政府所以创办稷下学宫，原本是出于招徕天下贤士以增强其国力的政治目的，但局面一旦形成，其政治与文化的意义便远远超越了创办者目的本身。它使曾经活跃在历史上的原始民主

---

① 《汉书·儒林传》。
② 《汉书·刑法志》。
③ 《汉书·刑法志》。

精神和阔达好议之风得到弘扬，为百家争鸣创造了良好的社会环境。这样一个由国家举办的、持续百年以上的大型"学术机构"，其规模、成就、影响，不仅为古代中国所仅有，在世界古代史上也堪称独步。

应春秋战国形势发展的需要和生气勃勃的早期法家的影响，黄老之学与齐文化相结合，在战国中期以前逐渐形成了黄老之学，并在稷下学宫优越的自由争鸣和交融中发展、壮大，在战国中后期以至西汉初年广泛流行和参与汉初政治。郭沫若说："黄老之术，值得我们注意的，事实上是培植于齐，发育于齐，而昌盛于齐的。"① 王充说："黄者，黄帝也；老者，老子也。黄老之操，身中恬淡，其治无为，正身共己而阴阳自和，无心于为而物自化，无意于生而物自成。"② 黄老学派奉黄帝及老子为宗，假托黄帝的名义，吸取《老子》哲学中"虚静"、物极必反等思想加以改造，形成一个重要思想流派，稷下学宫时期形成的代表著作主要有《黄帝四经》《尹文子》《管子》《慎子》等，其内容不外都是调和儒法道等家的内容，以期能成为王者争霸天下的指导理论。

田氏本为陈国贵族。春秋中期，陈公子完避乱奔齐，受到齐

---

① 郭沫若著：《十批判书·稷下黄老学派的批判》，东方出版社1996年版，第157页。

② 《论衡·自然》。

桓公的礼遇，任工正，遂改姓田氏。后田氏势力不断壮大，田乞、田常两代深得齐国民心。齐景公死后，田乞杀掉晏孺子，更立悼公阳生，自任为相，专擅齐政。后田常杀齐简公，姜齐政权实际上已为田氏所有。周安王十六年（公元前386年），田和正式被立为齐侯。田氏代齐后，田氏齐国的君主励精图治，国力逐渐强大，逐渐形成了一统天下的政治抱负，"欲辟土地，朝秦楚，莅中国而抚四夷"①。田齐王室宣称黄帝是他们的远祖，以此来证明自己取代姜氏政权的合法性。他们在政治理论上也以黄帝的后裔自居，"绍踵高祖黄帝"②，认为自己才具有统一天下的正统地位的资格。黄帝是中国上古第一帝，代表着无上的绝对权威，也是外王经世的标志。黄帝的时代取代了炎帝的时代，田齐是黄帝的后人，姜齐是炎帝的后人，田齐取得了姜齐的政权，似乎隐喻着历史光荣的再现。

稷下学宫的设立是在列国争霸与兼并战争之时，当时各国为了富强图存，礼贤下士，吸引人才蔚成风气。齐国久有尚贤传统，这时也不甘落后，便设学宫以吸引天下学者，"自如淳于髡以下，皆命曰列大夫，为开第康庄之衢，高门大屋，尊宠之。览天下诸

---

① 《孟子·梁惠王上》。

② 中国社会科学院考古研究所编：《殷周金文集成》第四册（器号04649），中华书局2007年版，第3025页。

侯宾客，言齐能致天下贤士也"。① 也就是说，齐国主观上是招揽贤才，为我所用。齐威王时，任用邹忌为相，整顿内政，"修法律以督奸吏"，国势日强，后对魏战争两次取胜，成为一代霸主，"于是齐最强于诸侯，自称为王，以令天下"。② 齐威王尊崇上古时代的黄帝为始祖，并以齐桓、晋文的霸业为榜样，志在一统天下。在这样的政治背景下，稷下学者就假托黄帝之名，对未来一统天下的政治模式进行了全面的论述，黄老学派也是这一理论探索的重要成果。

在齐宣王、泯王时期，齐国的稷下之学最为兴盛，列国学者云集于此，探讨治乱兴衰之事，不断有著述问世。据《史记》记载：

> 宣王喜文学游说之士，自如邹衍、淳于髡、田骈、接子、慎到、环渊之徒七十六人，皆赐列第，为上大夫，不治而议论。是以齐稷下学士复盛，且数百千人。③

> 自邹衍与齐之稷下先生，如淳于髡、慎到、环渊、接子、田骈、邹奭之徒，各著书言治乱之事，以干世主，岂可胜道哉……慎到，赵人。田骈、接子，齐人。环渊，楚人。皆学

---

① 《史记·孟子荀卿列传》。
② 《史记·田敬仲完世家》。
③ 《史记·田敬仲完世家》。

黄老道德之术，因发明序其指意。故慎到著《十二论》，环渊著上下篇，而田骈、接子皆有所论焉。[①]

淳于髡、慎到、环渊、田骈、接子、环渊、邹奭等都是战国中后期人，他们学习"黄老道德之术"，并对其意蕴进行发挥，形成了各自的理论体系。在这些黄老学者的共同探讨与论辩下，以"因道全法"为基本特征的黄老学说，在田齐的稷下学宫孕育、诞生了。

黄老学派形成后，在理论上得到了进一步完善并广泛传播。齐国首都临淄的稷下学宫是战国中后期黄老学派的中心，黄老之学在齐国传播不绝。《史记·乐毅列传》记载："乐氏之族有乐瑕公、乐臣公，赵且为秦所灭，亡之齐高密。乐臣公善修黄帝、老子之言，显闻于齐，称贤师。太史公曰：始齐之蒯通及主父偃读乐毅之报燕王书，未尝不废书而泣也。乐臣公学黄帝、老子，其本师号曰河上丈人，不知其所出。河上丈人教安期生，安期生教毛翕公，毛翕公教乐瑕公，乐瑕公教乐臣公，乐臣公教盖公。盖公教于齐高密、胶西，为曹相国师。"《史记·田叔列传》也记载："田叔者，赵陉城人也。其先，齐田氏苗裔也。叔喜剑，学黄老术于乐臣公所。"乐臣公曾教盖公，而盖公向曹参传授过"治道贵清静

---

① 《史记·孟子荀卿列传》。

而民自定"为主旨的理论，可见田叔所学黄老术当与盖公是一个系统的。河上丈人是战国末期的人，据皇甫谧《高士传》说，河上丈人"当战国之末，诸侯交争，驰说之士咸以权势相倾，唯丈人隐身修道，老而不亏，传业于安期生，为道家之宗焉"①。有学者认为："黄老之学产生的地点是在齐国，时间是在战国末年，而河上丈人、安期生、毛翕公、乐瑕公、乐臣公、盖公等就是创建和传播这个学派的黄老学派学者。"②

早在秦统一天下之初，秦相国吕不韦就召集门客编纂了《吕氏春秋》，该书是对黄老学派理论的重大发展，是黄老学派的一次理论结集。《吕氏春秋》提出一系列政治主张，但秦始皇崇信法家学，迷信武力与刑罚的作用，未能及时调整政策，与民休息。《吕氏春秋》虽未被秦始皇采用，但却对汉初统治者调整政策提供了理论依据。

《吕氏春秋》是秦国统一六国前夕，相国吕不韦集合门客花费巨资所作的一部重要著作，其目的在为秦国统一天下后如何进行治理做好理论上的准备。

吕不韦执掌秦国朝政时，魏国有信陵君，楚国有春申君，赵

---

① （晋）皇甫谧：《高士传》卷中，《四部备要》第 46 册，中华书局 1989 年影印本，第 13 页。

② 熊铁基著：《秦汉新道家》，上海人民出版社 2001 年版，第 26 页。

国有平原君，齐国有孟尝君，都以礼贤下士、大聚宾客闻名。吕不韦羞于秦虽强国，却不能形成同样的文化气氛，于是也招致天下之士，给予特殊的优遇。一时宾客云集门下，据说多达3000人，形成了一个实力雄厚的学术与智囊合一的团体。

当时，各地学者游学成风，多有倡论学说，著书传布天下者。吕不韦让他的宾客人人著述自己的所见、所思及所倡，又综合整理为《八览》《六论》《十二纪》，共20余万言，以为天地万物古今之事，都充备其中，号为《吕氏春秋》。

据说，书成之后，吕不韦曾经将之公布于咸阳市门，悬千金于其上，请列国诸侯游士宾客修正，号称有能增减一字者，给予千金奖励。可见这部书在当时的秦国已经占据了一种不容否定的文化权威的地位。

刘泽华说："《吕氏春秋》的编写不只是一部书的问题，而是一种文化政策的产物，这一层意义，应该说，更值得注意。"[1]

在《吕氏春秋》中，吕不韦不囿一家一派之成见，而是居高临下，看到各家各派之中都有利于君主统治的内容。他像百花中的蜜蜂，无花不采。他站在百家之上，用有益于统治这一标准去通百家。吕不韦没有取消任何一家的企图，也没有想用一家一派把其他家吃掉的打算。他对诸家之说采取了兼收并蓄的方针。但

---

[1]　刘泽华著：《中国政治思想史集》第1卷，人民出版社2008年版，第446页。

是，在对各家各派的选择上，吕不韦是有自己原则的，他对各家各派中走向极端的流派，一般是不选的。比如，对儒家的君臣父子伦理道德之论选取了，对儒家许多迂腐之论和繁缛之礼却弃而不选；对法家的通变、赏罚分明、依法行事的思想选进来了，但遗弃了轻罪重罚那一套；对道家的法自然的思想选取了不少，但对道家中以自然排斥社会的思想却弃而不取；对墨家的节葬、尚俭思想选取了，但对明鬼、非乐的思想却置之不顾。总之，他很有眼光。①

《吕氏春秋》以儒家为表，以法家为里，参以黄老道德之术。吕不韦杰出之处，不仅在他能广蓄人才，而且他很善于折中，能够汲取百家的长处，去粗取精，为我所用。班固将《吕氏春秋》一书列入"杂家"之中，又说，"杂家"的特点，是兼采合化儒家、墨家、名家、法家诸说，"知国体之有此，见王治之无不贯，此其所长也"。②《吕氏春秋》的确是"兼""合"以前各派学说编集而成的一部文化名著。司马迁记述《吕氏春秋》成书过程的特点时使用"集论"一语，可谓切中肯綮。

《吕氏春秋》是春秋战国百家争鸣时代最后的文化成就，同时

---

① 参见刘泽华著：《中国政治思想史集》第 1 卷，人民出版社 2008 年版，第 447 页。

② 《汉书·艺文志》。

作为文化史即将进入新的时代的重要的文化标志，可以看作一座文化进程的里程碑。《吕氏春秋》中的文化倾向，对秦汉帝国的政治治理有着重要的影响。从《吕氏春秋》一书来看，吕不韦不愧是一位具有战略眼光的政治家。他不为诸子门户之见所囿，而是高居其上，从政治需要出发，择可用者而用之，不可用者而弃之。作为关乎国计民生的政治家，他必须根据现实的需要而有所选择。先秦诸子相互之间争论炽热，水火不容，其实他们中的绝大多数都是为了给君主献策献计。吕不韦清醒地看到了这一点，所以超出派别门户之见，敢于博采众议。秦汉以后的封建统治者尽管名义上尊崇儒家，但在实际上走的是吕不韦的道路。就当时秦国的实际情况看，吕不韦企图通过编辑和公布《吕氏春秋》，改变秦国一味尊法的治国路线。这个意图应该说是很有见地的，有利于秦统一后建立一个长治久安的社会政治秩序。由于吕不韦政治生涯的终结，以致《吕氏春秋》中提出的一整套治国思想，实际上并没有来得及在国家治理中加以实践。秦始皇虽然雄才大略，但为法家理论所囿，缺乏吕不韦兼收并蓄的度量，结果把治术推向了极端。他如果能够采纳《吕氏春秋》中一些见解，秦祚或许不致那么短命而亡！①

---

① 参见刘泽华著：《中国政治思想史集》第 1 卷，人民出版社 2008 年版，第 460 页。

## 四、"黄老学"与汉初政治

黄老思想所以在汉初被统治者引入社会政治领域，成为汉初占统治地位的主流政治意识形态，应该说是有其深刻的社会、政治、文化与历史背景的。汉帝国是在经过了战国、秦统一与分裂、楚汉相争前后长达300年的战争与动乱后建立起来的。"汉兴，接秦之弊，丈夫从军旅，老弱转粮饷，作业剧而财匮，自天子不能具钧驷，而将相或乘牛车，齐民无藏盖。"[1]在这种经济凋敝，民生艰难，诸侯势盛，四裔不定的情况下，如何巩固胜利成果，顺利实现转型，避免秦王朝的前车之鉴，就成为考验汉统治者政治智慧的重中之重。面对这种情况，刘邦集团不得不殚精竭虑，寻求长治久安的治理之道。

正是在这种形势下，黄老的"清静自定"思想适应了汉初休养生息、稳定政治局势和恢复发展经济的需要，得到统治阶级的重视而极盛一时，成了汉帝国初年治国之策选择的主题。《史记》中此类记载很多。文帝时贾谊在《过秦论》中提出"牧民之道，务在安之而已"的政治主张，就是顺应这一时代主题的要求的远见卓识。

---

[1] 《史记·平准书》。

实际上，汉初统治者最初是将治理的希望寄托在儒生的身上。但可惜的是，一开始儒生并没有能够为他们提供出令人满意的答案。

《史记》中说：

> 天下初定，悼惠王富于春秋，参尽召长老诸生，问所以安集百姓，如齐故俗。诸儒以百数，言人人殊，参未知所定。闻胶西有盖公，善治黄老言，使人厚币请之。既见盖公，盖公为言治道贵清静而民自定，推此类具言之。①

儒家文多辞博，学问繁缛，理想远大，陈义过高，不知时变，其政治思想在先秦长期不为统治者所采用。《史记》就说："夫儒者以六艺为法。六艺经传以千万数，累世不能通其学，当年不能究其礼。"②而黄老思想，则是以道为体，以法为用，兼采儒、墨、名、阴阳等各家学说，能够明于"成败存亡祸福古今之道"的"君人南面之术"。作为一种统治术，黄老之学有因循、顺应、清静、简易的特点，"知秉要执本，清虚以自守，卑弱以自持"③，与"博而寡要，劳而少功"的儒学不同，黄老"无为，又曰无不为，其

---

① 《史记·曹相国世家》。
② 《史记·太史公自序》。
③ 《汉书·艺文志》。

实易行其辞难知。其术以虚无为本，以因循为用"，"指约而易操，事少而功多"①。与儒学比较起来，它显然与汉初的社会实际情况、高层统治集团的文化水准更容易磨合。因此，黄老就因为适应了汉初社会而被统治者所选择，成为一种治国理政的思想幸运地登上了中国政治的实践舞台。文帝、景帝及窦太后都尊奉黄老之学，"好黄老之术"。黄老之道在汉帝国大行70余年，随着社会经济的发展、国力的强盛，汉代统治者急于有所作为，在思想层面，在统治方针以及策略方面越来越不满于黄老之术，希图在总结秦亡教训的基础上，寻找到更为有效的统治方法，并最终选择了以儒学作为官学，以儒家理论指导国家的治理，汉武帝"罢黜百家独尊儒术"后，黄老思想才逐渐退出了政治实践的舞台。

作为一个综合性很强的学术派别，黄老学在许多地方与法家有相通之处，比较容易操作，因此在儒家复兴之前，它才得以作为被遗弃的法家之学的替代物而卓然兴起。它在汉初的出现，具有填补思想意识领域空白的时代背景，这也决定了它的过渡性命运。

前面说过，汉初的曹参对黄老之学最有心得。早在其担任齐相时，就曾召集数百名儒家学者讨论治民理政之道，结果众人各执一词，言人人殊，曹参无法决定。后讨教于治黄老之学的盖公，

---

① 《史记·太史公自序》。

盖公言简意赅："治道贵清静而民自定。"① 一语道破黄老真谛。曹参于是用黄老之术治齐 9 年，成绩斐然。汉高帝时，"萧、曹为相，填以无为，从民之欲，而不扰乱"②。汉惠帝二年，曹参继萧何为相，进一步以"清静"为追求，为后世留下了"萧规曹随"的千古美谈。其后继者陈平也是好治黄帝、老子之术的人物，而此后的文帝、景帝及执掌朝政多年的窦太后也都不同程度推崇黄老。应劭在《风俗通·正矢》中说："文帝本修黄老言，不甚好儒术，其治尚清静无为。"窦太后对黄老之学更是情有独钟，"好黄帝、老子言，帝（景帝）及太子、诸窦，不得不读黄帝、老子，尊其术"。③ 景帝难免受到影响，故黄老之徒极受宠幸。迨及刘安的《淮南子》一书辑成，使黄老之学在理论上系统化，标志着黄老之学达到了顶峰。

长期以来，学界普遍相信黄老之学是汉初几十年最有影响力的学说，汉初经济与社会秩序之所以能在短时期内迅速恢复和发展，在很大程度上应当归之于统治者采用黄老之学，实行无为而治、与民休息政策。原则上说，这种观点并没有错，但细究汉初历史，黄老学的实际影响力则有估计过高之嫌。从汉初统治者的

---

① 《史记·曹相国世家》。

② 《汉书·刑法志》。

③ 《史记·外戚世家》。

治理经验来看，黄老政治主要是一种政策、一种"少欲"意识，而实际上，在政治，尤其是法律制度上，统治者采用的是"汉承秦制"。

所谓"汉承秦制"主要是指汉代基本上沿袭了秦代建立的政治法律经济制度。秦朝以法家思想为指导，在中国历史上第一次建立了中央集权的、专制主义的、统治到社会基层、严格约束到每一个家庭和每一个人的政治统治。这就是后人常说的"秦制"。而汉朝，基本沿袭了这一整套制度。所谓"汉承秦制"，主要指的就是对这种制度上的继承。

尽管刘邦推翻了秦始皇的帝国而称帝，尽管从此之后汉代的史书、官牍把秦帝国描绘得一片黑暗，但是，汉帝国君臣却毫不犹豫地承袭了秦帝国的所有国家制度。从总结历史经验教训的角度而言，秦帝国对中国政治的最大影响，莫过于它创立了一套以大一统形式为标志的政治模式。这套政治模式包括政治观念、政治制度、法制体系以及与之配套而成的社会经济体系。大秦帝国建立者的知识水平和理论水平明显高于起事于草莽布衣的汉帝国的创建者们。换句话说，秦始皇草创的政治制度和治国模式具有开辟性的特点及优势，继秦而起的任何新朝都不可能再在短时间内创造出比之更加完备的国家制度。大秦帝国虽然因统治者施政不当而短命夭亡，但其创建的国家政体却有着强大的生命力，它不仅不会随着秦帝国的消亡而消亡，而且以新的面孔继续决定与影响着继秦而后的新王朝的政治。

历史发展的事实无可辩驳地证明："汉之法制，大抵因秦。"[1]根据云梦秦简提供的资料表明，许多原来以为是汉帝国创建的制度及其有关称谓，原来都是由前朝秦帝国那里传承下来的。"汉承秦制"，确凿无疑。

### （一）汉帝国全盘接受了秦始皇创造的皇帝尊号及其相应的一整套皇帝制度与帝王观念

皇帝制度与帝王观念是大秦帝国统治模式的基础框架和核心内容。只要这个基础框架与核心内容不改变，新王朝的一切损益、更始、变制，都不具有变革统治模式的意义。这就是说，只要汉帝国的创始人继续实行帝制，汉代的政治制度与治国模式就不会与秦朝差异太大。

### （二）汉帝国承袭了秦王朝的中央集权制度

汉代基本上沿用了秦朝的职官制度。东汉史学家班固就说："汉迪于秦，有革有因，牍举僚职，并列其人。"[2]事实也正是这样，秦帝国确立中央集权制度，皇权至高无上，全国的政治、经济、

---

① 【宋】洪迈著：《容斋随笔》卷九。
② 《汉书·叙传下》。

军事、立法、司法、监察等各种权力皆决于皇帝，从中央政府的丞相、太尉、御史大夫一直到地方上的郡守、县令及各种军事长官，其任免权最终决定在皇帝的手中，或由皇帝直接任免，或由皇帝授权上级官员任免。汉帝国建立后，基本上沿用了秦帝国的这一套政治体制，只是在中央政府管理核心的三公设置上，略有变动。

大秦帝国后，秦始皇建立了一套以丞相为核心的文官体制。丞相王绾主管全国政务，御史大夫冯劫司职监察百官、廷尉李斯负责法律事务。三公均为文职官吏，极似现代西方国体的三权分立，各司其职管理国家。而为秦始皇统一六国功勋卓著的将军们，如王翦、王贲、王离、蒙恬等，虽皆封侯，但似乎并不参与国家的行政管理。除蒙恬将兵 30 万北逐匈奴，修筑长城外，其他武将似只授爵位与重赏，并不给予实际职权。

汉代承袭秦代官制，其主要职官是丞相、太尉、御史大夫。丞相是百官之长，其职责是协助皇帝处理全国政务。太尉，负责管理军事。御史大夫，辅佐丞相，司职监察百官。

汉代与秦代不同的是，太尉取代了廷尉，其位次也有变化：秦的廷尉位居御史之后，位列第三；而汉的太尉晋升为第二，主管法律的廷尉不在三公之列。这一改变可以看出，汉代法制地位下降，军人地位上升。这似乎表明，秦帝国较之汉帝国，更具有理想主义色彩。也许在秦始皇看来，一旦消灭六国，"收天下兵，聚之咸阳"，天下则从此太平，不会再有战争，剩下的就是依法治国的事情了。所以，秦帝国的中央集权最高层，没有将军介入。汉高祖刘邦则亲历了秦末的战乱，其政权便是在群雄混战中靠武力争得的，因此，汉家天下一开始似乎更重视军事方面的建设。

经过汉代的继承发展，中央集权的三公九卿制度更加严整与完善。汉魏以降，中央机构和国家官制虽然不断地在改革与完善，但其基本框架与思路则没有超出秦始皇的设计与智慧。中国传统政治的发展趋势是：中央政府的权力在不断地加强和集中，皇权更加强化，明清两代较之秦帝国更加专制。

### （三）汉帝国承袭了秦帝国的郡县制度

郡县制是维护中央集权的基本行政区划制度。

汉帝国基本上沿用了秦帝国的行政区划制度。

早在公元前206年刘邦、项羽灭秦之时，楚霸王项羽有绝对实力再次统一天下。但是，由于深受分封制的影响，他不愿意做秦始皇，重建一个统一的帝国，同时又顾忌现实，知道不能再回归实行周王朝的王政，于是，项羽决定调和现实，折中古今，选择第三条道路，在中国历史上首次实行了霸王支持下的封王建国。项羽自封为西楚霸王，王九郡，都彭城。然后，他将剩下的天下分封给在灭秦战争中立下汗马功劳的18个诸侯王。项羽的这种分封建国，表面上看是兼顾到了当时的历史传统、实际政治情况以及人心的取向，但是这种不伦不类的政治模式根本就不可能长久。它既不优越于秦始皇创建的中央集权的郡县制度，也没有周王朝分封时的那种大气和王气的约束，而只是一个松散的暂时的独立政治联盟体。很快，当项羽的军事实力虚弱之际，便是各诸侯王重新开战之时。

公元前202年，刘邦最后战败项羽建立汉家天下后，借鉴秦始皇因郡县而亡、项羽又因分封而灭的教训，调和二者，采用了以郡县制为主、封国制为辅的政治模式。很快，他又剪除了异姓诸侯王而以刘氏同姓诸侯王代替之。

刘邦以为，如此天下就能永享太平，然而，那也仅仅是一厢情愿。刘邦一死，先是吕后杀刘姓王，封吕姓子弟为王，后有周勃等人以非刘姓为王"天下共伐诛之"①为由，发动宫廷政变，杀吕姓，立刘姓为王。然而，没过多久，这些刘姓的王子皇孙们，小者违法乱纪，荒淫无度，大者图谋不轨，犯上作乱。惠帝、文帝、景帝时期，诸侯王叛乱不断发生。

文景之时，朱虚侯刘章和东牟侯刘兴居，这两个刘邦的子孙虽有反吕之功，但因他们曾有拥戴齐王刘襄为帝的打算，所以汉文帝即位以后，对他们没有以大国作为封赏，只是让他们各自分割齐国一郡，受封为城阳王和济北王。城阳王刘章不久死去。济

---

① 《汉书·高帝纪下》。

北王刘兴居于文帝三年（公元前177年）乘汉文帝亲自领兵攻打匈奴的机会，发兵叛乱，欲袭荥阳，事败自杀，于是，汉文帝趁机废除了济北国。文帝六年（公元前174年），淮南王刘长谋反，被废徙蜀，死于道中。

继承汉文帝皇位的汉景帝，同样每天都在应付危局，最后还是爆发了"七国之乱"。

"七国之乱"是以刘邦之侄吴王刘濞为首，联合其他同姓王发动的一次大规模的足以撼动国本的大叛乱，起因是汉景帝和晁错欲削他的会稽和豫章两郡。刘濞乘机串通楚、赵、胶西、胶东、淄川、济南六国的诸侯王，联合发动了这场叛乱。

刘濞发兵20万，号称50万，又派人与匈奴、东越、闽越贵族联络，"以诛错为名"①，举兵西向。叛军顺利地打到河南东部。汉景帝惶恐，杀晁错，希望刘濞退兵。刘濞不仅不退兵，还公开声言要夺取皇位，至此时，汉景帝才决心以武力平叛。他命太尉周亚夫与大将军窦婴率军，以奇兵断绝了叛军的粮道，用了3个月的时间，大破叛军。刘濞逃到东越，为东越人所杀。其余六王皆自杀，七国遂皆被废除。

七国之乱的平定和诸侯王权力的削弱，基本改正了刘邦实行诸侯王制度所产生的弊病，进一步加强了中央集权制度。叛乱平

---

① 《史记·袁盎晁错列传》。

定之后，汉景帝痛定思痛，下决心效法秦始皇废除分封，把行政区划体制又完全恢复到原来秦始皇制定的框架中来。到汉武帝时，通过颁布推恩令，将诸侯王的权力进一步分散。这之后，汉代才最终完全承袭了秦代的郡县设置。

### （四）汉帝国继承发展了秦帝国的官吏选任制度

秦国官吏的选任主要有荐举与征召两种方式。

所谓荐举，主要是中央与各郡长官定期或不定期地向国君推荐人才。

所谓征召，即是对全国特别有名望的人才，由皇帝派专人去聘任。

《史记》中说，叔孙通"秦时以文学征待诏博士"[①]。叔孙通因为文章和学问，被征召为待诏博士。

秦始皇统一六国后，除了继续使用上述两种方法外，特别注重通晓法律和绝对服从皇帝意志的人才。

汉初，统治者完全沿袭了秦帝国的人才选拔方式。刘邦曾于汉十一年（公元前196年）下诏："盖闻王者莫高于周文，伯者莫高于齐桓，皆待贤人而成名……贤士大夫有肯从我游者，吾能尊

----

① 《史记·叔孙通列传》。

显之。"① 文帝时，下诏举贤良方正。武帝以后，又有秀才、孝廉之选。

但是，由于西汉至武帝时儒家思想开始成了统治阶级的重要的意识形态，选官制度受儒家思想的影响而缺乏秦帝国时期那样的法制化，任人唯亲、任人唯私的现象开始抬头，其结果如何，不再像秦朝那样要严格受到法律的追究。

### （五）汉帝国沿袭了秦帝国的监察制度

秦帝国建立了中央监察机关——御史府，亦称御史大夫府、御史大夫寺。御史府的主管是御史大夫，其职位相当于副丞相，具有皇帝秘书性质，并有监察百官之责。秦始皇时代，御史大夫还拥有司法审判之权。《汉书·百官公卿表》说："御史大夫，秦官，位上卿，银印青绶，掌副丞相。"另外，秦御史府中还设有御史中丞，直接辅助御史大夫监察百官。

秦统一后，在郡一级普遍设置了监郡御史，监郡御史隶属于御史大夫。他的主要任务是代表皇权监察地方官吏。由此可见，秦朝已从中央到地方普遍设置御史司监察，并置御史大夫府为中央监察机构，这标志着秦朝以御史制度为主体的监察制度已经确立。

---

① 《汉书·高帝纪下》。

汉代的监察制度与秦朝一脉相承。

在地方，汉高祖刘邦放弃了对地方的监察。"秦有监御史，监诸郡，汉兴省之。"① 然而这一废置，导致了地方吏治的日趋腐败。鉴于这样的教训，惠帝三年（公元前192年），汉帝国又部分地恢复了地区御史监郡的制度。

汉武帝时期，废除了监郡御史，改为设立十三部刺史，驻当地专司监察地方。

班固说："武帝元封五年初置部刺史，掌奉诏条察州，秩六百石，员十三人。"②

十三部刺史皆隶属于中央最高监察机关御史府，由御史中丞具体督管，在地方设有固定治所。十三部刺史的设立，虽然改变了秦代地方监察头绪过多，不利于上通下达的问题，也造成了新的问题，那就是十三部刺史权力过大；一人掌握几个郡官员的生杀大权，容易产生腐败和冤案。

由于御史大夫常因身兼副丞相职务而忙于政务，行政权日重，检察权日轻。而名义上属御史大夫领导的御史中丞因为和皇帝接近等特殊原因成为皇帝的耳目，不仅承担纠察百官的任务，而且可以受皇帝之命监察其上司御史大夫，逐渐演变成为专职的最高

---

① 《后汉书·百官志》。
② 《汉书·百官公卿表》。

检察官。从西汉末年到东汉初年，监察组织发生变化。御史台作为独立执行监察的职能机构登上了中国的历史舞台，这标志着检察权开始同行政权相分离。

总而言之，帝国的监察制度始于秦始皇，经过汉代的承袭和完善，趋于成熟。其后，虽经两千多年各朝代的损益，并没有发生实质性的变化，很多合理的东西甚至一直沿用至今。

### （六）汉代还承袭了秦朝的赋税制度

秦始皇统一后，对赋税制度进行了统一和改革。公元前216年，命全国各地自报占有田亩数目，实行"令黔首自实田"制度。这是我国历史上在全国范围内实行土地登记制度的开始。民众有纳税服徭役、兵役的义务。

汉代承袭秦朝这一制度，并发展成一套完整的封建管理制度和赋税制度。秦帝国的《田律》《仓律》和《徭律》，主要征收田赋、户赋和口赋。汉朝在这三律的基础上又增加了《田租税律》和《盐铁税律》等税收法规。另外汉代实行了编户齐民制度，登记人口，加强对全国各地的人口管理。这种制度，更加有利于国家对农民征收赋税和徭役。

汉高祖刘邦建国初期，曾实行轻徭薄赋政策，改秦代田租十税一为十五而税一。随着时间的推移与社会发展的需要，统治者又将田租恢复为十税一。汉惠帝即位后又恢复为十五税一。汉文帝二年（公元前178年），为了鼓励农民生产，减收当年天下田租之半。此后，由于实行重农积粟政策和募民入粟赐爵政策，国家掌握的粮食大大增加。汉文帝于十二年（公元前168年）再次减收天下田租之半，十三年（公元前167年）又完全免除民田的租税，以鼓励农业生产。到汉景帝二年（公元前155年）又恢复征税，正式规定三十税一。到了东汉光武帝初年，田租又恢复为十税一。

总的看来，汉代承袭秦代的赋税制度，并发展为灵活的征收方式，以适应国家发展和朝廷政策的需要，这是一个进步。

### （七）汉帝国基本沿袭了秦帝国的礼仪制度

在中国古代社会，礼仪制度是区别上下、贵贱、尊卑的等级制度的一项重要内容。在行政权力支配社会的历史条件下，用礼仪制度来区别和规范官员之间的身份与交往的方式往往显得十分重要。因为，在人们看来，享受不同的礼仪是一个人的权力、地位、尊严以及富贵荣华的特殊象征。

历史的事实是最好的答案。

汉代的礼仪制度基本上沿袭了秦朝制度，即使有所损益，其基本原则也毫无变动。

大秦帝国建立后，为了显示气派，区别尊卑，秦始皇为上至皇帝，下至百姓，制定了一整套规模宏大的礼仪制度。汉承秦制，统治者对于秦帝国的礼仪制度在艳羡的同时，基本上采取了照单全收的政策。

班固说："高祖时，叔孙通因秦乐人制宗庙乐。"又说："汉兴，拨乱反正，日不暇给，犹命叔孙通制礼仪，以正君臣之位。高祖说而叹曰：'吾乃今日知为天子之贵也。'"① 可见，汉帝国建立后，君臣尊卑的朝堂礼仪、宗庙礼仪，宫室制度以及宫廷内部的烦琐礼仪等皆沿袭秦朝。司马迁为此总结道："自天子称号下至佐僚及宫室官名，少所变更。"②

**（八）汉帝国对秦帝国的法律、德运、历法、风俗等也都加以承继**

汉初 70 年法律，多依秦旧制。顾炎武说："汉兴以来，承用秦法，以至今日者多矣。"③ 陈寅恪说："汉承秦业，其官制法律亦袭用前朝。遗传至晋以后，法律与礼经并称，儒家周官之学说采入法典。"④ 据史料记载：汉丞相张苍好律历，专门遵用秦朝的《颛顼历》。他"以为汉乃水德之时，河决金堤，其符也。年始冬十

---

① 《汉书·礼乐志》。
② 《史记·礼书》。
③ 《日知录·会稽山刻石条》
④ 《冯友兰中国哲学史下册审查报告》，陈寅恪著：《金明馆丛稿二编》，上海古籍出版社 1980 年版。

月，色外黑内赤，与德相应"①。

汉朝的风俗也沿袭了大秦帝国。西汉思想家贾谊、董仲舒等人都认为：秦朝的"遗风余俗"，在汉朝皆"犹尚未改"。其实，大汉帝国本来就是从大秦帝国脱胎而来，时间距离又不太长，生活习俗、风俗习惯沿袭秦朝也是一件自然而然的事情。②

总的看来，汉帝国对秦帝国的继承是一种全方位的继承，也是一种发展性的继承。这种继承的特点表现在：秦开其端，汉总其成。秦帝国虽然夭亡，但其灵魂犹存，通过大汉帝国之身，它又变相地得以复活。从这个意义上讲，大秦帝国就如一只涅槃的凤凰，在经过一场血与火的战争考验后又再次以汉帝国之身得以再生。

从历史的发展来看，秦帝国的夭亡，主要不是因为其政治制度、文化、理念、治国模式的错误导致，而是最高统治者的个人行为之失所引发。因此，汉承秦制是西汉统治者的一种明智的选择。通过继承前朝的一切优秀、合理的东西，汉王朝迅速迎来了它的盛世。

汉承秦制具有系统性，大到政治制度、治国模式、疆域区划，小到许多具体的习俗、礼仪、文字、度量衡等等，基本上采取全

---

① 《汉书·郊祀志上》。
② 参见张分田《秦始皇传》，人民出版社2003年版，第650—655页。

部的拿来主义。这表明，从秦至汉，整个政治制度及其社会文化体系是一种比较完整的继承关系，在一切主要方面都没有发生断裂。继汉之后，魏晋又承继汉制，以后，隋唐宋元明清各代一脉相承，"秦政"历经两千年而香火不断。

写到这里，有一个问题就必须作答。

这就是，汉用黄老之学与汉承秦制之间有没有关系？如果有，那是一种什么关系？

实际上，要回答这个问题并不困难，因为黄老思想中有"因循"一说，以这种思想对待秦文化，自然会有"汉承秦制"的结果。《汉书·百官公卿表》说："自周衰，官失而百职乱，战国并争，各变异。秦兼天下，建皇帝之号，立百官之职。汉因循而不革，明简易，随时宜也。"即此意也。

另一方面，我们也应该看到，汉代对秦制在继承的同时，也是有因有革的，尽管继承是主要的，但仍然有所变更。

如在中央政治体制方面，汉代的三公——丞相（后又称大司徒）、太尉（后又称大司马）、御史大夫（后又称大司空），不但有实职，而且权力也较大，尤其是丞相，辅佐天子以掌政事。汉萧何病时，惠帝亲往探视，为了立一位继承相位的人，还要征求萧何的意见。"何病，孝惠自临视相国病，因问曰：'君即百岁后，谁可代君者？'对曰：'知臣莫如主。'孝惠曰：'曹参何如？'何顿首曰：'帝得之矣！臣死不恨矣！'"①

又如在地方行政体制上，西汉建立之初，刘邦在接受秦郡县制同时，又鉴于六国复叛无有力诸侯震慑的教训，对其予以修正，用分封王、侯来补充郡县制带来的不足。实际上，汉代的地方行政组织由高祖以后在一个相当长的时间里，实行的是"郡—县—亭—里"与"国—侯"互相并行的双轨制。其后百年时间里，国、侯的权力逐渐弱化，而仅仅成了食税者。汉初封王，便是有鉴于秦的不封王，以致"内亡骨肉本根之辅，外亡尺土落翼之卫。陈、吴奋其白挺，刘、项随而毙之"②的教训，这便是汉对秦的政体的最大最重要的调整和补充。

---

① 《史记·萧相国世家》。
② 《汉书·诸侯王表》。

# 第八章　历代祭祀黄帝之简况

桥山巍巍，沮水长长，

五千年文明开启曙光。

纬地经天拓洪荒，

中华一统日月朗。

啊！龙吟凤歌，国运永昌。

黄帝功德，万代颂扬。

——《轩辕黄帝颂》

祭祀先祖在中国传统文化中具有非常重要的意义。

《左传·成公十三年》说："国之大事，在祀与戎。"

《国语·鲁语上》说："夫祀，国之大节也，而节，政之所成也，故慎制祀以为国典。"

《礼记·祭统》说："凡治之道，莫急于礼。礼有五经，莫重于祭。"

《白虎通义·崩薨》说："礼始于黄帝，至尧、舜而备。"

中国为礼仪之邦。祭礼是中国传统政治与文化中一个十分重要的组成部分，在中国人的价值观中具有极为重要的地位。数千年来，无论是历代统治者，或者是士农工商，都极为重视祭祖活动。黄帝是中华人文始祖，因有大功德于世，因而北辰居所，众星所拱，成为中华民族公祭的祖先，自古及今多方享祭，香火连绵不绝，早已经成为传统。

关于对黄帝的祭祀，历代统治者都十分重视，其情况在黄帝陵基金会所编的《黄帝文化志》有比较详细的记载，对于了解黄帝祭祀的历史脉络具有重要的参考价值，甚可以作为必读资料之一。

## 一、先秦时期

关于祭祀黄帝的历史，传说黄帝去世后，当时的人们就设立神庙、祭坛，用各种精美的器物祭祀黄帝了。据资料记载：黄帝死后，"有臣左彻削木为黄帝像，率诸侯朝奉之。臣僚追慕，靡所措思，或取几杖立庙而祭，或取衣冠置墓而守，是以有乔山之冢"。[①]《绎史》卷五引《纪年》及《博物志》也说"黄帝崩，其臣左彻取衣冠几杖而庙祀之"。

到尧舜禹时代，作为早期的部落联盟首领的黄帝，因为其功绩与历史上无可替代的政治地位更加受到人们的崇拜与祭祀。

《国语》中说：

> 有虞氏禘黄帝而祖颛顼，郊尧而宗舜。夏后氏禘黄帝而祖颛顼，郊鲧而宗禹。[②]

《礼记》中也记载：

> 有虞氏禘黄帝而郊喾，祖颛顼而宗尧，夏后氏亦禘黄帝而郊鲧，祖颛顼而宗禹。[③]

所谓"禘"，就是所谓祭祀以配食也。《礼记·丧服小记》说

---

① 《云笈七签》卷一百。
② 《国语》卷四。
③ 《礼记·祭法》。

"礼，不王不禘。王者禘其祖之所自出，以其祖配之"。这就是说，每一朝君主追溯自己的始祖，把他当做祭祀的对象，至于始祖以前的更早的祖先，则用禘祭的办法加以报祀。禘礼是一种追念远祖的大礼，古制只有天子才有资格举行。由于黄帝在中华民族形成历史上的开创性贡献，有虞氏和夏后氏都把黄帝视为远祖，并用祭祖之礼的最高规格祭祀他，这反映了远古人们对黄帝浓厚的追根报祖的情结与华夏早期的民族文化概貌。

　　夏商周三代，统治者在国家祭祀大典方面，特别重视祖先功德，以功德大小为选择祭祀对象的标准，这是由当时的历史条件所决定的。据《礼记》中记载：

　　　　夫圣王之制祭祀也，法施于民则祀之，以死勤事则祀之，以劳定国则祀之，能御大灾则祀之，能捍大患则祀之。是故厉山氏之有天下也，其子曰农，能殖百谷。夏之衰也，周弃继之，故祀以为稷。共工氏之霸九州也，其子曰后土，能平九州，故祀以为社。帝喾能序星辰以著众，尧能赏均刑法以义终，舜勤众事而野死，鲧鄣鸿水而殛死，禹能修鲧之功，黄帝正名百物以明民共财，颛顼能修之，契为司徒而民成，冥勤其官而水死，汤以宽治民而除其虐，文王以文治，武王以武功，去民之灾。此皆有功烈于民者也。及夫日月星辰，民所瞻仰也；山林川谷丘陵，民所取财用也。非此族也，不在祀典。①

由此可见，黄帝因其所开创中华文明的卓越历史功勋，受到了后代人们隆重的祭祀与纪念。

夏代虽然因为资料缺乏而无法知道统治者对黄帝祭祀的具体情况，然我们还是可以通过其他史料的推理而略知一二。孔子在《论语》中说："禹吾无间然矣，菲饮食而致孝乎鬼神，恶衣服而致美乎黻冕。"②众所周知，孔子对鬼神的存在持存疑态度，而且坚决反对在祭祀活动中铺张浪费、单纯追求外在形式的华美。但是他对大禹崇敬祖先神灵，自己平日穿着破旧，却华冠美服、隆重丰盈地大搞祭祖活动大加赞赏。司马迁说："舜、禹、契、后稷皆黄帝子孙也。黄帝策天命而治天下，德泽深后世，故其子孙皆复立为天子，是天之报有德也。人不知，以为泛从布衣匹夫起耳。夫布衣匹夫安能无故而起王天下乎？其有天命然。"③这说明，大禹的先祖是黄帝。夏代祖先祭祀，一定是包括对黄帝的祭祀的。

然而，从商代开始，统治者对上帝与祖先的祭祀开始有所变化，突出之点是祭祀先帝更加注重直接的血缘关系。

按照商族、周族的神话传说，商族的始祖契是由简狄与帝

---

① 《礼记·祭法》。
② 《论语·泰伯》。
③ 《史记·三代世表》。

喾所生，周族的始祖稷是由姜嫄足踩神迹所孕生。因此殷周统治者"禘喾而郊冥，祖契而宗汤。周人禘喾而郊稷，祖文王而宗武王"[1]。虽然如此，商周二代，祭祀黄帝的传统并没有中断。那些以黄帝为初祖的诸姓后裔，仍然按照传统习惯用自己的方式祭祀黄帝。作为主宰神的黄帝同样是统治者常年祭祀的最高神祇。

五方帝祭祀最早见于《周礼》，但其礼应当形成于周代以前。

三代宗教在西周达到鼎盛阶段的重要标志，就是形成了宗教、宗法、政治、教育紧密结合，意识形态一体化的"明堂制度"。"周公既相成王，郊祀后稷以配天，宗祀文王于明堂以配上帝。"[2] 东周以后，随着社会政治制度的变革，宗法血缘体制的瓦解，建于其上的意识形态大厦——"明堂制度"也随之崩溃了。到战国诸子百家争鸣之时，已无人可以准确说清明堂的形式及功用了。只是在《周礼》的《考工记》；《礼记》的《月令》《明堂位》；《大戴礼》的《盛德》等古籍中，还保留了一些关于明堂建筑格局、体制制度、社会功能等方面的只言片语。关于明堂的起源，《大戴礼·盛德》说："明堂者，古已有之。"那么古为何时呢？《淮南子·主述训》认为起于神农氏："昔者神农之治天下也，岁终献功，以时尝谷祀于明堂。明堂之制，有堂而无四方，风雨不能袭，寒暑

---

① 《礼记·祭法》。
② 《史记·封禅书》。

不能伤。"这说明，明堂从建筑到功能，有一个不断发展的过程，明堂的名称也是不断变更的。《周礼·考工记》说："神农曰天府，黄帝曰合宫，陶唐曰衢室，有虞曰总章，夏曰世室，殷曰阳馆。周曰明堂。"显然，明堂只是周代的称谓，不过其他朝代虽然称谓不同，但都是历代国家政权的总祭堂，这当是毫无疑问的。

到春秋战国时期，黄帝作为其各民族的远祖继续被祭祀。同时，春秋战国时期的黄帝祭祀又增添了新的意义。由于先秦诸子纷纷借黄帝立言，黄帝和黄帝时代的情况在诸子的著作中就被作了不同的描述。儒家取其"仁义"，道家取其"清静"，法家取其"法治"，阴阳家取其"长生成仙"，总之，在先秦诸子著作中，都可以找到一些有关黄帝事迹的踪迹。这些著作尽管带有时代与个人的烙印，但也反映出黄帝的功绩和黄帝时代的特征不断为人们所研究与总结。

春秋战国时代，诸子百家为了规拟未来统一社会的蓝图，纷纷研究黄帝和黄帝时代，并开始打出黄帝的旗号，这是有其一定历史背景的。春秋战国王纲崩殂、礼崩乐坏，诸侯各国战争不断，人们渴望社会回归到西周时期那样一个统一、和平、社会秩序稳定的时代，而黄帝的败炎帝，杀蚩尤，初步统一氏族各部落、立法建立秩序、进取统一的历史形象正好符合了这个乱世时代人们的心理需求，这是"黄老学派"一时大行于世的重要原因。

据《汉书·艺文志》的著录，战国时期出现的"黄帝之书"

有《黄帝四经》《黄帝铭》《黄帝君臣》等共 12 类 26 种。据长沙马王堆出土的《黄帝四经》，黄帝学的主要思想是文武并用，刑德并行，以法为符，皆断于法，无处无执，无为而治，保民而王等。这些政治思想无疑是在为结束春秋战国时代的分裂割据战争局面、促进大一统的实现而寻找出路的重要理论依据。由此可见，到战国时期，人们在承认黄帝是华夏族血缘意义上共祖的同时，更加突出了作为中华民族"统一"精神象征的黄帝的意义，黄帝成为引导人们从战乱走向统一、走向社会和谐和稳定的最有力的旗帜。

五帝以及其中的黄帝，本来都是华夏族的早期祖先，后来获得天神和帝王的含义。这个演变是怎样发生的呢？据《黄帝文化志》一书认为，这是由于五行学说的传播，战国中期以来人们用金、木、水、火、土相生相克的原理来解释历史演变规则的结果。五行学说认为，黄帝代表土德，周代是火德。如果用五行相生的原理推测，火生土，取代周代的王朝应该又是土德；如果用五行相克的原理推测，水克火，土克水，取代周代的王朝应该是水德，而水德之后也是土德。这样一来，代表五行之一的黄帝就具备了神格，被作为天神而享祀了。作为天神的五帝之祭为"迎气"之祭，即迎接季节之气的祭祀。在阴阳五行理论框架下，作为天神的五帝代表木、火、金、水、土五行，又代表东、南、西、北、中五方，又代表春、夏、秋、冬和夏秋之交五个时间，又代表青、赤、白、黑、黄五种颜色。所以作为天神的五帝有五行之帝、五方之帝、五时之帝、五色之帝等含义，随文而异。

《周礼·春官·小宗伯》说："兆五帝于四郊，四望四类亦如之。"东汉郑玄注："五帝，苍曰灵威仰，大昊食焉；赤曰赤熛怒，炎帝食焉；黄曰含枢纽，黄帝食焉；白曰白招拒，少昊食焉；黑曰汁光纪，颛顼食焉。黄帝亦于南郊。"郑玄的这个说法，是将天神五帝与上古的五个历史人物联系起来，并指出了五帝神的名称，其中有部分说法是汉代才出现的。郑玄又注："禘、郊、祖、宗，谓祭祀以配食也。此禘，谓祭昊天于圜丘也。祭上帝于南郊曰郊。祭五帝、五神于明堂曰祖宗。祖宗通言尔，下有禘郊宗祖。《孝经》曰：'宗祀文王于明堂，以配上帝。'明堂，《月令》：春曰其帝大昊，其神句芒；夏曰其帝炎帝，其神祝融；中央曰其帝黄帝，其神后土；秋曰其帝少昊，其神蓐收；冬曰其帝颛顼，其神玄冥。有虞氏以上尚德，禘郊祖宗，配用有德者而已。自夏已下，稍用其姓代之。先后之次，有虞氏、夏后氏宜郊颛顼，殷人宜郊契。郊祭一帝，而明堂祭五帝。小德配寡，大德配众，亦礼之杀也。"①

《孔子家语·五帝篇》对五帝的来由也作有相当清晰的解释：

> 季康子问于孔子曰："旧闻五帝之名，而不知其实，请
> 问何谓五帝？"孔子曰："昔丘也闻诸老聃曰：天有五行，水

---

① 李学勤、张岂之总主编，曲英杰主编：《炎黄汇编》（祭祀卷），郑玄注一，吉林文史出版社 2002 年版，第 30 页。

火金木土，分时化育，以成万物，其神谓之五帝。古之王者，易代而改号，取法五行，五行更王，终始相生，亦象其义。故其为明王者，死而配五行，是以太皞配木、炎帝配火、黄帝配土、少皞配金、颛顼配水。"

综上可见，在夏商周三代，有关黄帝祭祀是多种类型并存，或者作为祖先祭祀，或者作为天神祭祀，或者作为帝王祭祀，总之是比较混乱。

据准确的史料记载，战国时秦国已经开始祭祀天神黄帝了。

司马迁在《史记》中就记载了秦灵公于公元前 422 年（周威烈王四年）曾 "作吴阳上畤，祭黄帝；作下畤，祭炎帝"[1] 的事情。司马迁说：

> 自周克殷后十四世，世益衰，礼乐废，诸侯恣行，而幽王为犬戎所败，周东徙雒邑。秦襄公攻戎救周，始列为诸侯。秦襄公既侯，居西垂，自以为主少皞之神，作西畤，祠白帝，其牲用骝驹黄牛羝羊各一云。其后十六年，秦文公东猎汧渭之间，卜居之而吉。文公梦黄蛇自天下属地，其口止于鄜衍。文公问史敦，敦曰："此上帝之征，君其祠之。"于是作鄜畤，用三牲郊祭白帝焉。

---

[1] 《史记·封禅书》。

自未作鄜畤时也，而雍旁故有吴阳武畤，雍东有好畤，皆废无祠。或曰："自古以雍州积高，神明之隩，故立畤郊上帝，诸神祠皆聚云。盖黄帝时尝用事，虽晚周亦郊焉。"其语不经见，缙绅者不道。

作鄜畤后九年，文公获若石云，于陈仓北阪城祠之。其神或岁不至，或岁数来，来也常以夜，光辉若流星，从东南来集于祠城，则若雄鸡，其声殷云，野鸡夜雊。以一牢祠，命曰陈宝。

作鄜畤后七十八年，秦德公既立，卜居雍，"后子孙饮马于河"，遂都雍。雍之诸祠自此兴。用三百牢于鄜畤。作伏祠，磔狗邑四门，以御蛊灾。

德公立二年卒。其后四年，秦宣公作密畤于渭南，祭青帝。

……

其后百余年，秦灵公作吴阳上畤，祭黄帝；作下畤，祭炎帝。

后四十八年，周太史儋见秦献公曰："秦始与周合，合而离，五百岁当复合，合十七年而霸王出焉。"栎阳雨金，秦献公自以为得金瑞，故作畤栎阳而祀白帝。

其后百二十岁而秦灭周，周之九鼎入于秦。或曰宋太丘社亡，而鼎没于泗水彭城下。

其后百一十五年而秦并天下。①

秦本出于东夷族，在秦灵公之前，秦曾祭祀少昊、太昊。但在战国时期阴阳五行思想和黄老学思潮的影响下，秦也开始祭祀黄帝、炎帝。这表明秦国在为统一中国准备条件，将凡有利于统一、凡在历史上国家统一进程中产生过重大影响的历史人物都纳入其最高祭祀系统之中。② 这，也是中国大一统历史的特殊需要。

## 二、秦汉时期

秦人经过 500 多年接力棒式的奋斗，到秦王嬴政时，终于结束了自春秋战国以来的混乱、割据、战争动荡不已的局面，终于在政治上实现了自黄帝以来、早期华夏人追求的统一梦，建立了当时世界上最强大的大秦帝国。

大秦帝国建立后，在国家祭祀问题上，秦始皇继续沿袭过去秦国对白、青、黄、赤四帝的祭祀传统。《史记》中说：

秦始皇既并天下而帝，或曰："黄帝得土德，黄龙地螾

① 《史记·封禅书》。

② 参见黄帝陵基金会编：《黄帝文化志》，陕西人民出版社 2008 年版，第280、281 页。

见。夏得木德，青龙止于郊，草木畅茂。殷得金德，银自山溢。周得火德，有赤乌之符。今秦变周，水德之时。昔秦文公出猎，获黑龙，此其水德之瑞。"于是秦更命河曰"德水"，以冬十月为年首，色上黑，度以六为名，音上大吕，事统上法。①

按照五德终始说，秦为水德，土克水，所以有汉为土德之说，而黄帝亦为土德，因此，当刘邦响应陈涉反秦、在沛举兵起事时，就曾"祠黄帝，祭蚩尤于沛庭"②。刘邦建立大汉帝国后，政治上也以黄帝为榜样，汉初的官方学说就是黄学。

传统的说法是，汉初以"黄老"为治国政策，而黄学则是黄老之学不可分割的最重要组成部分。

西汉开国之初，历经长年战乱，已是经济凋敝、民生艰难。《汉书·食货志》曾形象地描述了这一时期的经济窘境是："天下既定，民无盖藏，自天子不能具醇驷，而将相或乘牛车。"上自皇帝下至于平民，都欲"休息乎无为"。在汉初皇帝中，信奉黄学最力的是汉文帝和汉景帝。《史记》《汉书》中记载汉文帝实行轻徭薄赋、与民休息、除谤诽去肉刑的"清静"政策，提倡亲躬籍田，

---

① 《史记·封禅书》。
② 《史记·高祖本纪》。

崇尚俭朴的生活作风，这与古佚书所阐述的黄学思想是一致的。景帝继承了文帝的治理政策，也崇尚黄学。当时，宫闱中信奉黄学的有窦太后，她是执行汉初"黄老"政策强有力的人物之一。位至将相而崇尚黄学的有曹参、陈平等人。曹参拜胶西黄学权威盖公为师，后来继萧何为汉宰相。陈平自少年时代起就"治黄帝、老子之术"①，他是继曹参、王陵之后的汉宰相。其他位列名臣而崇信黄学的还有汲黯等人。在"黄老治国"方针政策下，汉初社会恢复与发展在前30年就初见成效，此后40年更是大见成效。刘邦末年，"天下大安"，惠帝、吕后时期"天下晏然""衣食滋殖"。中经文景之治，到汉武帝初年，国家无事，"非遇水旱，则民人给家足，都鄙廪庾尽满，而府库余财。京师之钱累百巨万，贯朽而不可校。太仓之粟陈陈相因，充溢露积于外，腐败不可食"。②原来连天子都不能得到4匹驾车纯一色的马、将相只能坐牛车的状况，到这时已经是老百姓都有马匹，阡陌之间成群，乘母马参加聚会的人都会被摈弃在外。由此可见，黄学对形成西汉的盛世局面，无疑是起到了巨大的作用。在这种大背景下，西汉统治者自然非常重视对黄帝的祭祀。当初在楚汉战争之际刘邦入关在秦见到四帝时，又加设了黑帝颛顼之帝，并颁布诏书说，要按照秦的

① 《汉书·陈平传》。

② 《汉书·食货志》。

惯例对五帝加以祭祀。这件事在《史记》中有比较详细的记载：

> 二年，东击项籍而还入关，问："故秦时上帝祠何帝
> 也？"对曰："四帝，有白、青、黄、赤帝之祠。"高祖曰：
> "吾闻天有五帝，而有四，何也？"莫知其说。于是高祖曰：
> "吾知之矣，乃待我而具五也。"乃立黑帝祠，命曰北畤。有
> 司进祠，上不亲往。悉召故秦祝官，复置太祝、太宰，如其
> 故仪礼。因令县为公社。下诏曰："吾甚重祠而敬祭。今上帝
> 之祭及山川诸神当祠者，各以其时礼祠之如故。"①

故秦确实只有四帝之畤，但大秦帝国建立以后，秦始皇既采
纳秦应水德之说，按阴阳五行配五帝之说，就应该立黑帝之祠以
崇水德，而文献却并无记载，也许是因为其求仙心急，无暇创建，
也许是他以黑帝自许，故不再另立黑帝。总之，秦王朝虽然推崇
水德，崇尚黑色，但并没有另立黑帝。自刘邦立黑帝畤后，五帝
祭祀方才周备，同时也就意味着古代的至上神天帝正式一分为五，
这是五行学说在上帝观念中的反映。周代的天帝是统一的，自从
春秋战国诸侯割据、群雄并立以后，天帝也随着权力系统的分散
而分化了，也就是说，五帝崇拜的逐步兴起，在观念上是五行学
说流行的结果，在政治上是王权衰落的象征。汉初刘邦并没有意

---

① 《史记·封禅书》。

识到天帝统一的权威需要随着国家的统一而恢复，他只是想补齐五帝崇拜，使其完备。汉文帝时，祠雍五畤，并于渭阳立五帝庙，一宇五殿，其方位与门色各按五行安排，又于长门立五帝坛，继续五帝崇拜。这种秦汉五帝之祀制度一直延续到汉成帝之时才又重新有所调整。

实际上，对人文始祖黄帝的神化，滥觞于先秦，代表学派是阴阳家。阴阳家的观点在杂家著作《吕氏春秋》中可以略窥见其端倪，主要表现为把五帝与节时、五行相配，《礼记》中也有类似的记载，这样黄帝俨然就成了司时之神，也成为后世季夏拜祀黄帝的祭祀制度的渊源。《淮南子·天文训》更把黄帝说成是执绳而治四方的中央之帝，《淮南子·说林训》高诱注说："黄帝，古天神也，始造人之时，化生阴阳。"可见，在汉初，黄帝是作为上天五帝之一被国家祭祀的。

虽然五帝崇拜是多年形成的传统，比较适合中国地大物博和农业发达的国情，因而汉代统治者要保持它修补它，但五帝崇拜模糊了至上神的观念，削弱了它的惟一性和权威性，不利于中华民族大一统文化价值观念的建设以及汉中央政权的统一和巩固。因此汉代统治者面临着在保持五帝神的同时重建天界主神的使命。《史记·封禅书》说，汉武帝时采纳了亳人谬忌"天神贵者泰一"的主张，以泰一神为最高神，五帝降为泰一之佐。汉武帝时在甘泉筑泰一坛，祭昊天上帝"泰一"，在坛之下设五帝坛，用祭天礼的规格来祭祀五帝（包括黄帝）。又根据公孙带所上黄帝明堂图 "作明堂汶上"，合祀天神泰一和其佐五帝，使祭祀礼仪初具规模。汉武帝后，黄帝被当作天帝之一加以祭祀，这一规矩就成了历代王朝的常规祭典。汉宣帝时，"又立五龙山仙人祠及黄帝、天神、帝原水，凡四祠于肤施"。[①]汉成帝时废除雍五畤和甘泉泰一祠，在长安建南郊，南郊祭坛除昊天上帝坛外，还有五帝坛。东汉光武帝建武二年（26 年）在洛阳城南建圜丘，为圆坛八陛，合祀天地，其外坛上为五帝位，黄帝位于丁未之地，祭祀礼仪 "采元始中故事"。甚至还有专门的 "黄郊"，即在季夏之日，专门祭祀黄帝以迎季气。秦汉时期，黄帝作为天帝之一，在统治者的祭天礼中享受配祭。黄帝神性的张扬，是人们对黄帝崇拜发展到极致的结果。

在对天神黄帝进行祭祀的汉代，对人文黄帝的祭祀现象也不绝如缕。

西汉中期，对于人文始祖黄帝的认识又有一些新的变化。

随着儒学在汉武帝时代被定为一尊，成为官方的意识形态，黄学的政治色彩逐渐淡化并且退出了国家的政治舞台，然黄帝养生长生之术却得到了进一步的发展，黄帝被方术之士打扮成为懂得飞升之术的神仙鼻祖，以致汉武帝在元封元年（公元前 110 年）

---

① 《汉书·郊祀志下》。

听到群臣议论黄帝升天之事后，便一心想学黄帝成仙升天。这件事情在《史记》中有明确详细的记载：

> 少君言上曰："祠灶则致物，致物而丹沙可化为黄金，黄金成以为饮食器则益寿，益寿而海中蓬莱仙者乃可见，见之以封禅则不死，黄帝是也。臣尝游海上，见安期生，安期生食巨枣，大如瓜。安期生仙者，通蓬莱中，合则见人，不合则隐。"于是天子始亲祠灶，遣方士入海求蓬莱安期生之属，而事化丹沙诸药齐为黄金矣。

> 居久之，李少君病死。天子以为化去不死，而使黄锤史宽舒受其方。求蓬莱安期生莫能得，而海上燕齐怪迂之方士更来言神事矣。

> ……

> 入海求蓬莱者，言蓬莱不远，而不能至者，殆不见其气。上乃遣望气佐候其气云。

> 其秋，上幸雍，且郊。或曰"五帝，太一之佐也，宜立太一而上亲郊之"。上疑未定。齐人公孙卿曰："今年得宝鼎，其冬辛巳朔旦冬至，与黄帝时等。"卿有札书曰："黄帝得宝鼎宛朐，问于鬼臾区。鬼臾区对曰：'帝得宝鼎神策，是岁己酉朔旦冬至，得天之纪，终而复始。'于是黄帝迎日推策，后率二十岁复朔旦冬至，凡二十推，三百八十年，黄帝仙登于

天。"卿因所忠欲奏之。所忠视其书不经，疑其妄书，谢曰："宝鼎事已决矣，尚何以为！"卿因嬖人奏之。上大说，乃召问卿。对曰："受此书申公，申公已死。"上曰："申公何人也？"卿曰："申公，齐人。与安期生通，受黄帝言，无书，独有此鼎书。曰'汉兴复当黄帝之时'。曰'汉之圣者在高祖之孙且曾孙也。宝鼎出而与神通，封禅。封禅七十二王，唯黄帝得上泰山封'。申公曰：'汉主亦当上封，上封则能仙登天矣。黄帝时万诸侯，而神灵之封居七千。天下名山八，而三在蛮夷，五在中国。中国华山、首山、太室、泰山、东莱，此五山黄帝之所常游，与神会。黄帝且战且学仙。患百姓非其道者，乃断斩非鬼神者。百余岁然后得与神通。黄帝郊雍上帝，宿三月。鬼臾区号大鸿，死葬雍，故鸿冢是也。其后黄帝接万灵明廷。明廷者，甘泉也。所谓寒门者，谷口也。黄帝采首山铜，铸鼎于荆山下。鼎既成，有龙垂胡髯下迎黄帝。黄帝上骑，群臣后宫从上者七十余人，龙乃上去。馀小臣不得上，乃悉持龙髯，龙髯拔，堕，堕黄帝之弓。百姓仰望黄帝既上天，乃抱其弓与胡髯号，故后世因名其处曰鼎湖，其弓曰乌号。'"于是天子曰："嗟乎！吾诚得如黄帝，吾视去妻子如脱躧耳。"乃拜卿为郎，东使候神于太室。①

---

① 《史记·封禅书》。

　　上段史料的大意是说，汉武帝巡视边防途经桥山，看到桥山上有黄帝的坟墓，就问下臣："我听说黄帝骑龙升天了，为什么还有坟墓？"臣下回答说："黄帝成仙上天，群臣安葬了他的衣冠。"汉武帝听后感慨万千，于是在黄帝陵前祭告，祈求能像黄帝一样成仙上天。而黄帝因封禅而不死的说法，更使这位梦想长生不死的汉武皇帝向往备至，以致脱口而道出"吾诚得如黄帝，吾视去妻子如脱蹝耳"的内心深处的真实想法。果然，在方士怂恿下，汉武帝于公元前 110 年举行首次封禅大典，改年号为元封。后来又多次到泰山封禅，成为中国历史上行封禅礼最勤的帝王。在不断求仙空无所获、"怠厌方士之怪迂语"的情况下，汉武帝还是"羁縻不绝，冀遇其真"，可见其向往黄帝成仙的愿望有多么地强烈。

　　西汉末年，王莽篡政，公元九年，王莽建立新朝。王莽好古，想按《周礼》之法治理国家。为了名正言顺，他封黄帝后为公侯，使奉其祭祀。他本人也尊黄帝为初祖，虞帝为始祖，建黄帝庙东西南北各 40 丈，高 17 丈，并"郊礼黄帝以配天，黄后以配地"。王莽登上皇帝宝座以后，将轩辕黄帝之祭奉为国祭，并颁布政令，要普天下黎民百姓祭祀轩辕黄帝，以表示他登帝位改朝换代是继承先祖的意愿，旨在要像黄帝那样为民造福。王莽还派人重修了轩辕庙，并广征通晓祭典礼制的人，筹办祭祀黄帝的典礼。[①]关于

---

① 参见黄帝陵基金会编：《黄帝文化志》，陕西人民出版社 2008 年版，第282、283 页。

王莽以黄帝为初祖进行国家公祀一事，《汉书》中有着较为详细的记载。班固说：

> 莽又曰："予前在摄时，建郊宫，定祧庙，立社稷，神祇报况，或光自上复于下，流为乌，或黄气熏蒸，昭耀章明，以著黄、虞之烈焉。自黄帝至于济南伯王，而祖世氏姓有五矣。黄帝二十五子，分赐厥姓十有二氏。虞帝之先，受姓曰姚，其在陶唐曰妫，在周曰陈，在齐曰田，在济南曰王。予伏念皇初祖考黄帝，皇始祖考虞帝，以宗祀于明堂，宜序于祖宗之亲庙。其立祖庙五，亲庙四，后夫人皆配食。郊祀黄帝以配天，黄后以配地。……遣骑都尉嚣等分治黄帝园位于上都桥畤，虞帝于零陵九嶷，胡王于淮阳陈，敬王于齐临淄，愍王于城阳莒，伯王于济南东平陵，孺王于魏郡元城，使者四时致祠。其庙当作者，以天下初定，且祫祭于明堂太庙。"[①]

## 三、魏晋南北朝隋唐时期

继秦汉统治者对于祭祀制度在国家政治生活中的重视与规范，

---

① 《汉书·王莽传中》。

国家祭祀制度在魏晋南北朝时期进一步调整，总的趋势是朝着更加理性化、礼仪化、世俗化的方向发展。

魏晋南北朝时期统治者对黄帝的祭祀，大致可分为三种情况：

第一，按照汉代形成的惯例，在南郊祭天的同时设五帝神位，加以祭祀，有时还专门举行"黄郊"以迎季夏之气。

祭天礼是天子权力的象征，而这一时期国家分裂，各个分立政权的统治者争夺正统地位，都要行郊天大典，同时祭祀黄帝。据《文献通考·郊社三》记载，魏晋南北朝时期举行过郊天大典的帝王有：魏文帝、魏明帝、吴孙权、晋武帝、晋元帝、晋成帝、晋康帝、晋安帝、宋武帝、宋孝武帝、齐高祖、梁武帝、陈武帝、北魏道武帝、北魏明元帝、北魏献文帝、北魏孝武帝、北齐高祖神武帝、北周武帝等。举行过"黄郊"迎气之典的帝王有魏明元帝、北齐诸帝、北周诸帝。如北魏明元帝太常三年立五精帝兆于四郊，远近仿五行数，各为方坛。祭黄帝常以立秋前 18 日。

第二，在明堂中祭祀五帝。

晋武帝三年，在明堂立五帝位。宋孝武帝大明五年在明堂中也曾设五帝位。齐高祖建元元年祭五帝之神于明堂，以有功德之君配祀。梁武帝也祀五帝于明堂，服大裘冕以祭。这时的明堂就是太庙，帝王在太庙里面祭祀黄帝，表明当时人们仍然以黄帝为始祖。这一做法继承和深化了秦汉时期祭祀五帝的传统。

第三，有的帝王到传说有黄帝遗迹的地方进行祭祀。

北魏皇帝借东巡的机会，曾经在今河北涿鹿的桥山先后4次拜祭黄帝。据《魏书·太宗纪》记载：太宗明元皇帝在神瑞二年四月和泰常七年九月两次驾幸桥山，"使使者以太牢祠黄帝庙。"据《魏书·世祖纪》记载：北魏太武帝拓跋焘神麚元年（428年），"八月，东幸广宁，临观温泉，以太牢祭黄帝、尧、舜庙。"据《魏书·礼志》记载，北魏文成帝拓跋睿和平元年（460年）正月，"帝东巡，历桥山，祀黄帝，幸辽西，望祀医巫闾山"。

魏晋时期，统治者因袭了黄帝作为天神享祀的传统，对黄帝的祀典主要表现为祭天随祀、明堂拜祀和迎气之祀，各朝取舍又有不同。曹魏祭祀缺乏连续性，其"郊祀天地明堂，是时魏都洛京，而神祇兆域明堂灵台，皆因汉旧事"[①]。

曹魏时期，曹氏集团在祭祀神问题上采纳郑玄之说。魏明帝景初元年（237年）始营南委粟山为圆丘，祭昊天为皇皇帝天。自称曹氏出自帝舜，以帝舜配昊天。于方丘祭皇皇后地，以舜妃伊氏配。南郊祭天曰皇天之神，以太祖武皇帝配，北郊祭皇地之祇，以武宣皇后配。以高祖文皇帝祭于明堂以配五帝。曹魏政权的这个天神祭祀系统不仅从理论上导致了神权的紊乱，政治上也不利于"大一统"这个总目标，因而受到王肃及其门徒猛烈的攻击。王肃为此作《证圣论》，集中批驳了郑玄的观点。他认为古代宗

---

① 《宋书·礼志三》。

教圆丘与郊是同一祭天之处，昊天与上帝不容有二。古代并无感生帝之说，五帝就是五人帝，原是古代五位圣王，五帝非天。王肃之女适司马昭，生晋武帝司马炎，于是随着王朝的变迁，王学与郑学的地位也相应转换。晋武帝希望借政治统一的机会对宗教神学的观念进行一番整顿，再反过来保证政治统一。他完全采纳了王肃的主张，认为五帝乃昊天之气在五方的不同表现，实为一神所化。天只有昊天上帝为最高神，不仅要除去汉代的五郊祭祀，且于南部、明堂除五帝之座。这样便简化了祭祀天地仪式，将冬至圆丘祭昊天合并于正月上辛（第一个辛日）南郊祭天，夏至方泽祭地合于北郊祭地。有时两郊祭祀还与家庙祭祀共同进行。①

　　晋初"郊祀权用魏礼"，但不久又不采汉郑玄的"六天说"，认为"五帝，即天也，五气时异，故殊其号。虽名有五，其实一神。明堂南郊，宜除五帝之坐。五郊改五精之号，皆同称昊天上帝，各设一坐而已"。太康十年，又因"往者众议除明堂五帝位，考之礼文不正"，"宣帝以神武创业，即已配天，复以先帝配天，于义亦所不安，其复明堂及南郊五帝位"。晋惠帝时也一度"明堂除五帝之坐"，但不久又更诏"明堂及郊祀五帝如旧仪"②。

---

① 　参见牟钟鉴、张践著：《中国宗教通史》（上），社会科学文献出版社 2003 年版，第 325 页。

② 　《晋书·礼志上》。

在西晋 50 年间，曾两次废止祭天时黄帝作为五帝之一随祀，但由于后世祭祀多习用旧典，黄帝享祀日久，从而出现时废时举的现象。这反映出在魏晋时期，对五帝的理解已出现分歧，郑玄的"六天说"与王肃"五帝不得为天"的分歧影响到西晋及以后的国家祭典，西晋王朝统治者在两说之间摇摆不定。

南北朝时期，南朝的祀天礼典基本继承了晋制。北朝少数民族政权统治者推崇郑玄经学，汉儒的"感生"说影响很大。为了论证自己入主中原的合理性，他们纷纷请儒生帮助推算本朝感生何帝、应主何德。如北魏主土德，北齐尚木德，北周也尚木德。在祭祀制度上采纳郑玄说，北魏道武帝将郊、丘分开，正月上辛南郊祭天，冬至圆丘祭上帝。到了北齐又改为冬至圆丘祭天，正兵上辛祠感生帝灵威仰于南郊。

南北朝时期，国家祀典中明确出现了"五人帝"的提法，黄帝一方面以五方上帝之一身份享祀，另一方面又以五人帝之一身份配祭，可谓是王学与郑学折中的反映。这一时期，黄帝作为五方上帝之一随祀，亦曾出现反复。梁朝因五精上帝俱是天帝，"于坛则尊，于下则卑。且南郊所祭天皇，其五帝别有明堂之祀"，又除南郊五帝祀，加十二辰座。陈代梁后，又"除十二辰座，加五帝座，其余准梁之旧"。南北朝时，黄帝作为五人帝之一配祭表现在郊迎制度上，五郊分迎五精上帝，黄帝同时又作为人帝配祭，并以五官、三辰、七宿从祀。

　　隋唐时期，统治者对黄帝的祭祀沿袭南北朝制度，不过更进一步制度化、规范化。从南郊祭天和五郊之祭来看，隋唐都沿袭了在南郊祭天以五帝配，以及四时迎气之祭的做法。

　　隋朝立国后，着手制定国家礼乐典制，牛弘、辛彦之等采南朝梁、齐与北朝齐、周之礼，成五礼而颁之天下。文帝、炀帝皆有改制，因在位短促未能充分推行。隋代郊迎制度因循前朝，以四立之日及季夏，各于其方之近郊为兆，迎其帝而祭之。隋代郊坛情况是："隋五时迎气。青郊为坛，国东春明门外道北，去宫八里，高八尺。赤郊为坛，国南明德门外道西，去宫十三里，高七尺。黄郊为坛，国南安化门外道西，去宫十二里，高七尺。白郊为坛，国西开远门道南，去宫八里，高九尺。黑郊为坛，宫北十一时丑地。高六尺，并广四丈。"①不过当时皇帝较少亲祠，往往由贵臣礼官摄行。

　　唐高祖建国，未遑制作，郊庙之礼悉用隋代旧仪。唐太宗即位后，"乃诏中书令房玄龄、秘书监魏徵等礼官学士，修改旧礼，定著吉礼六十一篇，宾礼四篇，军礼二十篇，嘉礼四十二篇，凶礼六篇，国恤五篇，总一百三十八篇"，②是为贞观礼。高宗时，议者以贞观礼节文未尽，诏长孙无忌、杜正伦、李义府、李友益、

---

① 《隋书·礼仪志二》。
② 《旧唐书·礼仪一》。

刘祥道、许圉师、许敬宗、韦琨、史道玄、孔志约、萧楚才、孙自觉、贺纪等重加缉定，勒成130卷，高宗自为之序，是为显庆礼。然而学者多非议显庆新修礼，以为不及贞观礼。于是每有大事，皆参会古今礼文，临时撰定，贞观、显庆二礼并行不废。玄宗开元间，徐坚、李锐、萧嵩、王仲丘等撰成新礼150卷，对旧礼有所删改补充，是为大唐开元礼。至此唐代五礼之文始备，而其中与宗教祭祀直接有关的吉礼加上凶礼，占有显要的位置。宗法性传统国家宗教，从三代形成，历经两汉魏晋南北朝与隋，至唐代方才有了比较统一完备的典制。后世虽常有损益，其大体不能改变。

唐代国家宗教祭祀规范化的重要表现，是将祭祀分为大中小三等，使之层次分明，同时确定每岁常祀之制。属于头等大祀的是祭天祭祖，即祭昊天上帝、五方帝、皇地祇、神州、宗庙及追尊之帝、后。大祀要预卜祀日，散斋4日，致斋3日。若天子亲祀，则于正殿行致斋之礼。斋官集尚书省受誓戒。属于次等中祀者为社稷、日月星辰、岳镇海渎、帝社、先蚕、七祀、先代帝王、文宣王、武成王。中祀立预卜祀日，散斋3日，致斋2日。属于第三等小祀者有司中、司命、司人、司禄、风伯、雨师、灵星、山林、川泽、司寒、马祖、先牧、马社、马步，以及州县之社稷、释奠。小祀则筮祀日，散斋2日，致斋1日。于上述祭祀之中，天子亲祠者二十有四。3岁一祫，5岁一禘，当其岁则举。其余二十有二，一岁之间不能遍举，则有司摄事。

凡岁之常祀 20 有 2：冬至、正月上辛，祈谷；孟夏，雩祀昊天上帝于圜丘；季秋，大享于明堂；腊，蜡百神于南郊；春分，朝日于东郊；秋分，夕月于西郊；夏至，祭地祇于方丘；孟冬，祭神州、地祇于北郊；仲春、仲秋上戊，祭于太社；立春、立夏、季夏之土王、立秋、立冬，祀五帝于四郊；孟春、孟夏、孟秋、孟冬、腊，享于太庙；孟春吉亥，享先农，遂以耕籍。[①]

唐代《开元礼》明确规定，冬至南郊祭天，要设昊天上帝神座和五方帝神座，五郊之黄郊多定在季夏土王日举行。根据五行理论，五行轮流居统治地位，土王日的"王"指当政为王，就是说夏六月土为王时。唐武德、贞观年间，仍岁祀五帝。武德、贞观之制，每岁立春之日，祀青帝于东郊，帝宓羲配，句芒、岁星、三辰、七宿从祀。立夏，祀赤帝于南郊，帝神农氏配，祝融、荧惑、三辰、七宿从祀。季夏土王日，祀黄帝于南郊，帝轩辕配，后土、镇星从祀。立秋，祀白帝于西郊，帝少昊配，蓐收、太白、三辰、七宿从祀。立冬，祀黑帝于北郊，帝颛顼配，玄冥、辰星、三辰、七宿从祀。孟夏之月，龙星见，雩五方上帝于雩坛，五帝配于上，五官从祀于下。此制将祭天与祭五帝分

① 参见牟钟鉴、张践著：《中国宗教通史》（上），社会科学文献出版社 2003 年版，第 475、476 页。

立，五帝祭配合四季气节，成为季节神。[①]武则天临朝时，五帝不再称天，"永昌元年九月敕：天无二称，帝是通名，承前诸儒，互生同异。乃以五方之帝，亦谓为天，假有经传互文，终是名实未当。称号不别，尊卑相浑。自今郊祀之礼，唯昊天上帝称天，自余五帝皆称帝"。[②]《开元礼》所定岁祀五帝之礼与武德、贞观之制基本相同，略为："立春日祀青帝于东郊，以太昊配，句芒、岁星、三辰、七宿从祀；立夏日祀赤帝于南郊，炎帝配，祝融、荧惑、三辰、七宿从祀；季夏日祀黄帝于南郊，轩辕配，后土、镇星从祀；立秋日祀白帝于西郊，少昊配，蓐收、太白、三辰、七宿从祀；立冬日祀黑帝于北郊，颛顼配，玄冥、辰星、三辰、七宿从祀。"[③]

唐代五郊祀中最重东郊，《新唐书·玄宗纪》有开元十六年（738年）正月"丁丑，迎气于东郊"。《旧唐书·礼仪志四》说："玄宗开元二十六年，又亲往东郊迎气，祀青帝，以句芒配，岁星及三辰七宿从祀。其坛本在春明门外，玄宗以祀所隘狭，始移于浐水之东面，而值望春宫。其坛一成，坛上及四面皆青色。句芒坛在东南。"《旧唐书·归崇敬传》说："汉魏、周、隋，共此礼。国家

---

① 参见牟钟鉴、张践著：《中国宗教通史》（上），社会科学文献出版社 2003 年版，第 482 页。

② 《通典·礼典三》。

③ 《文献通考·郊社十一》。

土德乘时，亦以每岁六月土王之日祀黄帝于南郊，以后土配，所谓合礼。"唐代土德，所以又比较重视黄帝之祀。

从明堂报享来看，唐高祖武德元年规定，每年季秋要祭五方上帝于明堂，高宗显庆和乾封年间也曾以明堂报享祀五帝。

从黄帝陵庙致祭来看，隋代废止了祀黄帝于明堂的做法，主要在圜丘祭天、孟夏雩祭和郊迎制度中祭祀黄帝。自隋唐起，朝廷在历代帝王陵寝所在地进行祭祀。唐玄宗时制定的《开元礼》明确了一些帝王陵寝的所在地，但对于黄帝陵所在地尚未能确定，唐代宗大历五年，鄜坊节度使臧希让上言："坊州有轩辕黄帝陵阙，请置庙，四方飨祭，列于祀典。"① 这里所说的坊州黄帝陵阙就是今黄陵桥山黄帝陵。唐代宗批准了这一请求，将在此地的黄帝陵庙致祭纳入祭典。

应该指出的是，隋唐时期的黄帝祭祀还出现了一种新现象，那就是中央开始设立专门的三皇庙和五帝庙。隋代以祭祀先代帝王为常祀，在京城立有三皇五帝庙，另立庙祭祀三皇以前诸帝。唐玄宗时，除在京师祭祀三皇五帝外，又下诏在京师设三皇以前帝王庙，与三皇五帝庙相近，按时致祭。② 以黄帝为核心的

---

① 《唐会要》卷二二。

② 参见黄帝陵基金会编：《黄帝文化志》，陕西人民出版社2008年版，第283—285页。

天神崇拜和祖先崇拜的宗法性宗教，在唐代明显地具有国家宗教性质，并逐级延伸到民间，它对于加强和巩固大唐帝国的统一和稳定，对于唐代社会文化生活的丰富与发展都起到了巨大的推动作用。

## 四、宋元明清时期

宋元时期，国家对黄帝的祭祀与前代相比稍有一些变化，"唐伏羲以勾芒配，神农以祝融配，黄帝以风后、力牧配。宋与唐同。元至大中，礼部议配享三皇座次，宜东西相向，以勾芒、祝融居左，风后、力牧居右。国朝因之"。① 在黄帝祭礼中，黄帝陵庙致祭受到了高度重视。据宋李昉《黄帝庙碑序》中记载，黄帝因为"振神威而大定""神明德而致太平"而受到宋朝开国皇帝赵匡胤的极力奉崇。开宝五年（972 年），宋太祖赵匡胤降旨："前代帝王功德昭著，泽及生民者，宜加崇奉，岂可庙貌坠而享祀寂寞乎？当命有司，遍加兴葺！"② 宋真宗大中祥符六年，"诏诸州有黄帝祠庙并加崇葺。"③ 轩辕黄帝庙被列为国家重点保护并加以整

① 《明集礼》卷一六。

② 李学勤、张岂之总主编，曲英杰主编：《炎黄汇编》（祭祀卷），吉林文史出版社 2002 年版，第 373 页。

③ 《续文献通考》卷一○三。

修维护。朝廷同时规定，对轩辕黄帝庙每三年祭祀一次。为了祭祀方便，把唐代宗大历年间设置的黄帝庙从桥山西麓移到今天黄帝庙所在地。

宋代礼制，祭天有四仪，除冬至南郊祭天三岁一举并合祭天地外，还有：孟春祈谷、孟夏大雩，或祀于圜丘，或别立坛祀之；季秋大享明堂祭天。又因前代之制，冬至祀昊天上帝于圜丘之时，以五方帝、日、月、五星以下诸神从祀。又以四郊通气及土王日专祀五方帝，以五人帝配，五官、三辰、七宿从祀。立春祀青帝，以太昊配，句芒、岁星、三辰、七宿从祀；立夏祀赤帝，以神农配，祝融、荧惑、三辰、七宿从祀；季夏祀黄帝，以轩辕配，后土、镇星从祀；立秋祀白帝，以少昊配，蓐收、太白、三辰、七宿从祀；立冬祀黑帝，以高阳配，玄冥、辰星、三辰、七宿从祀。古有感生帝之祀，感生帝即五帝之一，帝王之兴必感其一，故名之。隋唐皆祀之，并以祖考升配，宋因其制。乾德元年，采聂崇义言：宋以火德上承正统，奉赤帝为感生帝，每岁正月制坛而祭，以符火德。绍兴中，感生帝由小祀升为大祀。此外还有明堂之祭。北宋以大庆殿为明堂，分五室于内。皇祐二年仁宗定制，明堂祭天合祭皇地祇，奉太祖、太宗、真宗并配，祀五帝、神州，天地诸神从祀。这就是移郊礼为季秋大享之礼。元丰中因郑玄六天之说引起讨论，神宗以为祀英宗于明堂，惟以配上帝，悉罢从祀群神，谓昊天上帝、上帝、五帝，一帝而已。淳熙六年孝宗从群臣议，合祭天地于明堂，并侑祖宗、从祀百神，如南郊。①

元代朝廷对黄帝陵庙的祭祀也很重视。《元典章》中规定：伏羲、神农、黄帝是开天辟地的先祖，国家应当祭祀。

《元史》中说：

> 元贞元年，初命郡县通祀三皇，如宣圣释奠礼。太皞伏羲氏以勾芒氏之神配，炎帝神农氏以祝融氏之神配，轩辕黄帝氏以风后氏、力牧氏之神配。黄帝臣俞跗以下十人，姓名载于医书者，从祀两庑。有司岁春秋二季行事，而以医师主之。②

《续文献通考》中说：

> 成宗贞元初，命郡国通祀三皇，如宣圣释奠礼。
>
> 太皞伏羲氏以勾芒氏之神配，炎帝神农氏以祝融氏之神配，轩辕黄帝氏以风后、力牧之神配。黄帝臣俞跗以下十人姓名载于医书者，从祀两庑。有司岁春秋二季行事，而以医师主之。③

---

① 参见牟钟鉴、张践著：《中国宗教通史》（下），社会科学文献出版社 2003 年版，第 598 页。
② 《元史》卷七六，祭祀五，"郡县三皇庙"。
③ 《续文献通考》卷八五。

《大元圣政国朝典章》中说：

> 至大二年正月，行省准中书省咨，湖广行省咨，为祭享三皇事理，春秋二时致祭，仍以勾芒、祝融、风后、力牧各附配享之位，未见勾芒等神服色坐次。咨请定夺。回示。准此，送据礼部呈参详：三皇开天立极，泽流万世，有国家者所当崇祀。自唐天宝以来，伏羲以勾芒配，神农以祝融配，黄帝以风后、力牧配。按《礼记·月令》：春三月其帝太皞，其神勾芒。夏三月其帝炎帝，其神祝融。又史记称：黄帝得风后、力牧以治民。其配享坐次宜东西相向，以勾芒、祝融居左，风后、力牧居右。若其相貌、冠服，年代辽远，无从考证，不可妄定。当依古制，以木为主。书曰勾芒氏之神、祝融氏之神、风后氏之神、力牧氏之神。所谓十大名医，比依文宣大儒从祀之例，列置两庑。如此尊卑先后之序似为不紊。于十月初十日，会集到集贤、翰林、太常、礼仪院等官一同议得：三皇配享事理，合依礼部所拟定为通例。相应具呈照详都省咨请，依上施行。①

宋元时期，除了朝廷对黄帝 3 年一祭外，还有一些名人到黄帝陵拜谒黄帝。如"文能治国，武能保疆"的北宋名臣范仲淹，

---

① 《大元圣政国朝典章》卷三十，"三皇配享"。

于宋仁宗宝元三年（1040年）到陕西就任后，专程上桥山致祭黄帝陵。元朝末年的著名道士张三丰，也曾经来到桥山，瞻仰了轩辕黄帝庙。

明代对黄帝的祭祀有较大的变化。

首先是明代取消了郊天礼中用五方帝从祀的做法。圜丘祭天为古时最隆重的礼仪，且最早配祭黄帝，而后演变为配祭五帝。

明太祖朱元璋即位后，"初仍元制，以三月三日、九月九日通祀三皇。是年，命以太牢祀。二年，命以勾芒、祝融、力牧、风后左右配享，仪同释奠。四年，帝以天下郡邑通祀三皇为渎。礼臣议：唐玄宗尝立三皇五帝庙于京师，至元成宗时乃立三皇庙于府州县，春秋通祀，而以医药主之，甚非礼也。帝曰：三皇继天立极，开万世教化之原，泪于医师可乎？自今天下郡县毋得亵祀，止命有司祭于陵所。"①其后朱元璋大兴百神之祀，命李善长研究祭天之礼。李善长提出祭祀昊天上帝不必以五帝从祀。朱元璋采纳其建议，进一步简化繁缛礼仪，"厘正祀典，凡天皇、太一、六天、五帝之类，皆为革除"，改变了祭祀天地时以五方帝从祀的传统。明代也没有五时迎气的做法。

其次，明代发展了在中央设历代帝王庙祭祀历代帝王的做法。明洪武六年（1373年），朱元璋建帝王庙于京师，祀三皇五帝及

① 《续文献通考》卷八五。

汉唐创业之君，每岁春秋致祭。"帝以五帝三王及汉唐创业之君，俱宜于京师立庙致祭，遂建历代帝王庙于钦天山之阳"。七年，又"令帝王庙皆塑衮冕坐像，惟伏羲、神农未有衣裳之制，不必加冕服"。洪武二十一年（1388年），因京师帝王庙发生火灾，改建于鸡鸣山。明成祖迁都北京，在京城建历代帝王庙前，一度将历代帝王附属于天地祭祀。嘉靖十一年（1532年），复在北京建历代帝王庙，恢复常规的致祭。

再次，明代对黄帝陵寝也非常重视。朱元璋即位之初，就认为轩辕黄帝不仅是医家的祖师，也是中华民族的远古祖先。洪武三年（1370年），他派遣使臣到全国各地调查，查明各行省有先代帝王陵寝79处。洪武四年（1371年），"礼部定议，合祀帝王三十五。在河南者十：陈（今河南淮阳县）祀伏羲、商高宗，孟津（今河南陵园县南十八里）祀汉光武，洛阳（今河南河洛地区）祀汉明帝、章帝，郑（今河南新郑）祀周世宗，巩（今河南巩县）祀宋太祖、太宗、真宗、仁宗；在山西者一：荥河（今山西翼城县）祀商汤；在山东者二：东平（今山东东平）祀唐尧，曲阜（今山东曲阜）祀少昊；在北平者三：内黄（今河南内黄县）祀商中宗，滑（今河南滑县）祀颛顼、高辛；在湖广者二：酃（今湖南衡阳县东）祀神农，宁远（今湖南宁远县）祀虞舜；在浙江者二：会稽（今浙江绍兴）祀夏禹、宋孝宗；在陕西者十五：中部（今陕西黄陵县）祀黄帝，咸阳（今陕西咸阳市东北）祀周文王、武王、成王、康王、宣王、汉高帝、景帝，咸宁（今陕西西安东部）祀汉文帝，兴平（今陕西兴平县）祀汉武帝，长安（今陕西西安西北）祀汉宣帝，三原（今陕西三原县）祀唐高祖，醴泉（今陕西礼泉县）祀唐太宗，蒲城（今陕西蒲城）祀唐宪宗，泾阳（今陕西泾阳县）祀唐宣宗"。① 又派遣秘书监丞陶谊等人对桥山黄帝陵庙进行勘察、修葺，筹备祭祀仪式。同年，朱元璋降旨废除了各地建立的"三皇庙"和"由十大医师祭祖"的礼制，规定祭祀黄帝由皇帝或派遣大臣祭祀。桥山黄帝陵列为国家祭祀始祖的圣地，要求每次祭陵的祭文、祭祀日期、祭品名称、数量和主祭、陪祭官员姓名都要刻石立碑。又特遣中书省管勾甘赴黄帝陵致祭，祭文内容是：

> 皇帝谨遣中书管勾甘，敢昭告于黄帝轩辕氏：
>
> 朕生后世，为民于草野之间。当有元失驭，天下纷纭，乃乘群雄大乱之秋，集众用武。荷皇天后土眷祐，遂平暴乱，以有天下，主宰庶民，今已四年矣。君生上古，继天立极，作蒸民主，神功圣德，垂法至今。朕兴百神之祀，考君陵墓于此，然相去年岁极远；观经典所载，虽切慕于心，奈禀生之愚，时有古今，民俗亦异。仰惟圣神，万世所法，特遣官

---

① 《明史·礼志四》。

奠祀修陵，圣灵不昧，其鉴纳焉。尚飨！ [①]

为了保护祭祖圣地，明太祖还在黄帝陵庙设五品护陵官 2 人。后来县令即为护陵官，由五品官担任。洪武七年（1374 年），明太祖降旨在轩辕庙大殿内塑造轩辕黄帝坐像一尊，以便瞻仰祭奠。此后，三年一大祭，大祭时由皇帝亲写祭文，由太常寺派遣大臣携带香帛、贡品前来桥山祭祀。明朝诸帝对黄陵祭祀不断，洪武四年、二十九年，永乐十二年，宣德元年，景泰元年，天顺六年，正德元年、十一年，嘉靖十年、三十一年，隆庆四年，万历元年、二十八年，天启元年，均遣使赴黄帝陵祭祀。今黄陵保存有明太祖、成祖、宣宗、代宗、英宗、武宗、世宗、穆宗、神宗、熹宗等皇帝遣使到黄陵致祭的碑文。

在清代，从顺治到道光，历代皇帝都十分重视对黄帝的祭祀。国家对于黄帝的祭祀沿袭明代，集中在两大项：一项是中央历代帝王庙展祭。多由皇帝主祭，春秋二次祭祀。一项是黄帝陵庙致祭，多由皇帝派专员致祭，一般是每三年一次，也有临时祭告。其他常年春秋之祭由地方官操办。清朝黄帝陵庙的祭祀仪式隆重，规模宏大，次数较多。除常规之祭外，逢皇帝登基，太后寿辰，国家庆典，平息叛乱，水旱灾害，五谷丰登，大功告成等重大事

---

① 黄帝陵基金会编：《黄帝文化志》，陕西人民出版社 2008 年版，第 326 页。

件，特别是需要团结御敌，或获重大成功需要祭告祖先时，也常由皇帝决定祭祀黄帝。

据统计，清朝皇帝对黄帝陵的祭祀，见于记载的有 30 次：清世祖顺治八年（1651 年）派专官到黄帝陵进行祭祀，祭文内容是："自古帝王，受天明命，继道统而新治统。圣贤代起，先后一揆，功德载籍，炳若日星。明禋大典，亟宜肇隆。敬遣专官，代将牲帛，神其鉴飨。"① 清圣祖康熙元年（1662 年）遣专官到黄陵祭祀，祭文内容是："帝王继天立极，功德并隆，治统道统，昭垂奕世。朕受天眷命，绍缵丕基。庶政方亲，前徽是景。明禋大典，亟宜肇修。敬遣专官，代将牲帛，爰昭启荐之忱，聿备钦崇之礼。伏维恪歆，尚其鉴享。"② 清圣祖康熙七年戊申（1668 年）遣工部杨运昌祭告黄帝陵；清圣祖康熙二十一年（1682 年）遣工部右侍郎加一级苏拜致祭于黄帝陵；清圣祖康熙二十七年（1688 年）遣鸿胪寺卿刘楷致祭黄帝陵；清圣祖康熙三十五年（1696 年）因岁歉为民祈福遣都察院协理院事左佥、都御史常继圣致祭于黄帝陵；清圣祖康熙四十二年（1703 年）为五旬大寿并亲阅黄淮堤工回銮派遣大理寺少卿莫音代致祭于黄帝陵；清圣祖康熙四十八年（1709 年）为皇太子废而复立遣户部右侍郎加二级张世爵致祭黄帝陵；

---

① 黄帝陵基金会编：《黄帝文化志》，陕西人民出版社 2008 年版，第 329 页。

② 黄帝陵基金会编：《黄帝文化志》，陕西人民出版社 2008 年版，第 329 页。

清圣祖康熙五十二年（1713）为六旬大寿遣内阁学士兼礼部侍郎蔡升元致祭于黄帝陵；清圣祖康熙五十八年（1719 年）遣左春坊左赞善兼翰林院检讨臣吴孝登致祭黄帝陵；清世宗雍正元年（1723 年）遣通政使司右通政钱以垲致祭黄帝陵，祭文内容："维雍正元年，岁次癸卯，二月辛亥朔，越十五日丙寅，皇帝遣通政使司右通政钱以垲致祭于黄帝轩辕氏曰：自古帝王，继天出治，建极绥猷，莫不泽被生民，仁周海宇。惟我皇考，峻德鸿勋，媲美前古；显谟承烈，垂裕后昆。朕以渺躬，缵膺大宝，当兹嗣位之始，宜修享祀之仪。特遣专官，虔申昭告，惟冀时和岁稔，物阜民安，淳风遍洽乎寰区，厚德常敷于率土。尚其歆格，鉴此精诚。"[1]清世宗雍正二年（1724 年）遣都察院左副都御使江球致祭黄帝陵；清世宗雍正十三年（1735 年）太常寺少卿鲁国华致祭黄帝陵；清高宗乾隆二年（1737 年）为世宗配享圜丘礼成，遣翰林院侍读学士世臣致祭黄帝陵，祭文内容："维乾隆二年，岁次丁巳，戊申月，丁亥朔，越辛亥日，皇帝遣翰林院侍读学士世臣致祭于轩辕帝曰：自古帝王，宪天出治，建极绥猷；德泽洽于万方，轨范昭于百世。朕慕承鸿绪，景仰前徽，兹于乾隆二年四月十六日，世宗宪天昌运，建中表正，文武英明，宽仁信毅，大孝至诚。宪皇帝主配享圜丘礼成，特遣专官，虔申昭告。维冀永赞熙雍之盛，益

---

[1]　黄帝陵基金会编：《黄帝文化志》，陕西人民出版社 2008 年版，第 331 页。

昭安皋之隆。俯鉴精诚，尚其歆格。"①清高宗乾隆十四年（1749年）遣太常寺少卿钟衡致祭于黄帝陵；清高宗乾隆十七年（1752年）为慈宁太后万寿晋号，遣太常寺少卿涂逢震致祭黄帝陵；清高宗乾隆二十年（1755年）为荡平准部、太后晋号，遣太常寺卿熊学鹏致祭黄帝陵；清高宗乾隆二十五年（1760年）遣都察院左副都御使赫庆致祭黄帝陵；清高宗乾隆三十七年（1772年）为太后万寿晋号遣宗人府府丞李友棠致祭黄帝陵；清高宗乾隆四十一年（1776年）为阿桂平定大小金川，遣内阁学士唐吉泰致祭黄帝陵；清高宗乾隆四十五年（1780年）为七旬寿诞，遣内阁学士钱载致祭黄帝陵；清高宗乾隆五十年（1785年）遣内阁学士胡高望祭告黄帝陵；清高宗乾隆五十五年（1790年）遣内阁学士依兰泰祭告黄帝陵；清仁宗嘉庆元年（1796年）遣陕西副都统花向阿祭告黄帝陵；清仁宗嘉庆五年（1800年）为高宗配享圜丘礼成，遣户部右侍郎周兴岱祭告黄帝陵；清仁宗嘉庆二十四年（1819年）为六十寿诞，遣都察院左副都御使和桂致祭黄帝陵；清宣宗道光元年（1821年）遣西安副都统哈兴阿致祭黄帝陵；清宣宗道光十六年（1836年）为太后万寿晋号，遣陕西榆绥镇总兵官郭继昌致祭黄帝陵；清宣宗道光二十六年（1846年）又为太后万寿晋号，遣西安右翼副都统甘露致祭黄帝陵；清宣宗道光三十年（1850

---

① 黄帝陵基金会编：《黄帝文化志》，陕西人民出版社2008年版，第332页。

年）遣西安左翼副都统常春致祭黄帝陵。30 次中，清世祖顺治在位 18 年，祭陵 1 次；清圣祖康熙在位 61 年，祭陵 9 次；清世宗雍正在位 13 年，祭陵 3 次；清高宗乾隆在位 60 年，祭陵 10 次；清仁宗嘉庆在位 25 年，祭陵 3 次；清宣宗道光在位 30 年，祭陵 4 次。[①]

## 五、近现代时期

近现代时期，人们祭祀黄帝陵较过去历代更加规模与系统，且多与中华民族复兴事业相联系。

清末，爱国志士丘逢甲等人祭祀黄帝陵，寄托他们的爱国情怀。

1908 年重阳节，陕西同盟会祭扫黄帝陵，决心复兴中华民族。祭文如下：

> 维黄帝纪元四千六百零五年，九月重阳日，玄曾孙某某等谨以香花清酒牲肴之仪，敬献于我皇祖轩辕黄帝之墓前而泣告曰：惟我皇祖，承天御世，钟齐孕灵。乃圣乃灵，允文允武。举修六府，彰明百物。翦蚩尤于涿鹿，战炎帝

---

[①] 参见黄帝陵基金会编：《黄帝文化志》，陕西人民出版社 2008 年版，第286—289 页。

于阪泉。挥斥八埏，疆里万国。用是奠基中夏，绥服九州，声教覃敷，讫于四海。凡有血气，莫不尊亲。自是以后，圣子神孙，历世相承，尧舜以禅让缉熙，汤武以征诛定乱，洎乎秦皇、汉武、唐宗、宋祖，皆能仰承遗绪，奋厥声威，镇抚百蛮，光宅九土。其间偶逢衰替，暂堕纲维。秽丑跳梁，蛮夷猾夏，然皆历时未几，族服厥辜，弃彼毡裘，袭我冠服。我民族屡蹶屡振，既仆复兴，卒能重整金瓯，澄清玉宇者，莫非我皇祖在天之灵，有以默相而佑启之也。迨至前明甲申之岁，国运凌迟，建州虏夷，乘我丧乱，驱其胡骑，入我燕京，盗踞我神器，变乱我衣冠，侵占我版图，奴役我民众。神州到处，遍染腥膻，文化同胞，备受压迫。剃发令下，虽圣裔犹莫逃；旗兵驻防，遍禹迹而皆满。又无论扬州十日，嘉定三屠，二百年之惨痛犹存，十八省奇耻未湔已也。且近年以来，欧美民族，对我环伺，各欲脔割大好河山，而满清政府恣其荒淫，不恤国耻。殷忧之士，义愤填膺。近有执义帜而起者，粤东如陆皓东、郑士良、孙逸仙；湖南如马福益、黄克强、唐才常，均矢志盟天，力图恢复。某等生逢艰巨，何敢后人！乃集合同志，密筹方略。誓共驱除鞑虏，光复故物；扫除专制政权，建立共和国体，共赴国难，艰巨不辞。决不自私利禄，决不陷害同人，本众志成城之古训，建九州复分之义师。伏望我皇祖在天之灵，鉴此愚衷，威神扶祐，以纾民生之苦，以复汉族之业。某等不自量力，竭诚奉告，不胜惶愧煎灼，郁结悲祷之至。尚飨！ [①]

1935 年 4 月，中国国民党中央执行委员会、监察委员会推举委员张继、邵元冲，国民政府派邓家彦，陕西省党务指导委员会、陕西省政府、西安绥靖公署公推邵力子、郭英夫、冯钦哉、雷宝华、李成钢、宋志先等，致祭于中华民族始祖轩辕黄帝陵，并确定清明节为"民族扫墓节"，岁岁举行祭祀仪式。

1936 年清明节，中国国民党特派陕西省政府主席邵力子前往桥山祭陵。

1937 年清明节，随着"西安事变"的和平解决，国共两党的再次合作，一致抗日，国共两党在轩辕黄帝陵前举行了共祭仪式。中国国民党特派委员张继、顾祝同，国民政府主席林森特派陕西省政府主席孙蔚如，中共中央政治局常委、中央革命军事委员会主席毛泽东和中国工农红军总司令朱德派代表林祖涵（林伯渠），各自携带祭文来到桥山，列队鸣炮致祭，并各自宣读祭文，参加祭祀的有千人以上。毛泽东、朱德的祭文内容是：

---

① 李学勤、张岂之总主编，曲英杰主编：《炎黄汇编》（祭祀卷），吉林文史出版社 2002 年版，第 405 页。

维中华民国廿六年四月五日，苏维埃政府主席毛泽东、人民抗日红军总司令朱德恭派代表林祖涵，以鲜花束帛之仪致祭于我中华民族始祖轩辕黄帝之陵。而致辞曰：赫赫始祖，吾华肇造；胄衍祀绵，岳峨河浩。聪明睿智，光被遐荒；建此伟业，雄立东方。世变沧桑，中更蹉跌；越数千年，强邻蔑德；琉台不守，三韩为墟；辽海燕冀，汉奸何多！以地事敌，敌欲岂足；人执笞绳，我为奴辱。懿维我祖，命世之英，涿鹿奋战，区宇以宁。岂其苗裔，不武如斯，泱泱大国，让其沦胥！东等不才，剑屦俱奋，万里崎岖，为国效命。频年苦斗，备历险夷，匈奴未灭，何以家为！各党各界，团结坚固，不论军民，不分贫富。民族阵线，救国良方，四万万众，坚决抵抗。民主共和，改革内政，亿兆一心，战则必胜。还我河山，卫我国权，此物此志，永矢勿谖。经武整军，昭告列祖，实鉴临之，皇天后土。尚飨！ ①

中国国民党中央执行委员会的祭文是：

维中华民国二十六年四月四日民族扫墓之期，中国国民党中央执行委员会追怀先民功烈，欲使来者知所绍述，以焕

---

① 李学勤、张岂之总主编，曲英杰主编：《炎黄汇编》（祭祀卷），吉林文史出版社 2002 年版，第 412 页。

发扬我民族之精神，特派委员张继、顾祝同驰抵陵寝，代表致祭于我开国始祖轩辕黄帝之陵前曰：粤稽遐古，世属洪荒；天造草昧，民乏典章。维我黄帝，受命于天；开国建极，临治黎元。始作制度，规矩百工；诸侯仰化，咸与宾从。置历纪时，造字纪事；宫室衣裳，文物大备。丑虏蚩尤，梗化作乱；爰诛不庭，华夷永判。仰维功业，广庇万方；佑启后昆，恢廓发扬。追承绩猷，群情罔懈；保我族类，先灵攸赖。怀思春露，祀典告成；陈斯俎豆，来格来歆！尚飨！①

中华民国国民政府的祭文是：

中华民国二十六年国民政府主席林森特派陕西省政府主席孙蔚如，谨以香醴庶馐代表敬祭于桥陵，其词曰：惟帝智周万物，泽被瀛寰。拯群生于涂炭，固国本于金汤。涿鹿征诸侯之兵，幽野成一统之业。干戈以定祸乱，制作以开太平。盛德鸿规，于今攸赖。今值清明之良辰，援修禋祀之旧典。园寝葱郁，如瞻弓剑之威仪；庭燎通明，恍接云门之雅奏。所冀在天灵爽，鉴此精诚；默启邦人，同心一德；化灾祲为祥和，跻一世于人寿。巫凭鸿贶，以集丕功。备礼洁诚，伏

---

① 李学勤、张岂之总主编，曲英杰主编：《炎黄汇编》(祭祀卷)，吉林文史出版社 2002 年版，第 411 页。

维歆格！ [1]

1938 年清明节，中国国民党军事委员会委员长西安行营主任蒋鼎文、国民政府代表陕西省政府主席孙蔚如致祭黄帝陵，张国焘以陕甘宁边区政府副主席身份到黄帝陵参加祭礼。

1939 年清明节，中国国民党中央特派中委张继、国民政府特派陕西省政府主席蒋鼎文（民政厅长王德溥代）等致祭轩辕黄帝。陕甘宁边区政府主席林祖涵、陕甘宁边区参议员高岗率代表团参加了这次祭祀活动。

1940 年清明节，国民党中央执行委员会特派行营主任程潜、国民政府电派陕西省政府主席蒋鼎文谒祭桥陵。

1941 年清明节，举行致祭黄陵大典。由国民党中央及国民政府代表彭昭贤主祭。

1942 年清明节，举行致祭黄陵大典。王陆一、熊斌代表中国国民党中央、国民政府主祭。

1943 年清明节，举行致祭黄陵大典。主祭官为国民党中央代表王陆一、陕西省主席熊斌。

1944 年清明节，谒祭中华民族始祖轩辕黄帝陵寝大典，主祭人谷正鼎、祝绍周。

---

[1]　李学勤、张岂之总主编，曲英杰主编：《炎黄汇编》（祭祀卷），吉林文史出版社 2002 年版，第 411 页。

　　1945 年清明节，国民党中央及国民政府特派祝绍周代表恭祭黄帝陵，为天雨所阻，由第三区专员余正东代为谒祭。

　　1946 年清明节，国民党中央及政府派代表亲往黄帝陵致祭。

　　1947 年清明节，国民党中央、国府代表田炯锦亲往黄帝陵致祭。

　　1948 年黄陵县和平解放。此年清明节，黄陵城关的人民，黄陵县府和中共黄陵县委的干部、西北人民解放军"功劳"部四支部的指战员、黄陵师范和师范附小的师生，前往祭谒黄帝陵墓。同日，国民党在陕西省政府大楼北端布置礼堂，举行遥祭黄陵大典，由祝绍周主祭，省府各厅处局长陪祭。

　　1949 年清明节，祭谒黄帝陵墓，参加祭陵者有陕甘宁边区政府代表教育厅厅长贺连成，中国人民解放军第一野战军代表高锦纯，中共黄龙地委书记强自修，黄龙分区专员黑志德以及黄陵县工、农、兵、学、商各界 1500 余人。同日，国民党代总统李宗仁特电陕西省府主席董剑为代表遥祭黄陵。典礼在西安新城大楼北面举行，由陕西省府秘书长蒋坚忍代表董剑主席任主祭官，省府各委员及各厅处及师专校长刘安国等陪祭。[1]

　　中华人民共和国成立后，公祭黄帝陵活动由陕西省领导人主

---

[1]　参见黄帝陵基金会编：《黄帝文化志》，陕西人民出版社 2008 年版，第290—293 页。

祭，仍然是在每年的清明节举行。

自 1988 年起，每年重阳节，黄陵县各界也开始举行民祭。个别年份还在其他日期举行民祭。

黄帝陵，是中华民族大团结的最有力象征，至今香火连绵不断，成为中国人寻根、铸魂、团结一心、复兴中华民族大业的最佳精神场所。

# 第九章　黄帝与中华民族

历史表明，以黄帝氏族为骨干的华夏族形成于中原地区，但并非完全是由原居于中原地区的氏族部落演化而成的。在华夏族的形成过程中，有原居于中原地区的民族部落迁往四方的，也有居于四方的氏族部落迁入中原的。中原地区之所以能形成华夏族，就在于它是五方杂处之地。各方的氏族部落在此汇合，不能不发生接触，不能不发生冲突，不能不发生交往，不能不发生通婚，结果就以黄帝氏族为核心形成了华夏族。黄帝、炎帝、蚩尤三大部落由冲突、战争到部落通婚、民族融合，部落联盟制度的出现等就是最有力的说明。

## 一、黄帝与黄帝氏族

关于黄帝氏族的早起来源，历史上一直是众说纷纭，莫衷一是。

有人认为，黄帝氏族是西羌的一个强大的部族，与炎帝氏族为双胞族，五六千年前，他们自甘青高原东迁至黄河中下游以后，便逐渐由游牧转入农耕生活，开发了黄河流域的文明历史。并与由燕山南下山东的太昊氏、少昊氏等东夷族长期交往，既有战争，又有联盟，逐渐通婚、杂居，到周代时便形成了华夏族。黄帝轩辕氏的支族分别向四方迁徙，各自和当地的土著民族融合而形成了其他各个民族，如南蛮、羌戎、北狄、东胡诸族。他们之中有不少是黄帝轩辕氏的后裔，如匈奴、鲜卑拓跋氏、于越、巴人、楚人等即是。中原王朝如夏、周、汉的汉族都自认为是黄帝的嫡系子孙，他们的后裔形成了今天中华民族的主干，人数占到中华民族的绝大多数，所以我们自称为"炎黄子孙"或"华夏之裔"。[①]

也有人说，史前东亚主要有两大族团，即龙族团和华族团。龙族团由很多支系组成，最重要的是两支，即崇拜龙的先夏人和崇拜凤的先商人（或夷人）。他们早期通过龙凤婚姻联盟紧密结合

---

① 参见何光岳著：《炎黄源流史》，江西教育出版社 1992 年版，第 507 页。

在一起，最初主要活跃于西起阴山东至燕山一带，即今长城一线偏北的森林草原交界地区。由于各种动物是其主要生活资料来源，所以他们崇拜的对象以动物为主，如熊、虎、鸱鸮（玄鸟），虚构的龙、凤以及自然物如日、云、石、玉等。这个族团有两个原始宗教中心：西部是以昆仑山为中心的神山，在今阴山地区；东部是以幽都为中心的鬼府，即归葬之地或魂归之府，今牛河梁大型积石冢群是其遗迹。他们逐水草而居，活动空间很大，逐步建立了东、南、西、北、中五方联盟制度，即原始五行制或禅让制。从考古上看，龙族团大体与红山文化时空范围相对应。

华族团概指最初生活于黄河流域的古老族群。他们同样也有很多支系，比较重要的有华胥氏、姜氏、九黎氏、三苗氏等。华即花，是植物的生殖器官；黎通藜，是一种可以食用的草本植物；苗，指尚未开花结实的禾类植物，或植物之初生者。从名字上判断，除姜氏外，华族主要是原始农业族群。古时黄河流域降水丰沛，特别利于植物生长。这里的原始先民主要通过采摘植物果实或挖掘植物根茎为生，并且很早就发展了原始农业。同时，也不排除部分人通过渔猎、畜牧方式获取生活资料。在华族团的精神世界里，伏羲是古时发明了渔网的英雄，而神农是可以保佑农业丰收的神灵。从考古上看，华族团大体与仰韶文化及部分大汶口早期文化相对应。

距今 5000 年前后，东亚气候急剧变化，北方草原气温降低很多，降水大幅减少，龙族团的生存环境显著恶化。迫于生存压力，龙族团在联盟首领黄帝的带领下，挥师南下，于阪泉、涿鹿（即今河北北部张家口地区）同华族团发生大规模冲突，而此时华族团的重要首领有炎帝、蚩尤。战争的结果是炎帝战败、蚩尤被杀。继之，原始华族团四分五裂：炎帝姜氏族与黄帝族组成新的婚姻联盟，即炎黄联盟；九黎或战或和，艰难地生存于各地；三苗或南迁或西迁，并断断续续地与龙族团冲突。龙族势力进入黄河流域，历史舞台的中心由冀北涿鹿沿太行山向晋南陶寺推进。考古上，北方红山诸文化衰落，中原仰韶诸文化衰落，而中原龙山诸文化兴起。①

总之，黄帝氏族活动的准确方位，今天学界还在争论不休。因为年代久远，又无确切文献资料加以佐证，这种争论估计还会一直进行下去。

查阅历史，关于黄帝的诞生及其黄帝家族的情况，很多文献都有记载，例如：

《纬书集成·河图编·河图握矩记》说：

> 黄帝名轩，北斗黄神之精。母地祇之女附宝，之郊野，大电绕斗，枢星耀，感附宝，生轩，胸文曰：黄帝子。

---

① 参见逯宏著：《中国五帝时代》，中国社会科学出版社 2017 年版，第 250—251 页。

《纬书集成·诗编·诗含神雾》说：

> 大电光绕北斗枢星，照郊野，感附宝而生黄帝。

《纬书集成·春秋编·春秋命历序》说：

> 轩提次之，号曰帝寿鸿，即轩辕，有熊之子也。

《纬书集成·孝经编·孝经钩命诀》说：

> 附宝出，降大灵，生帝轩。

《纬书集成·河图编·河图稽命徵》说：

> 附宝见大电光绕北斗，枢星焰郊野，感而孕。二十五月而生黄帝轩辕于寿邱。龙颜，有圣德，劾百神朝，而使应龙攻蚩尤，战虎豹熊罴四兽之力，以女魃止淫雨。

《纬书集成·河图编·河图》说：

> 黄帝生，先致白狐。
> 大电绕枢星，照郊野，感符宝而生黄帝。
> 黄轩母曰地祇之子，名附宝，之郊野，大霓绕北斗枢星耀，感附宝，生轩辕。

《帝王世纪·自皇古至五帝第一》说：

黄帝有熊氏，少典之子，姬姓也。母曰附宝，其先即炎帝母家有蛴氏之女，世与少典氏婚，故《国语》兼称焉。及神农氏末，少典氏又取附宝，见大电光绕北斗枢星，照郊野，感附宝，孕二十五月，生黄帝于寿邱。长于姬水，龙颜，有圣德，受国于有熊，居轩辕之邱，故因以为名，又以为号。

元妃，西陵氏女，曰嫘祖，生昌意。次妃，方雷氏女，曰女节，生青阳。次妃，彤鱼氏女，生夷鼓，一名苍林。次妃，嫫母，班在三人之下。

黄帝四妃，生二十五子。妃西陵氏嫘祖，次妃方雷氏曰女节，次曰彤鱼氏，次曰嫫母。

帝颛顼，高阳氏，黄帝之孙，昌意之子，姬姓也。母曰景仆，蜀山氏女，为昌意正妃，谓之女枢。金天氏之末，女枢生颛顼于若水，首戴干戈，有圣德。父昌意，虽黄帝之嫡，以德劣降居若水，为诸侯。及颛顼生，十年而佐少昊，十二年而冠，二十而登帝位，平九黎之乱，以水事纪官。

总结以上文献，虽然侧重点不同，但主要意思，大都集中在两点上面：

第一，黄帝为附宝所生，附宝是黄帝的亲生母亲；

第二，黄帝出生时"大霓绕北斗，枢星耀"，生而神灵，具有一定神秘的色彩。

总之，黄帝生来就是一个不平凡的人物，如司马迁认为的那样，是"少典之子，姓公孙，名曰轩辕。生而神灵，弱而能言，幼而徇齐，长而敦敏，成而聪明"① 之类的人物，是五帝之祖。

至于黄帝与黄帝氏族的关系，请看下列几项史料的记载：

《史记·五帝本纪》说：

> 黄帝二十五子，其得姓者十四人。
>
> 黄帝居轩辕之丘，而娶于西陵之女，是为嫘祖。嫘祖为黄帝正妃，生二子，其后皆有天下：其一曰玄嚣，是为青阳，青阳降居江水；其二曰昌意，降居若水。昌意娶蜀山氏女，曰昌仆，生高阳，高阳有圣德焉。黄帝崩，葬桥山。其孙昌意之子高阳立，是为帝颛顼也。
>
> 帝颛顼高阳者，黄帝之孙而昌意之子也。静渊以有谋，疏通而知事；养材以任地，载时以象天，依鬼神以制义，治气以教化，絜诚以祭祀。北至于幽陵，南至于交阯，西至于流沙，东至于蟠木。动静之物，大小之神，日月所照，莫不砥属。
>
> 帝颛顼生子曰穷蝉。颛顼崩，而玄嚣之孙高辛立，是为帝喾。

---

① 《史记·五帝本纪》。

　　帝喾高辛者，黄帝之曾孙也。高辛父曰蛴极，蛴极父曰玄嚣，玄嚣父曰黄帝。自玄嚣与蛴极皆不得在位，至高辛即帝位。高辛于颛顼为族子。

　　高辛生而神灵，自言其名。普施利物，不于其身。聪以知远，明以察微。顺天之义，知民之急。仁而威，惠而信，修身而天下服。取地之财而节用之，抚教万民而利诲之，历日月而迎送之，明鬼神而敬事之。其色郁郁，其德嶷嶷。其动也时，其服也士。帝喾溉执中而遍天下，日月所照，风雨所至，莫不从服。

　　帝喾娶陈锋氏女，生放勋。娶娵訾氏女，生挚。帝喾崩，而挚代立。帝挚立，不善，而弟放勋立，是为帝尧。

　　帝尧者，放勋。其仁如天，其知如神。就之如日，望之如云。富而不骄，贵而不舒。黄收纯衣，彤车乘白马，能明驯德，以亲九族。九族既睦，便章百姓。百姓昭明，合和万国。

《世本》卷一《帝系篇》说：

　　少典生轩辕，是为黄帝。
　　黄帝生玄嚣，玄嚣生蛴极，蛴极生高辛，是为帝喾。
　　帝喾生放勋，是为帝尧。
　　黄帝生昌意，昌意生高阳，是为帝颛顼。

颛顼生穷系，穷系生敬康，敬康生句芒，句芒生蟜牛，蟜牛生瞽叟，瞽叟生重华，是为帝舜，及象生敖。

颛顼生鲧，鲧生高密，是为禹也。

黄帝居轩辕之丘，娶于西陵氏之子，谓之嫘祖，产青阳及昌意。

青阳降居泚水，昌意降居若水。昌意娶于浊山氏之子，谓之昌仆，产颛顼。颛顼娶于滕坟氏，谓之女禄，产老童。

……帝喾卜其四妃之子，皆有天下。上妃有邰氏之女曰姜原，而生后稷；次妃有娀氏之女简狄，而生契；次妃曰陈丰氏之女曰庆都，而生帝尧；次妃娵訾氏之女曰常仪，生挚。

《大戴礼记》卷七《帝系》说：

少典产轩辕，是为黄帝。

黄帝产玄嚣，玄嚣产蟜极，蟜极产高辛，是为帝喾。

帝喾产放勋，是为帝尧。

黄帝产昌意，昌意产高阳，是为帝颛顼。

颛顼产穷蝉，穷蝉产敬康，敬康产句芒，句芒产蟜牛，蟜牛产瞽叟，瞽叟产重华，是为帝舜，及产象，敖。

颛顼产鲧，鲧产文命，是为禹。

黄帝居轩辕之邱，娶于西陵氏之子，谓之嫘祖氏，产青阳及昌意。青阳降居泚水，昌意降居若水。

昌意娶于蜀山氏，蜀山氏之子谓之昌濮氏，产颛顼。

颛顼娶于滕氏，滕氏奔之子谓之女禄氏，产老童。

老童娶于竭水氏，竭水氏之子谓之高涡氏，产重黎及吴回。

吴回氏产陆终。

陆终氏娶于鬼方，鬼方氏之妹谓之女隤氏，产六子；孕而不粥，三年，启其左胁，六人出焉。其一曰樊，是为昆吾；其二曰惠连，是为参胡；其三曰籛，是为彭祖；其四曰莱言，是为云郐人；其五曰安，是为曹姓；其六曰季连，是为芈姓。

季连产什祖氏，什祖氏产内熊，九世至于渠，娄鲧出。

自熊渠有子三人，其盂之名为无康，为句亶王；其中之名为红，为鄂王；其季之名为疵，为戚章王。

昆吾者，卫氏也；参胡者，韩氏也；彭祖者，彭氏也；郐人者，郑氏也；曹姓者，邾氏也；季连者，楚氏也。

帝喾卜其四妃之子，而皆有天下。上妃有邰氏之女也，曰姜原氏，产后稷；次妃有娀氏之女也，曰简狄氏，产契；次妃曰陈丰氏，产帝尧；次妃娵訾氏，产帝挚。

帝尧娶于散宜氏之子，谓之女皇氏。

帝舜娶于帝尧之子，谓之女匽氏。

鲧娶于有莘氏之子，谓之女志氏，产文命。

《广黄帝本行记》说:

> 黄帝之子昌意,居弱水。昌意之弟少昊,帝妃女节所生也。帝之女溺于东海,化为鸟名曰精卫,常衔西山木石,以埋东海焉。少昊名挚字青阳,即帝位号金天氏,黄帝之子也。颛顼高阳氏,黄帝之孙也,有圣德,在位七十八年,年九十八岁,母蜀山氏,都商丘濮阳。禺强,黄帝之胤,颛顼之子,与颛顼俱得道,颛顼为玄冥,禺强为北方水神。帝喾高辛氏,黄帝之孙,帝生而神灵,自言其名,都偃师,在位七十年,年一百五岁。帝尧陶唐氏,黄帝玄孙,姓伊祁,名放勋,兴于定陶,以唐为帝,都于平阳,在位九十八年,年一百一十八岁。帝舜有虞氏,姓姚名重华,黄帝八代孙,都蒲坂,年百岁,得道登遐于九嶷之山。夏禹号夏后氏,黄帝玄孙,姓姒名文命。殷汤,黄帝十七代孙。
>
> 黄帝子孙,各得姓于事。帝吹律定姓者十二。少昊有子姓曼,颛顼姓姬,尧姓伊祁,舜姓姚,禹姓姒,汤姓子。又张、邓、轩、路、黄、寇、宋、郦、白、薛、虔、资、伊祁、申屠、黄公、托跋。黄帝有子,各封一国,总三十三氏,出黄帝之后,子孙相承,凡一千二百五十年。自黄帝己酉岁,至今大唐广明二年辛丑岁,计三千四百七十二年矣。

《吴越春秋》卷六《勾践伐吴外传第十》说:

　　自黄帝至少康十世。自禹受禅至少康即位六世，为一百四十四年。少康去颛顼即位，四百二十四年。

　　黄帝、昌意、颛顼、鲧、禹、启、太康、仲庐、相、少康、无余、无壬（去无余十世）、无择、夫谭、元常、勾践、兴夷、不寿、不扬、无强，鲁穆柳有幽公为名，王侯自称为君、尊、亲，失琅邪，为楚所灭。

## 二、黄帝与中华民族

　　在探讨黄帝与中华民族关系问题时，首先必须解决一个问题，这就是如何定义"华夏族"？这个问题好像是大家都清楚，用不着讨论。实则不然。当前学界的不少分歧，就是从这里产生的。例如，中华民族的起源是多元的，还是一元的呢？根在何处？如不弄清这些问题，这类分歧是无法解决的。

　　要确定中华民族的含义，首先应明确"华夏"一词的含义。

　　从历史的角度来说，所谓华夏，既非民族部落概念，又非宗族国家概念，也非朝代概念，它乃是一个民族概念。其所指乃汉族的前身华夏族。华夏文明就是华夏族的文明，亦即中华民族的古代文明。

　　那么，华夏族是如何演变而来的呢？

　　从民族学语类而言，民族不是从来就有的，也不是一成不变的，而是有一个形成、演变、发展、不断磨合的过程。一般来说，民族这种社会共同体是随着阶级社会的出现而产生的。原始社会的基本结构是氏族，由氏族结合成部落，是氏族社会所能达到的极限。超出部落的社会结构就开始向民族转变了。这当然不是说，部落制完全解体之后才能形成民族，历史上有不少民族在进入文明社会之后仍然保留着部落制。不过，这样的民族共同体是超越其部落界限的。它们不是部落共同体，而是保留着部落社会结构的民族共同体。因为，这种部落已不是由氏族所构成，而是由家庭和家族构成的。它们相互之间也不是彼此互异的共同体，而是具有民族共性的部落体制了。

中国历史发展表明，中华民族不是在一朝一夕就能形成的。起初它总要保留着部落制的外壳，以非亲族地区性部落联盟的形式而出现。所谓非亲族地区性部落联盟，即中国古代的异姓同盟。这种异姓同盟，有些在渊源上是有亲族关系的，有些则从无血统上的关系；它们，特别是后者，就是最初的民族形态。作为民族，在血统上都不纯粹，纯种的民族是很少有的。因为，只有血统上互异的部落结成的联盟，最后才能摆脱部落制的外壳，形成民族共同体。

华夏族的形成也走着同一途径。例如，夏族是由姒姓、允姓等古羌人和一部分颛顼族的苗裔构成的，而颛顼部主要的则来自夷人。商族是由夷人的一支和有戎氏构成的。周族是由姬姓之戎和羌人构成的，如此等等，很少例外。可以说，华夏族就是这样形成的。

在中国古代氏族社会的所谓万国，不过是部落万余。从黄帝开始开创的中华民族、政治、文化大一统，经过五帝时代，再经过夏商周三代，到西周时期初步实现了民族、文化大一统。中国文化经纬由万国而3000余国，由3000余国而千余国，由千余国而十余国，由十余国而大一统。无数次的友好结盟，无数次的武力兼并，最后终于形成了一个民族，这就是华夏族，也就是中华民族的前身。

历史表明，以黄帝氏族为骨干的华夏族形成于中原地区，但并非完全是由原居于中原地区的氏族部落演化而成的。在华夏族的形成过程中，有原居于中原地区的民族部落迁往四方的，也有居于四方的氏族部落迁入中原的。中原地区之所以能形成华夏族，就在于它是五方杂处之地。各方的氏族部落在此汇合，不能不发生接触，不能不发生冲突，不能不发生交往，不能不发生通婚，结果就形成了华夏族。黄帝部、炎帝部、蚩尤三大部落由冲突、战争到部落通婚、民族融合，部落联盟制度的出现等等就是最有力的说明。把华夏族的形成过程说得纯粹又纯粹是不妥当的。如果汇进华夏族的氏族部落只能停留在血缘亲族集团的阶段，或者至多是停留在亲族集团联盟的阶段，那也就不会有后来的中华民族了。

正因为如此，在汇入华夏族的氏族部落中，其亲族和苗裔有居于四方的，有迁往四方的。同为禹父鲧的后裔而有瓜州之戎，其衣服言语不与华同。同为夏后氏的后裔，在中原者为华夏族，迁往北方者则为匈奴。同为帝颛顼的后裔，其在中原者为华夏族，迁往南方者则为荆蛮。同为黄帝的子孙而有华夏和戎狄。其为华夏者自不用说，其为戎狄者则犬戎、赤狄、白狄，均其明证也。同为炎帝之后而有华夏和氏、羌，这就更不用说了。

事实上，直到春秋时期，在华夏族中还有不少姜姓之国，它们明显地是出自羌人的。太皋氏，少皋氏、帝鸿氏、缙云氏、共工氏等的后裔，都是这样，有进入华夏的，有成为蛮夷戎狄的。有华夏之后而有蛮夷戎狄，然而华夏却是由蛮夷戎狄荟萃而成的。因此，华夏与蛮夷戎狄之间并没有什么不可逾越的界限。它们各自相互之间是你中有我，我中有你，息息相通的，又是夷狄而中国，中国而夷狄，能够相互转化的。之所以能够如此，又与黄帝部落所开创的大一统有着很大的关系。

由此可以说，华夏族是由黄帝氏族为本体而多元形成的共同体，而在它形成之后又是一干多枝的民族谱系。蛮夷戎狄和华夏之间都是交错而生的连理枝。这里边，不仅包括蒙古人种的各个分支，而且有西来的印欧人、阿拉伯人、尼格罗人，南来的马来人，等等。中国文化是多元一体，一干多枝，这是中华民族形成和发展的规律。多元一体是就华夏族的形成而言的，一干多枝指的是华夏族与其他民族的关系。

华夏族的形成时间，笔者认为应定在春秋战国时期。因为直到这时候才真正形成了与蛮夷戎狄有别的华夏民族共同体。原来出自不同的所谓古帝王的氏族和部落到这时都合而为一了。原始时代的氏族部落是有族姓的，所以有的人又称氏族为姓族。这样的姓族在古代是屈指可数的，所以从族姓上很容易区分不同的氏族和部落。由姓族繁衍为宗族，再用族姓就不行了，因为许多宗族都是出自同一姓族的。为了区别不同的宗族，于是而有宗氏，即宗族的名称。在通常的社会交往中，人们是称氏不称姓的。称氏不称姓，表明氏族部落制在逐渐消失。不过，在追溯宗族的渊源时，人们又把族姓提出来。这又表明，氏族部落制还没有完全消失。进入春秋战国时代，人们以氏为姓，姓氏不分，宗族离散，再也找不到氏族部落的痕迹了。这就意味着中华民族的形成。当然，古老的族姓并没有完全消失，但它已不是氏族部落的专称，而是华夏族中的氏姓了。

由多元而一体，就发生了祖宗牌位如何安排的问题。司马迁在《史记·五帝本纪》中是按照黄帝、颛顼、帝喾、帝尧和帝舜顺序排列的。这种从黄帝开始一脉相承的继承法，就成了中华民族的起源，按照这一谱系，我们就能查明华夏文明的源头，看它是怎样从多元演化成一体的。[①] 本章总结黄帝与中华民族的关系，

---

① 参见田昌五著：《华夏文明的起源》，中国书籍出版社 2015 年版，第 15—20 页。

就是为了更好说明中华民族的来源是多元一体。

关于黄帝是中华民族共祖的说法可以在中国古代很多文献中看到：

《史记》卷一《黄帝本纪》说：

> 自黄帝至舜、禹，皆同姓而异其国号，以章明德。故黄帝为有熊，帝颛顼为高阳，帝喾为高辛，帝尧为陶唐，帝舜为有虞。帝禹为夏后而别氏，姓姒氏。契为商，姓子氏。弃为周，姓姬氏。

《史记》卷二《夏本纪》说：

> 夏禹，名曰文命。禹之父曰鲧，鲧之父曰帝颛顼，颛顼之父曰昌意，昌意之父曰黄帝。禹者，黄帝之玄孙而帝颛顼之孙也。

《史记》卷四《周本纪》说：

> 周后稷，名弃。其母有邰氏女，曰姜原。姜原为帝喾元妃。

> 武王追思先圣王，乃褒封神农之后于焦，黄帝之后于祝，帝尧之后于蓟，帝舜之后于陈，大禹之后于杞。

《史记》卷十三《三代世表》说：

黄帝号有熊。

帝颛顼，黄帝孙。起黄帝，至颛顼三世 [ 号高阳 ]。

帝喾，黄帝曾孙。起黄帝，至帝喾四世。号高辛。

帝尧，起黄帝，至喾子五世。号唐。

帝舜，黄帝玄孙之玄孙，号虞。

帝禹，黄帝耳孙，号夏。

帝启，代有扈，作《甘誓》。

帝履癸，是为桀。从禹至桀十七世。从黄帝至桀二十世。

殷汤代夏氏。从黄帝至汤十七世。

帝辛，是为纣。弑。从汤至纣二十九世。从黄帝至纣四十六世。

周武王代殷。从黄帝至武王十九世。

《新唐书》卷一《高祖本纪》说：

赞曰：……然考于《世本》，夏、商、周皆出于黄帝，夏自鲧以前，商自契至于成汤，其间寂寥无闻，与周之兴异矣。

《新唐书》卷七十二下《宰相世系二》说：

张氏出自姬姓。黄帝子少昊青阳氏第五子挥为弓正，始制弓矢，子孙赐姓张氏。

《新唐书》卷七十三上《宰相世系三》说:

> 任姓出自黄帝少子禹阳,受封于任,因以为姓。十二世孙奚仲,为夏车正,更封于薛。又十二世孙仲虺,为汤左相。太戊时有臣扈,武丁时有祖己,皆徙国于邳。祖己七世孙成侯,又迁于挚,亦谓之挚国。

《新唐书》卷七十三下《宰相世系三》说:

> 薛氏出自任姓。黄帝孙颛顼少子阳封于任,十二世孙奚仲为夏车正,禹封为薛侯,其地鲁国薛县是也。奚仲迁于邳,十二世孙仲虺,复居薛,为汤左相。臣扈、祖己皆其胄裔也。祖己七世孙曰成,徙国于挚,更号挚国。女大任,生周文王,至武王克商,复封为薛侯。

《新唐书》卷七十四上《宰相世系四》说:

> 傅氏出自姬姓。黄帝裔孙大由封于傅邑,因以为氏。

《新唐书》卷七十四下《宰相世系四》说:

> 周氏出自姬姓。黄帝裔孙后稷,后稷封于邰,其地扶风斄乡是也。
>
> 吉氏出自姞姓。黄帝裔孙伯鯈封于南燕,赐姓曰姞,其

地东郡燕县是也，后改为吉。

《新唐书》卷七十五下《宰相世系五》说：

> 董氏出自姬姓。黄帝裔孙有飂叔安，生董父，舜赐姓董氏。
>
> 元氏出自拓跋氏。黄帝生昌意，昌意少子悃，居北，十一世为鲜卑君长。
>
> 武威李氏，本安氏，出自姬姓。黄帝生昌意，昌意次子安，居于西方，自号安息国。
>
> 乌氏出自姬姓。黄帝之后，少昊氏以乌鸟名官，以世功命氏。齐有乌之余，裔孙世居北方，号乌洛侯，后徙张掖。

《路史》卷二十四《国名纪·黄帝后姬姓国》说：

> 有熊　　帝之开国，今郑之新郑。《舆地广记》云："古有熊国，黄帝所都。"云地，非。
>
> 寿丘　　在兖之曲阜东北六里，高三丈，今仙源。
>
> 陈　　今凤翔宝鸡故陈仓，有陈山，非宛邱。
>
> 昌　　昌意后。
>
> 若水　　昌意国，今越巂之台登。《盟会图》疏以为郡，故《世本》云："允姓国，昌意降居为侯。"非也。
>
> 安息　　安之后。

党项　　悃之后。

江水　　玄嚣国，若之下流泜水也，今蜀州。

卞　　卞明国，汤伐有卞随……今泗水县有卞故城，汉属鲁国。

蛮人　　龙亩之裔，今湖南北、桂林等处皆是，辰、澧、沅、湘之间尤盛。

清　　少昊父封。

张　　挥之封。然黄帝臣，自有张若。故河东解有张阳城，汉之东张，今邢之任县是。《纪年》：“齐师逐郑太子齿奔城张阳。”南郑是也。

采　　纪姓，夷彭子，故左人地，今中山之北平。王符以采任姓，非。

北狄　　始均之裔。

资　　《陈留风俗传》云：“资姓，黄帝后。”《姓纂》云：“益州资中，今资州。资阳有资川江。”然古资阳城在简之阳安，而潭之益阳有资水，或其派裔。

鄜　　《潜夫论》：“詹、资、鄜、翟，黄帝后。”故《玉篇》云：“资、鄜故国，黄帝后，封在岐山之阳，所谓‘周原朊朊’者。”顾伯邶云：“昌意后，止于夏商间。”

虔　　《风俗通》：“虔氏出黄帝。”与《陈留传》同。今河东闻喜、虔聚旻。

寇　　在郑有寇水，北行唐。今莫之任丘西一里，有寇水枯渎。《陈留传》："寇氏自黄帝出。"

郦　　故南阳。郦音尺，今内乡菊潭镇也。

翟　　北地古翟国。后徙西河。《盟会图》云："今慈州。"

詹　　周有詹父，詹桓伯，圻内地，与楚詹尹异。

葛　　《郡国志》："高阳有葛城。"今郑西北有葛乡城，一名依城，汉高阳地。然葛乡故葛城，乃在宁陵北十五，郾城北三十，周四里，去亳城百里，即葛伯国，非嬴姓之葛。

髦氏　依姓。《山海经》："髦氏国，近积石。"

狂犬　黄帝后，任姓。分见《潜夫论》。

郐　　蓟也，中绝。武王复继之，记皆为祝。祝，尧后。

桥　　《唐表》："桥，姬后。"

《路史》卷二十四《国名纪·黄帝之宗》说：

祈　　蕲也，欧阳修《祁公铭》以"祁为黄帝之子所封"，非也。祁，少昊后。祈，黄帝后。

酉　　即酉阳。今黔之彭水，汉酉阳也。有酉水。

滕　　今徐之西南十四有故滕城。开皇六年，古以滕国为名。一作胜。《纪年》："越王朱句，二十年灭滕。"是也。

葴　　卫有鍼，邵氏《姓解》作箴，皆音针。

任　　禹阳国。仓颉为任大夫，晋邑，今邢之任县。

苟　　战国有苟变，子思荐之。《程氏世谱》："以河内多杞氏焉，妄也。"

釐　　僖也。齐国釐城，为来音。简王十二年，舒庸人道吴国巢及釐虺。

郅　　佶氏，见《诗》。《风俗通》云："殷时侯国，一作吉。"《潜夫论》云："郅与姞同，而字异。"

儇　　与环同音，月宣轻也。《集韵》："音旋，非。"

依　　史伯说："十邑有依、畴、历、莘，皆邻邑，后属郑。"韦昭云："国。"

纪（剧）　　剧是今齐之临朐东、寿光西南故剧城，汉之剧县。纪、剧要为二国，故《寰宇记》："古纪城在寿光南，又有剧南城，云故纪国。"郑樵云："纪后迁剧，所谓朐剧，云纪、剧声讹，非也。"

……

奚　　郑樵云："鲁奚邑。"今徐之滕东南六十青丘村，有奚家冢、奚公山。阳晔《徐州记》云："仲造车辙，存焉。"

薛　　侯爵，吉光国。今滕东南五十里有故薛城，故汉县，战国属齐，为徐州，秦为薛郡，有仲祠，或曰大薛。

伾　　邳也。今淮阳治下邳城，汉下邳国，梁下邳郡，周邳州，唐隶泗城，三重，处泗、沂之会，有仲虺祠。

挚　　祖己七世孙，成封周文王母太任国。今蔡之平舆，有挚亭。

　　谢　　欧阳修《谢绛铭》云："黄帝后，昔周灭之，以封申伯。"在南阳之宛，见《诗·崧高》。……

　　章　　章与谢，本皆任姓，周始以封太公之支子。

　　舒　　春秋之留舒，去谷七里，亦曰柳舒。故城在郓之须城，许氏作邻。邻，郓之下邑。

　　洛　　《周书》之有洛氏。史伯云："北有路、洛、泉、徐、浦"，韦昭云"皆赤狄"，宜于此异，或作络、雒，广汉属县。

　　昌　　黄 [帝] 臣有昌若，宜昌邑其东有昌故县，近滹沱河有昌亭、西昌县。春秋，昌间多在河东北。

　　蓟　　县，今范阳治，地多蓟《水经注》："蓟城西北隅，蓟丘为名。"《班志》云："蓟，故燕国名。"

　　终　　商有终古，宜即佟，后有佟氏，佟通。今襄阳有浺水。

　　泉　　洛阳西五十，故伊关县北有泉亭，周世狄居之，俗呼前亭。

　　阜　　宜晋郫邑，一曰郫邵。[文元年] 绛之垣东九十有郫邵塊，阜氏所出，非越隽。

　　遇　　禺也。宜即番禺，鲁襄公救成至遇，[十五年] 鲁邑近成，然非必禺。

儋　《山海经》："儋人任姓。"今儋州。

牛黎　《经》云："牛黎之国，儋人之子儋。"今有黎姥山。

番禺　贲隅也。今清海之属县，有禺山。《传》云"禺号南海"，故予谓此即禺。《经》文有无肠、继无之国，皆任姓。

右一十六国任之分。

南燕　伯爵，伯儵国。后稷妃，南燕姞氏也。今滑之胙城东北，汉南燕县，隋改曰胙。亦尝有东燕云。

密须　子爵。《世本》云："商有密须，文王伐之。"鲁有密须之鼓。杜预谓姞姓国，在安定阴密，今泾之灵台也。……

阚　子爵。今郓之寿张有阚乡，而阚古城在中都，阚亭又在须昌东南，齐有阚止。

允　高阳时有允格，或云少昊后，出黄帝。

蔡　蕲春江中有蔡山，在广济县。大龟纳锡，故曰蔡，非姬姓蔡。

光　《春秋图》："有光国。"今光州。

敦　鉏任、冷、敦之田，许地也，郑取之。《陈留风俗传》云："敦氏，姞姓后。"

偪　晋襄公母，偪姞国，即周之偪阳国。

蔡　　伯爵。宜为东燕，与南燕比（昭三年，北燕伯款亦姞姓）。

鲁　　汝之鲁山县，非兖地。

雍　　伯爵。汴之雍丘，郑庄夫人雍姞国。《姓纂》云："宋之雍氏，本姞姓。"《寰宇记》："雍氏，黄帝后，姞姓是矣。"又冀之堂阳东北三十六（里），亦有雍氏城。

断　　晋地有断道，即卷楚也。《世本》作段，写误。

密　　河南密县东四十故密城是，武德三为密州，与须城比，故说者谓即密须，盖亦号密须云。

虽　　开封长垣，近须城是，卫在今澶之卫南二十八里。《卫诗》所谓"思须与曹"者，由声转也。

右一十四国，黄帝后，姞姓分。黄帝之子二十五人，为姓十二，姬、釐俱帝，而任、姞二姓为此二十九国，其他子姓固称是也。《礼传》曰："舜即位，封黄帝之子孙十，有九人为侯伯，该不得考矣。后有见者当并之。"

《国语》卷四《鲁语上》说：

有虞氏禘黄帝而祖颛顼，郊尧而宗舜；夏后氏禘黄帝而祖颛顼，郊鲧而宗禹，商人禘舜而祖契，郊冥而宗汤；周人禘喾而郊稷，祖文王而宗武王。

《论衡》卷二十九《案书篇》说：

> 《三代世表》言五帝、三王皆黄帝子孙，自黄帝转相生，不更禀气于天。

以上是关于黄帝与华夏族之间关系的一些文献资料，虽然不全，但从其内容已经足以说明黄帝对华夏各族寻根求源的重要性了。

至于黄帝与少数民族之间的关系，也有很多文献指出黄帝同样是他们的共祖。

《史记》卷四《周本纪》说：

> "明年，伐犬戎。"
>
> 集解：《山海经》曰："有人，人面兽身，名曰犬戎。"正义：又云："黄帝生苗龙，苗龙生融吾，融吾生并明，并明生白犬。白犬有二，是为犬戎。"

《史记》卷四十《楚世家》说：

> 楚之先祖出自帝颛顼高阳。高阳者，黄帝之孙，昌意之子也。高阳生称，称生卷章，卷章生重黎。重黎为帝喾高辛居火正，甚有功，能光融天下，帝喾命曰祝融。共工氏作乱，帝喾使重黎诛之而不尽。帝乃以庚寅日诛重黎，而以其弟吴

回为重黎后，复居火正，为祝融。

《史记》卷一百一十《匈奴列传》说：

> 匈奴，其先祖夏后氏之苗裔也，曰淳维。唐、虞以上有山戎、猃狁、荤粥，居于北蛮，随畜牧而转移。

> "匈奴，其先祖夏后氏之苗裔也，曰淳维。"集解：《汉书音义》曰："匈奴始祖名。"索隐：张晏曰："淳维以殷时奔北边。"又乐产《括地谱》云："夏桀无道，汤放之鸣条，三年而死。其子獯粥妻桀之众妾，避居北野，随畜移徙，中国谓之匈奴。"其言夏后苗裔，或当然也。故应劭《风俗通》云："殷时曰獯粥，改曰匈奴。"又服虔云："尧时曰荤粥，周曰猃狁，秦曰匈奴。"韦昭云："汉曰匈奴，荤粥其别名。"则淳维是其始祖，盖与獯粥是一也。

《史记》卷一十三《三代世表》说：

> "蜀王，黄帝后世也。"索隐案：系本蜀无姓，相承云黄帝后。且黄帝二十五子，分封赐姓，或于蛮夷，盖当然也。《蜀王本纪》云朱提有男子杜宇从天而下，自称望帝，亦蜀王也。则杜姓出唐杜氏，盖陆终氏之胤，亦黄帝之后也。正义：谱记普云蜀之先肇于人皇之际。黄帝与子昌意娶蜀山氏女，生帝俈，立，封其支庶于蜀，历虞夏商。周衰，先称王者蚕

丛，国破，子孙居姚、篱等处。

"至今在汉西南五千里，常来朝降，输献于汉，非以其先之有德，泽流后世邪？行道德岂可以忽乎哉！人君王者举而观之。汉大将军霍子孟名光者，亦黄帝后世也。"索隐案：系本云霍国，真姓后。周武王封其弟叔处于霍。是姬姓亦黄帝后。

《汉书》卷九十六《西域传》说：

安息国，王治番兜城，去长安万一千六百里。

《晋书》卷一〇八《载记八·慕容廆》说：

慕容廆，字弈洛环，昌黎棘城鲜卑人也。其先有熊氏之苗裔，世居北夷，邑于紫蒙之野，号曰东胡。其后与匈奴并盛，控弦之士二十余万，风俗官号与匈奴略同。秦汉之际为匈奴所败，分保鲜卑山，因以为号。曾祖莫护跋，魏初率其诸部入居辽西，从宣帝伐公孙氏有功，拜率义王，始建国于棘城之北。时燕代多冠步摇冠，莫护跋见而好之，乃敛发袭冠，诸部因呼之为步摇，其后音讹，遂为慕容焉。或云慕二仪之德，继三光之容，遂以慕容为氏。祖木延，左贤王。父涉归，以全柳城之功，进拜鲜卑单于，迁邑于辽东北，于是渐慕诸夏之风矣。

《晋书》卷一一六《载记十六·姚弋仲》说：

> 姚弋仲，南安赤亭羌人也。其先有虞氏之苗裔。禹封舜少子于西戎，世为羌酋。其后烧当雄于洮、罕之间，七世孙填虞，汉中元末寇扰西州，为杨虚侯马武所败，徙出塞。虞九世孙迁那率种人内附，汉朝嘉之，假冠军将军、西羌校尉、归顺王，处之于南安之赤亭。那玄孙柯回为魏镇西将军、绥戎校尉、西羌都督。回生弋仲，少英毅，不营产业，唯以收恤为务，众皆畏而亲之。永嘉之乱，东徙榆眉，戎夏襁负随之者数万，自称护西羌校尉、雍州刺史、扶风公。

《北史》卷一《魏本纪》说：

> 魏之先出自黄帝轩辕氏。黄帝子曰昌意，昌意之少子受封北国，有大鲜卑山，因以为号。其后世为君长，统幽都之北，广漠之野，畜牧迁徙，射猎为业，淳朴为俗，简易为化，不为文字，刻木结绳而已。时事远近，人相传授，如史官之纪录焉。黄帝以土德王，北俗谓土为托，谓后为跋，故以为氏。其裔始均，仕尧时，逐女魃于弱水，北人赖其勋，舜命为田祖。历三代至秦、汉，猃狁、猃狁、山戎、匈奴之属，累代作害中州，而始均之裔不交南夏，是以载籍无闻。

《魏书》卷一《序纪》说：

昔黄帝有子二十五人，或内列诸华，或外分荒服。昌意少子，受封北土，国有大鲜卑山，因以为号。其后，世为君长，统幽都之北，广漠之野，畜牧迁徙，射猎为业，淳朴为俗，简易为化，不为文字，刻木纪契而已。世事远近，人相传授，如史官之纪录焉。黄帝以土德王，北俗谓土为托，谓后为跋，故以为氏。其裔始均，入仕尧世，逐女魃于弱水之北，民赖其勤，帝舜嘉之，命为田祖。爰历三代，以及秦汉，獯鬻、猃狁、山戎、匈奴之属，累代残暴，作害中州，而始均之裔，不交南夏，是以载籍无闻焉。

积六十七世，至成皇帝讳毛立，聪明武略，远近所推，统国三十六，大姓九十九，威振北方，莫不率服。

《通典》卷一百九十六《边防十二·北狄三》说：

慕容氏，亦东胡之后，别部鲜卑也。晋史云："有熊氏之苗裔，因山为号。"魏初渠帅有莫护跋，率诸部入居辽西，后从司马宣王讨公孙渊有功，拜率义王，始建国于棘城之北。今柳城郡之地。时燕代多冠步摇冠，护跋见而好之，乃敛发袭冠，诸部因呼之为"步摇"，其后音讹，遂为"慕容"焉。或云慕二仪之德，继三光之容，遂以慕容为氏。至孙涉归，魏封为鲜卑单于，迁居辽东，于是渐慕华夏之风矣。

拓跋氏亦东胡之后，别部鲜卑也。后魏史云："出自黄帝子昌意之少子，受封北土，亦因鲜卑山以为号。"宋齐二史又云："汉降将李陵之后。"或云黄帝之苗胤，以黄帝土德，谓土为拓，后为跋，故以为氏。其裔始均，仕尧时，逐女魃于弱水北，人赖其勋，舜命为田祖。

《辽史》卷六十三《世表》说：

庖牺氏降，炎帝氏、黄帝氏子孙众多，王畿之封建有限，王政之布濩无穷，故君四方者，多二帝子孙，而自服土中者本同出也。考之宇文周之书，辽本炎帝之后，而耶律俨称辽为轩辕后。

《资治通鉴》卷一《周纪一》说：

《风俗传》云：张、王、李、赵，黄帝所赐姓也。又晋有解张，字张侯，自此晋国有张氏。唐姓氏谱：张氏出自姬姓，黄帝子少昊青阳氏第五子挥正始制弓矢，子孙赐姓张。周宣王卿士张仲，其后裔事晋为大夫。

《资治通鉴》卷七十七《魏纪九》说：

"是岁，鲜卑索头部大人拓跋力微始遣其子沙漠汗入贡，因留为质。力微之先，世居北荒，不交南夏。"

魏收曰：魏之先出自黄帝，黄帝子曰昌意，昌意少子受封北国，有大鲜卑山，因以为号。黄帝以土德王，北人谓土为"托"，谓后为"拔"，故以为氏。或曰：自谓托天而生，拔地而长，故为托跋氏。萧子显曰：匈奴女名托跋，妻李陵，胡俗以母为姓，故为李陵之后而甚讳之，有言其是陵后者，辄见杀。

《路史》卷十四《后纪五·疏仡纪·黄帝纪上》说：

元妃西陵氏，曰嫘祖，生昌意、玄嚣、龙苗。昌意就德，逊居若水，有子三人，长曰乾荒，次安，季悃。乾荒生帝颛顼，是为高阳氏。安处西土，后曰安息，汉来复者为安氏延、李氏。悃迁北土，后来党项之辟，为拓跋氏，至郁律二子，长沙漠雄，次什翼犍，初王于代，七子其七窟咄生魏帝道武，始都洛为元氏，十五世百六十有一年，周齐灭之。有党氏、奚氏、达奚氏、乞伏氏、纥骨氏、什氏、乾氏、乌氏、源氏、贺拔氏、拔拔氏、万俟氏、乙旃氏、秃发氏、周氏、长孙氏、车非氏、兀氏、郭氏、侯亥氏、车焜氏、普氏、李氏、八氏、十姓，俱其出也。拓跋思敬镇夏，以讨巢功赐李姓。有拓跋仁福者，为番部都指挥使，亦从其姓，将迕迎为州师，子彝超、彝兴，继有夏银、绥宥地。

玄嚣姬姓，降居泒水，生帝喾，是为高辛氏。龙苗生吾融，为吾氏。吾融生卞明，封于卞，为卞氏。卞明弃其守，降之南裔，生白犬，是为蛮人之祖。

　　禺号生禺京、徭梁、儋人。京居北海，号居南海，是为海司，有禺强氏、强氏；儋人姓任，生牛黎；徭梁生番禺，是始为舟。

《山海经》卷十六《大荒西经》说：

　　有北狄之国。黄帝之孙曰始均，始均生北狄。

《尸子》卷下说：

　　四夷之民，有贯胸者，有深目者，有长肱者，黄帝之德常致之。

《战国策·魏策二》说：

　　黄帝战于涿鹿之野，而西戎之兵不至；禹攻三苗，而东夷之民不起。以燕伐秦，黄帝之所难也。

《元和姓纂》卷十说：

　　拓拔，《后魏书》云：黄帝子昌意之后，受封北土。黄帝土德王，北人为拓后拔氏，后省文为拓跋氏。

《升庵诗话》说：

慕容氏自云轩辕之后。

（光绪）《土默特志》卷三，世系，说：

夫土默特，内蒙古之一旗也。相传蒙古为黄帝远裔，传尝以帝少子始均为北狄之祖。陈殷所云元祖起沙漠，自称黄帝之后是也。

据 1990 年江苏古籍出版社等出版《中国地方志集成·西藏卷》中的（民国）《昌都县志》说：

黄帝起于冈底斯山，建新宫于昌都，厥后沿黄河入主中夏，遗留子孙于故国，蕃衍繁盛以至西欧，故小亚细亚东西悉为黄种民族，皆黄帝之后裔也。①

综上所述，我们可以看到，黄帝氏族发祥于陕甘之地，后向东南西北迁移与扩散，黄帝族源远流长，几乎遍及中华大地，支系繁多，子孙繁衍，几乎占现代中华民族人口的绝大多数，包括汉族和许多少数民族在内，到今天确认黄帝为他们的始祖，是有根据的。《国语·晋语》说："凡黄帝之子二十五宗，其得姓者十四人，为十二姓：姬、酉、祁、己、滕、箴、任、荀、僖、姞、

① 以上文献参引自黄帝陵基金会编：《黄帝文化志》，第一编，黄帝与中华民族，陕西人民出版社 2008 年版。

儇、依是也。惟青阳与苍林氏同于帝，故皆为姬姓。"据《路史·国名纪》中所载，黄帝子孙所封之国约 70 个，分布在今天的河南、河北、山西、山东、陕西、安徽、广东、四川、湖北、江苏、蒙古、青海等地。黄帝的子孙通过分封治理各地，世代繁衍，奠定了多维生成的中华民族雏形和中华古国最早的版图。据史家考证，有一些少数民族也自称是由黄帝子孙蔓延发展而成的，如西藏族之羌，回族之安息，苗黎族之禺号，蒙古族之匈奴，东胡族之鲜卑。满族的祖先金人，也是黄帝之子的后裔。诚如于右任先生所言："是中华民族之全体，均皆黄帝子孙也。"黄帝的人生经历及生命繁衍，便这样全息着多民族的中华大家庭的生成及和合。①

---

① 参见李秀芳、肖云儒著：《中华传统文化的精神母体和人格模型》，李学勤、张岂之主编：《炎黄汇典》（文论卷），吉林文史出版社 2002 年版，第 587 页。

# 第十章　黄帝与中国文化

昔者黄帝治天下，而力牧、太山稽辅之，以治日月之行律，治阴阳之气；节四时之度，正律历之数；别男女，异雌雄；明上下，等贵贱；使强不掩弱，众不暴寡，人民保命而不夭，岁时孰而不凶；百官正而无私，上下调而无尤；法令明而不闇，辅佐公而不阿；田者不侵畔，渔者不争隈；道不拾遗，市不豫贾；城郭不关，邑无盗贼；鄙旅之人，相让以财；狗彘吐菽粟于路，而无忿争之心。于是日月精明，星辰不失其行；风雨时节，五谷登孰；虎狼不妄噬，鸷鸟不妄搏；凤凰翔于庭，麒麟游于郊；青龙进驾，飞黄伏皂；诸北、儋耳之国，莫不献其贡职。

## 一、开启大一统

天地玄黄，宇宙洪荒。

6500 至 5000 年前，中国历史进入了第一次大一统时代。

这个以黄帝统一黄河流域诸部落为特征的大一统时代的文化烙印，深刻地影响到此后中国 6000 余年的历史文明进程。

从古史传说来看，昆仑神山、轩辕古国、涿鹿之战等等都构成了华夏早期文明史的开端。

黄帝、炎帝与蚩尤成为中华民族公认的三大始祖，他们的情况，构成了中华文明史的开端。

黄帝、炎帝与蚩尤之事，经司马迁"非好学深思，心知其意，固难为浅见寡闻道也"的严谨审视，载入《史记·五帝本纪》中。司马迁很重视轩辕、炎帝与蚩尤之间战争的意义，他认为，正是由于轩辕战胜了蚩尤、炎帝并开始统一分散、混战的诸部落，开创了华夏大一统文明的先河，才最终开启了华夏文明的曙光。

司马迁说：

> 轩辕之时，神农氏世衰，诸侯相侵伐，暴虐百姓，而神农氏弗能征，于是轩辕乃习用干戈，以征不享，诸侯咸来

宾从。而蚩尤最暴，莫能伐。炎帝欲侵陵诸侯，诸侯咸归轩辕。①

这说明，轩辕氏兴起之时，中原大地居统治地位的部落是神农氏，即炎帝部族，他在"诸侯相侵伐"之时，由于世衰而无能为力，中原地区各部族依凭所据的一方物质资源不断壮大实力，开始对于原本以农业文明较为发达的神农氏部落产生怠慢之心，各部族之间为争夺生存与发展权而战争不断。这时，北方实力较为强盛的轩辕氏部落，依仗武力"以征不享"者，起而取代炎帝部落在中原"诸侯"中取得了统治地位，并进而征服了其他众多不服从的部落，扩大了本部族统治的地域。

在部落联盟形成的过程中，神农氏部落的统治地位遇到别的氏族部落的挑战与背叛，"炎帝欲侵陵诸侯"，即用武力征服不顺从的部落，这本是再正常不过的事情。

太史公从大一统的正统观点出发，尊黄帝，贬炎帝，其理由也同样无可挑剔。只不过，他没有明白说明这样一条政治发展的规律即实力原理：

实力是决定成败的最基本条件。

政治成败，实力至尊。

———————————

① 《史记·五帝本纪》。

当时，除神农氏外，蚩尤部族亦难以征服。

问题很清楚，在这华夏族进入英雄时代的当口，在中国广大地域中，存在着轩辕、炎帝和蚩尤三大氏族部落集团的鼎立对峙，一时难以出现一个统一的局面，逐鹿中原的战云笼罩在中原大地的上空。

面对这种长期对峙、战乱不断的局面，势力迅速发展的轩辕氏部族，为战胜炎帝、蚩尤部族，进行了充分的物质与军事准备。

首先，黄帝决定先行征服炎帝势力集团。

> 黄帝之谋炎帝也久矣。

> 至黄帝时，生齿日繁，民族竞争之祸，乃不能不起。遂有炎帝、黄帝、蚩尤之战事，而中国文化，借以开焉。①

此时，炎帝部族虽已经势力衰落，但要完全征服之也并非易事，对此，司马迁简要概括说："炎帝欲侵陵诸侯，诸侯咸归轩辕。轩辕乃修德振兵，治五气，艺五种，抚万民，度四方，教熊罴貔貅貙虎，以与炎帝战于阪泉之野。三战，然后得其志。"②

这个记载表明，轩辕氏与炎帝相比，"诸侯咸归轩辕"，说明其实力与人气盛旺，为与炎帝决战奠定了良好基础。同时，黄帝

---

① 《夏曾佑集》下，上海古籍出版社 2011 年版，第 796—797、796 页。
② 《史记·五帝本纪》。

认真准备，对"艺五种"即将黍、稷、菽、麦、稻主要食粮作为战备条件，以备战士战争中食用；他振兵修武，教士卒习战练武，以猛兽之名命名，显示军威；度四方部族，理顺人心，以支持他的统一战争。正是由于黄帝有组织有计划地进行了充分的准备，凭借其部落强大的力量，加上其他背叛炎帝部落的支持，所以经过多次的交战，最终取得了对炎帝部落战争的胜利。贾谊说："黄帝者，炎帝之兄也。炎帝无道，黄帝伐之涿鹿之野，血流漂杵，诛炎帝而兼其地，天下乃治。"①这说明黄帝、炎帝本为联姻的兄弟部族首领，由于利害严重冲突，自相残杀，且异常惨烈，由"血流漂杵"即可想象当时战争的残酷程度。战争以人类鲜血和生命为代价，却同时又为文明开辟新的路径。

炎黄两个部族的大战，奠定了黄帝族在中原部族中的统治地位。更重要的是，从此炎黄两个部落氏族群合二为一，成为华夏族正式形成的标志。

黄帝战蚩尤是黄帝统一时代的另外一次著名的战争。

史籍中相关记载的资料少而纷乱。

《世本》言："蚩尤，神农臣也。"

《大戴礼记·用兵》说："蚩尤，庶人之贪者也。"

《尚书·吕刑》传文引马融之言云："蚩尤是少暤末九黎之

---

① 《新书·益壤》。

君号。"

《韩非子·十过》说："昔者黄帝合鬼神于泰山之上，驾象车而六蛟龙，毕方并辖，蚩尤居前，风伯进扫，雨师洒道，虎狼在前，鬼神在后，腾蛇伏地，凤皇覆上，大合鬼神，作为清角。"

上述这些记载虽然众说纷纭，甚至具有神话色彩，但毕竟还是可以理出一个头绪的。《世本》说蚩尤是神农之臣属，《逸周书·尝麦解》亦言："蚩尤乃赤帝臣。"这说明蚩尤曾一度归顺神农。神农氏后来衰落，众部族相互侵伐，不听从神农，蚩尤自然也是如此。《韩非子》中说，黄帝曾集众部族于泰山之巅，奏着黄帝之琴，"蚩尤居前"，立于一个显著的地位，这说明在神农氏衰落、轩辕氏取而代之时，蚩尤曾一度归顺轩辕氏，在众部族中，因为持有强大的实力，而地位"居前"。

在《尚书》传注中言，蚩尤是九黎之君，三苗是九黎的后裔；又言少皞本是九黎之君，少皞是东夷部族首领，很可能原先蚩尤部族为东夷一支，后其势力因武器装备得以改进而迅速壮大。

关于蚩尤"作兵"，史籍记载说："葛卢之山发而出水，金从之，蚩尤受而制之，以为剑、铠、矛、戟，是岁相兼者诸侯九。雍狐之山发而出水，金从之，蚩尤受而制之，以为雍狐之戟、芮戈，是岁相兼者诸侯十二。故天下之君，顿戟一怒，伏尸满野，此见戈之本也。"①

崛起后的蚩尤部族在东夷、苗蛮地域兼并达"八十一兄弟",即形成一个非常庞大的部落联盟集团,起先成为神农氏部落联盟中的一支,后来又归顺于轩辕氏,最后又叛轩辕氏形成三足鼎立,乃至势不两立的局面。

由于蚩尤联合了东部及南部众多的部族,先对神农氏、后对轩辕氏构成威胁,同时又先归顺神农氏、后归顺轩辕氏,以至最后与其发生严重的冲突,进而与炎帝、与轩辕氏展开了争夺黄河中游的地盘。这是大洪水时代海水上升东夷部族被迫内迁以期生存、从而同中原氏族部落发生冲突的真实写照。

司马迁说:"蚩尤作乱,不用帝命。"②

因此,轩辕氏在兼并了神农氏部族之后,又将统一蚩尤部落提上了日程。

按照司马迁的叙述顺序,轩辕氏是在征服了炎帝部落后,才同蚩尤进行决战的。

司马迁在记述了轩辕战胜炎帝之后,接着说:"黄帝乃征师诸侯,与蚩尤战于涿鹿之野,遂禽杀蚩尤。而诸侯咸尊轩辕为天子,代神农氏,是为黄帝。天下有不顺者,黄帝从而征之,平者去之,

---

① 《管子·地数》。
② 《史记·五帝本纪》。

披山通道，未尝宁居。"①

　　关于黄帝战蚩尤之事，在《山海经》中有记载："蚩尤作兵伐黄帝，黄帝乃令应龙攻之冀州之野。应龙畜水，蚩尤请风伯、雨师，纵大风雨。黄帝乃下天女曰魃，雨止，遂杀蚩尤。"②

　　上述两则文献都记载了黄帝与蚩尤决战的简要经过，但又有略微不同，如《史记》言，由于蚩尤不听帝命，故黄帝举兵讨伐；而《山海经》则言蚩尤凭借自己有实力，主动发兵进攻黄帝，于是便展开大战。又，根据《归藏》中记载："蚩尤伐空桑，帝所居也。"③蚩尤主动进攻黄帝部族是很清楚的。

　　根据史籍记载，轩辕与蚩尤两个部族的交战，很可能是经历了相当长的一段时间。

　　有文献记载说："黄帝与蚩尤，九战九不胜。"④"九"是一个最大的概数，说明黄帝与蚩尤的战争，经过无数次的战斗，才最终取得胜利的。

　　还有文献记载说："昔蚩尤暴横。黄帝举贤用能，诛强伐叛，以佐神农之理，三年百战，而功用未成。"⑤

---

① 《史记·五帝本纪》。
② 《山海经·大荒北经》。
③ 《全上古三代秦汉三国六朝文》第 15 辑。
④ 《太平御览》卷 15。
⑤ 《太平广记》卷 13，《骊山姥》。

炎帝、蚩尤部族敢与黄帝部族角逐，凭借两个重要的条件，一是他拥有众多部族强有力的支持，二是他有自己部族传统宗教意念作为精神力量，致使黄帝一度对他们束手无策。如在与蚩尤部族的战争中，有史籍记载说："黄帝摄政前，有蚩尤兄弟八十一人，并兽身人语，铜头铁额，食沙石子，造五兵，仗兵戟大弩，威震天下。诛杀无道，不慈不仁。万民欲令黄帝行天子事，黄帝以仁义不能禁止蚩尤，遂不敌，乃仰天而叹，天遣玄女下授黄帝兵信神符，制伏蚩尤，节因使之主兵，以制八方。"这段出于《龙鱼河图》的绘声绘色充满了神秘色彩的文字，实质上是反映了在黄帝部落与蚩尤部落的战争中，蚩尤一度在军事上占有强势，因此轩辕才会"仰天而叹"。

然而黄帝取得了最终胜利，蚩尤失败被杀，这说明黄帝比之蚩尤，具有更大的优势。

首先，黄帝与炎帝部族联合，这两大部族最先进入农耕文明，在物质文化与精神文化方面，均优于蚩尤一方，且已形成一定的社会管理形式，因此，他们所建构的社会组织，代表着上古历史发展的方向，这是其制胜的基础。

其次，黄帝善于学习应用一切有利的条件，全力对付蚩尤，使蚩尤的优势转化为劣势。如黄帝用"畜水"战法，因为农耕文化中，对水有深刻认识，水犹兵也，利用水的特性进攻敌方；又如在广阔的山川和平野之地，风云不测，黄帝"作指南车，以别四方”，在战争中清楚认识敌我情势并取得胜利。在《孙子兵法》中，孙武总结黄帝制胜在"处军、相敌"，即配置军队、判断敌情方面，值得重视的有四：一是在山岳作战，应择据高向川之处，此谓"绝山依谷"；二是在河流地作战，应取居高向阳之处，此谓"绝水必远水"；三是在沼泽盐碱之地作战，应依水草而背树木扎营，此谓"绝斥泽，惟亟去无留"；在平原地作战，应选背高而通达、面临天然障碍之处，此谓"平陆处易"。孙子认为："凡此四军之利，黄帝所以胜四帝也。"①孙武认为黄帝之所以战胜周围部族的进攻，说明他有种种兵法，其中最主要的就是实行了这四项原则。至于传说中黄帝的战法是得于神人所赐，不过是后世为歌颂黄帝取胜而制造出来的一种玄奥故事罢了，不可以之为依据。

黄帝与蚩尤两大部族的旷日持久之战，终以蚩尤部落氏族的失败而告结束。但蚩尤被杀后，天下只有相对的和平，历史遗留下来的问题还不可能在一日内化解，只能在社会前进中逐步整合与解决。

司马迁分析蚩尤死后的形势说："天下有不顺者，黄帝从而征之，平者去之，披山通道，未尝宁居。"②这是符合历史实际的。

黄帝部族联合炎帝等部族的联盟，经过长期艰难的争斗，才

---

① 《孙子兵法·行军》。

② 《史记·五帝本纪》。

最终战胜了强大的蚩尤"八十一兄弟"部落联盟。炎黄部族虽然胜利，但是蚩尤的显赫威名，也因此而传播遍四方。当时，天下并不太平，形势仍然严峻，作为一位大政治家，黄帝除了依仗自己的智慧和部族力量，巩固和发展已取得的胜利成果外，也不得不借助蚩尤的名望，求得境内的绥靖平和。

据唐人张守节在《史记正义》中记载：

> 蚩尤没后，天下复扰乱，黄帝遂画蚩尤形象以威天下，天下咸谓蚩尤不死，八方万邦，皆为弭服。

这只能说明三个问题：

第一，黄帝具有政治家的胸怀和大气。他为了天下的统一与安定、社会的进步与发展、民众的幸福与安康，不以胜利者自居，敢于将强敌蚩尤形象布白于天下，以示和好与敬意，争取原蚩尤部属的人心，减少旧日的仇恨，化解长期形成的积怨。这一举措显然收到了良好的效果。

第二，蚩尤形象的再现，从客观上肯定了蚩尤刚强有为精神之可贵。画蚩尤的形象，即可弭服扰乱的"八方万邦"，由此可见蚩尤在民间的威望之高。"天下咸谓蚩尤不死"，蚩尤的英勇奋斗的精神，深深感染了当时各部族，既包括蚩尤的原部属，也包括炎黄部族的人们，成为后世天下公认的一笔精神财富。

第三，经过黄帝对炎帝、蚩尤部落的战争，中原地区只是出现了一个相对和平的环境，大统一战争之后，仍然多次进行兼并战争，"天下有不顺者，黄帝从而征之，平者去之，披山通道，未尝宁居"①就是最有力的说明。黄帝统一天下后，进一步提出了"陶天下以为一家"建立社会秩序的问题，这是历史发展的必然要求。

这样，根据先秦诸子和两汉著述的评论，揭开那些云遮雾罩般神秘性的文字，可以清楚地看到，黄帝、炎帝与蚩尤的部落氏族之间，解决政治问题的终极办法是用战争的方式，主要凭借点还是各部实力强弱等因素。除了军事方式外，政治智慧亦是相当的重要。部族联盟在炎帝、蚩尤与黄帝大战时得到迅速发展。黄帝部族兴起之时，众部族依赖其所拥有的一方资源优势，得到充分发展，然而在激烈的竞争中，为了部族的生存与发展，他们必须选择部族联合的组织结构。在征战过程中，黄帝部族以武力同炎帝部族联合起来，蚩尤部族同"八十一兄弟"也实行结盟。蚩尤与黄帝的大战，继续沿着这一发展趋势，最终实现了三大族群的统一。通过战争，黄帝将众多部族融合成为一个相对合作与共存的群体，为中华民族早期政治与文化形成与不断向前发展奠定了坚实的基础。

黄帝对炎帝、蚩尤的战争之后，中国远古的疆域第一次得到统一，"其中心地带虽然在太室、泰山、青要山至华山一带，但北

---

① 《史记·五帝本纪》。

至幽都北海，东至东海，西抵陇山的崆峒山，南到熊耳山。政治上，也可以说图腾系列趋向于一致，开始了以黄帝与炎帝文化统一的时代。经济上，日益走上以农牧业为主的道路。科技文化上特别是天文学达到了由统一政权领导组织、有固定地点、有专职人员观测、定期报告的水准。文字也因仓颉的努力而进入到统一的时期"。①

黄帝时代，氏族部落联盟进入了一个新的发展时期，标志着上古社会的历史实现了跨越性的进步。部族的融合必然导致早期华夏政治文明的迅速发展，加强各部族自远古以来形成的不同文化的交流。正是由于这种不同文化的长期并存，相互借鉴，使中华政治文化从一开始，就形成一种兼容并包的优良传统。而这种传统，正是从黄帝时代开始形成的。

黄帝战胜炎帝部落后，轩辕氏与神农氏两个部族相互妥协，逐渐合为一体。战胜蚩尤之后，由于蚩尤部族成员众多，又因为蚩尤乃为非凡之士，其人虽逝，但其声誉与功绩犹存，从而迫使黄帝及其部族郑重对待这一现实。

一方面，黄帝为此智慧性地选择了一种在政治思想文化领域中持开放与宽容的态度；

另一方面，他又真诚学习蚩尤部族的长处，如对天文地理的

———————————

① 王振堂著：《黄帝之研究》，科学出版社 2015 年版，第 302 页。

认识以及冶炼技术，以应用于发展社会生产方面；特别是黄帝命绘画蚩尤的形象，以威天下，求取社会安定，这种思想文化上的包容与开放，显示了黄帝的大度气魄与政治家的胸怀。黄帝不以成败论英雄，保留了蚩尤及其部族积极进取的精神，从而形成了一种闪光的和而不同的文化模式，这种允许不同文化形态的共同生存与相互交融，促进了上古政治与文化的创新与发展。正是在这个意义上，黄帝、炎帝与蚩尤三大部族共同开凿了中国远古政治文化的甘泉，奠定了中华政治文化整体发展的基础，为后来治理天下者树立了一个值得效法的榜样，他们理应成为中华民族的共祖。[1]

经过多年统一大业，黄帝力量所至，"东至于海，登丸山，及岱宗。西至于空桐，登鸡头。南至于江，登熊、湘。北逐荤粥，合符釜山，而邑于涿鹿之阿"。[2] 这为中国最早的政治文化上的大一统奠定了坚实的基础。

## 二、制作和发明

黄帝时代的制作与发明，有见于文献记载的，有见于考古发

---

[1] 参见魏宗禹著：《论蚩尤与黄帝之战的历史文化意义》，《湖南科技学院学报》2006年第2期。

[2] 《史记·五帝本纪》。

现的，有的见于文献则未见于考古，有的见于考古则未见于文献，其主要的制作和发明情况，多数文献与考古基本上是可以对照研究的。将古史文献与考古材料相结合来考察黄帝时代的发明与创造，当不失一种比较可行的办法。

1. 陶器的发明创造。神农氏时代已经发明了陶器，最早的年代可能要早到距今一万年以前。考古发现的七八千年以前的裴李岗诸文化，已经有很多品种的陶器。到了黄帝时代，《物原》说："轩辕作碗碟"，其实碗碟之类陶器，在炎帝时代，甚至在裴李岗诸文化中已经出现。《古史考》说："黄帝时有釜甑。"这两种陶器可以说是新产品。有釜甑必然会有陶鼎。庙底沟类型的仰韶文化中还有陶灶。仰韶时期的陶器，还有陶壶、陶罐、陶钵、陶瓶、陶盘和尖底瓶等。仰韶时期陶器生产在人们生活中占有相当重要的位置，甚至出现了管理陶器生产的"官员"。《列仙传》说："宁封子为黄帝陶正。有人过之，为其掌火，能出五色烟，久则以教封子，封子积火自烧。"烧陶出五色烟可能是烧制彩陶光折射的一种反映。彩陶的出现是制陶史上的一项重大突破，它反映了烧陶技术的提高，彩绘艺术的出现，彩绘颜料的科学选择和实验。

2. 生产工具的发明创造。《世本》里说："雍父作臼"、"雍父作杵"、"挥作弓"、"夷牟作矢"、"垂作耒耜"、"垂作铫"、"垂作耨"、"共鼓、货狄作舟"。据宋衷注皆黄帝臣的创造。仰韶文化之前，粮食加工工具有石磨盘和百磨棒，杵臼的出现较石磨盘进步。

弓矢在黄帝之前已经发明，挥与夷牟作弓矢，当是对弓矢的改进。仰韶时期的遗址中，普遍地发现有石矢、蚌矢和骨矢。耒、耜、铫、耨都是农具，主要是木质的、石质的或骨质的。石质和骨质的农业生产工具，各处遗址中均有发现。相当于仰韶文化晚期的红山文化、良渚文化中发现有石犁，仰韶文化中木犁可能已经出现，有些圆尖刃的石铲当是原始石犁。不见于文献记载而见于考古发现的工具，还有斧、锛、铲、刀、镰、凿等。

3. 纺织麻丝制作衣服。《易·系辞传》说："黄帝……垂衣裳。"《世本》说："伯余作衣裳""胡曹作冕衣"，宋衷注：伯余、胡曹皆黄帝臣。《竹书纪年》说："（黄帝）初制冕服。"说明黄帝时代的人们已不是赤身裸体，或披树叶穿兽皮，而是有冠帽，有衣服。《淮南子·氾论训》说："伯余之作衣也，线麻索缕，手经指挂，其成犹网罗。"仰韶时期陶器上的布纹痕迹，经专家鉴定确属麻布，每厘米经纬约 10 根。稀疏程度确如网罗。《通鉴外纪》说："西陵氏之女嫘祖，为黄帝元妃，始教民育蚕，治丝茧以衣服，后世祀为先蚕。"这是说黄帝时代已经饲养家蚕，并缫丝织布做衣服。在中原地区发现仰韶时期的家蚕茧和陶塑的家蚕蛹。在江南相当仰韶晚期的良渚文化中，发现了丝带和丝织的绢。这就说明黄帝时代的人们，不仅着麻布衣服，而且也出现了更高档次的丝织衣服。钱穆说："衣裳——衣裳的原料最初是树叶兽皮，后来有可以编织的纤维，像麻一类的东西。丝是中国最伟大的发现，有史以来就有丝的记载。据说黄帝元妃西陵氏女名叫嫘祖的开始养蚕。衣裳是黄帝之臣伯余作的，最初只是细麻绳用手织成的绸。有的书上又说'胡曹作衣'，大概胡曹作的是衣的另一部分，所以又说'胡曹作冕'，他制作的是帽子。《世本》又说：'黄帝臣于则作扉履'，是一种鞋子。这些东西当时大概都很简陋，式样颜色都很单纯。黄帝这一族自有它特殊的装束，每一种衣饰有它传说的发明者。"[1]

4. 绘画与雕塑。《世本》说："史皇作图"，宋衷注说："史皇，黄帝臣也。图为画物象也。"张澍粹注引《易通卦验》说："轩辕子苗龙，为画之祖。""画物象"在早期是用于记事，渐后才发展为图画。黄帝之前没有绘画的记载，仰韶文化之前也没有发现绘画。进入仰韶时期，彩陶绘画是举世瞩目的，其内容有动物、植物，早期是象生形的，渐后发展为抽象性的，直至大量出现了几何图案的彩绘。关于当时的雕塑艺术，文献没有明确记载，但是考古发现却是十分丰富的。形态优美的陶器和装饰品都应属于雕塑艺术范畴。除此之外，仰韶文化中发现有陶鸟、壁虎、陶人头，最精美的是陶鹗鼎。大汶口文化中发现有兽形鬶、鸟形鬶和玉龟。红山文化中发现有栩栩如生的女神和玉龙。良渚文化中发现的各种玉雕更是精彩绝伦。

---

[1]　钱穆著：《黄帝》，生活·读书·新知三联书店 2004 年版，第 34 页。

5. 音乐。《世本》说："黄帝乐名《咸池》。"《史记·乐书·集解》引郑玄曰："黄帝所作乐名，尧增修而用之。咸，皆也。池之言施也，言德之无不施也。"《帝王世纪》说："黄帝损庖（伏）羲之瑟，为二十五弦，长七尺二寸。"《咸池》的具体内容无法知道，黄帝时的瑟在考古中未能发现。仰韶文化中发现有陶筒鼓，但不知蒙的是什么皮。陶寺龙山遗址中发现有鳄鱼皮鼓。《世本》里说："黄帝使伶伦造磬"，龙山文化中有石磬，仰韶文化中虽然没有发现形制相同的石磬，但许多带孔的石器都可以作为打击乐器。史书上记载古代有陶埙，仰韶文化中确实有了陶埙。仰韶文化之前的裴李岗文化中，发现了距今七八千年的七音骨笛，是音乐史上的奇迹。由此推论仰韶时期的音乐水平是可想而知的。

6. 文字、八卦与天象历法。《世本》说："沮诵、仓颉作书。"宋衷注说沮诵、仓颉为黄帝臣。《韩非子·五蠹篇》《淮南子·泰族篇》以及许慎的《说文解字》等史书，都认定仓颉是初作书者。在半坡和姜寨的仰韶遗址中，发现了相当数量的刻画符号，不少学者都认为是原始文字的孑遗。大汶口文化中发现了象形文字。《帝王世纪》说："庖（伏）牺氏作八卦，神农重为六十四卦，黄帝尧舜广而申之，分为二易，至夏人因炎帝曰《连山》，殷人因黄帝曰《归藏》，文王广六十四卦，著九六之爻，谓之《周易》。"《周易》尽人皆知，国内外学者已经形成了易学热。中国的易学包括了社会科学和自然科学的哲理，代表了中国古代文化的最高水平。

黄帝时代的八卦在考古中已有发现。江苏海安青墩遗址中发现距今6000年的重卦，赵国华在《生殖崇拜文化论》一文中，把八卦的源头推到6000年前西安半坡仰韶文化时期。大汶口文化发现龟壳中装有小石子，是占筮的工具，淅川下王岗仰韶晚期遗址中发现卜骨，说明在黄帝时代占卜都出现了。《史记·五帝本纪》说：黄帝"获宝鼎，迎日推策。"《竹书纪年》说："（黄帝）游于洛水之上，见大鱼，杀五牲以醮之，天乃甚雨，七日七夜，鱼流于海，得图书焉。龙图出河，龟书出洛，赤文篆（绿）字以授轩辕。"这里所说的即"河图""洛书（或称龟书）"，它是古代的天象历法，与八卦关系十分密切。《史记·历书》说："盖黄帝考定星历，建立五行，起消息，正闰余，于是有天地神祇物类之官，是谓五官，各司其序。"《索隐》引《世本》《律历志》说："黄帝使羲和占日，常仪占月，臾区占星气，伶伦造律吕，大挠作甲子，隶首作算数，容成综此六术而著《调历》也。"以上几段话说明黄帝时：重视天象观察，为了定星历而设了专职的官吏。容成作《调历》是代表了多方面的科学技术成就。对照考古发现，在安徽省含山县凌家滩，发现了5000年前大汶口文化的玉板龟书八卦图，天文史专家认为是中国最早的历法。在河南省濮阳市西水坡，发现了6400年前的一座仰韶大墓，墓圹南圆北方，反映了6000年前已经出现了天圆地方盖天说理论。墓主人左右随葬有蚌壳摆塑的龙虎，天文学家认定当时出现了对天体"东官""西官"的认识，也正是对历法中春分秋分的认识。天圆地方的盖天说，在红山文化、良渚文化中都有反映，特别是良渚文化的玉琮很能说明问题。以上所说的考古发现，虽然是挂一漏万，但对黄帝时代的天象历法的出现，不能不是一个有力的证实。

7. 宫室的营建。《帝王世纪》说："自黄帝以上，穴居而野处。""及至黄帝，为筑宫室，上栋下宇，以待风雨。"其实在黄帝以前人们已经会营造房屋了。七八千年前的裴李岗文化，人们已经定居，考古发现了许多窝棚式的半穴居房址。到了仰韶中晚期，也就是我们说的黄帝时代，人们营造的房子有半地穴，有地面建筑，有圆形房子，也有方形房子。营建房子已经会立柱架梁，墙壁是木骨泥墙，室内一明两暗，这种建筑房屋的模式，奠定了5000 年以来具有中华民族风格的民居建筑基础，它是中华民族建筑的鼻祖。不仅如此，在仰韶文化中，还发现了"前堂后室"的大型建筑，它是进入王朝时代的"前朝后寝"建筑的祖型。特别是在大地湾仰韶文化晚期，发现了占地四百平方米的大型建筑，不仅建筑宏伟，而且是"四阿重屋"，谁也不敢相信，阶级社会的王宫建筑格局，竟然出现在五千年前仰韶文化中。更使人惊奇的是，在这座"四阿重屋"的地坪上，发现了原始水泥（相当于现代100 号水泥）和人造轻骨料，这简直是建筑史上的特大奇迹。

8. 铜器。铜镜据说是黄帝臣尹寿所作。《管子·地数》中提到黄帝采金（铜），蚩尤用铜制器。另外，传说有黄帝铸鼎升仙的故事，其地在今灵宝县，有铸鼎原，有黄帝陵。这种传说在文献中很难稽考取证，但是在仰韶文化中确有发现。在河北、山西发现有铸铜遗渣，在西安半坡和临潼姜寨，发现了距今6000年的青铜和黄铜。在甘肃距今5000年的马家窑文化中，也发现了铜器。说明黄帝时代的考古学文化中确有铜器。①

9. 舟车的发明创造。《易·系辞传》说："黄帝、尧、舜……刳木为舟，剡木为楫。舟楫之利，以济不通，致远以利天下。……服牛乘马，引重致远，以利天下。"最初的舟楫极简陋，找一段大树干把它挖成槽，推到水里就是船，找一段树枝就是楫。舟的发明者传说不一："巧佳作舟"，"番禺是为舟"，"虞姁作舟"，"共鼓、货狄作舟"，各传说间，其中容或有改良"刳木为舟，剡木为楫"，则是采取较好的办法。舟楫在仰韶文化时期肯定是有的，与仰韶晚期约同时的良渚文化中发现有划船的木桨，是已有木船的直接证明。在仰韶文化中发现有船形陶器。"刳木为舟"，说明当时的船是独木舟。车的发明者是奚仲，"黄帝作车，引重致远。少昊时驾牛，禹时奚仲驾马"。

10. 饮食方面的改善。关于黄帝在饮食方面的贡献，钱穆认为，古人受了饮水的限制，居处往往靠近河流，游牧者逐水草而

---

① 参见许顺湛著：《黄帝时代是中国文明的源头》，李学勤、张岂之总主编，郑杰祥主编：《炎黄汇典》(文论卷)，吉林文史出版社2002年版，第493—495页。

居，农人只能沿溪流发展。后来发明了水井，打破这个困难，农人才可以广泛的散布。井的发明者，《世本》既说是伯益，又说是黄帝。或者是两个独立的发明，或许有前后的改进。井解决了水的问题。在黄帝以前火已经发明，燧人氏钻木取火，用来烧烤熟食。农业发达以后，五谷也须要熟食。从前烧烤生肉的办法不甚合适，黄帝似乎有一种新的方法，后人又有说黄帝发明火食的。收获五谷，去壳磨碎，连带着需要新的工具。据说黄帝臣雍父作杵臼："断木为杵，掘地为臼。"一种最简单的杵臼，可以把米和高粱的壳子舂掉，其余的工具都没有记载。[①]

　　总之，黄帝轩辕氏制作与发明，从古籍看主要有：（1）《史记·五帝本纪》：黄帝"艺五种"，即种植五谷。（2）《白虎通》："黄帝作宫室，以避寒暑。"（3）《史记·封禅书》："黄帝采首山铜，铸鼎于荆山下。"即采铜矿以冶铸，发明了冶金术。（4）《汉书》："黄帝作舟车，以济不通。"（5）《史记·历书》："黄帝考定星历"，即黄帝开始制定天文历法。（6）《说文序》："仓颉之初作书，盖依类象形，故谓之文；其后形声相益，即谓之字。"即黄帝史官仓颉制文字。[②]

---

① 参见钱穆著：《黄帝》，生活·读书·新知三联书店 2004 年版，第 32 页。

② 参见李绍连著：《炎黄二帝与中华民族文化》，李学勤、张岂之总主编，郑杰祥主编：《炎黄汇典》（文论卷），吉林文史出版社 2002 年版，第 401 页。

## 三、理天下

关于黄帝对天下治理的垂范，司马迁在《史记》中将之概括为以下几个方面：

1. 修德振兵，治五气，蓺五种，抚万民，度四方。

2. 教熊罴貔貅貙虎，天下有不顺者，黄帝从而征之，平者去之。

3. 官名皆以云命，为云师。

4. 置左右大监，监于万国。

5. 鬼神山川封禅与为多焉。

6. 举风后、力牧、常先、大鸿以治民。[①]

7. 黄帝作为礼乐法度，身以先之。[②]

8. 建明堂。

9. 天下之君王为万夫之黔首，请赎民之命者帝，有福万世，黄帝是也。五政明则修礼义，因天时举兵征伐而利者王，有福千世。[③]

---

① 1—6 条内容见《史记·五帝本纪》。

② 《史记·秦本纪》。

③ 《史记·三代世表》。

10. 维昔黄帝，法天则地，四圣遵序，各成法度。<sup>①</sup>

按照司马迁的说法，在治理国家方面，黄帝也为后世做出了表率。主要集中在以下方面：

1. 设官分职。

《帝王世纪·自皇古至五帝第一》说：

> [黄帝] 俯仰天地，置众官，故以风后配上台，天老配中台，五圣配下台，谓之三公。其余地典、力牧、常先、大鸿等，或以为师，或以为将，分掌四方，各如己视，故号曰黄帝四目。

《晋书》卷二四《职官志》说：

> 黄帝置三公之秩，以亲黎元，少昊配九扈之名，以为农正，命重黎于天地，诏融冥于水火，则可得而言焉。

《通典》卷三十一《职官十三》说：

> 黄帝立四监，以治万国。

《通典》卷一百七十一《州郡一》说：

---

① 《史记·太史公自序》。

昔黄帝方制天下，立为万国，易称"首出庶物，万国咸宁"。及少皞氏之衰，其后制度无闻矣。若颛顼之所建，帝喾受之，创制九州，统领万国（雍、荆、豫、梁、徐、冀、青、兖、扬）。

## 2. 重用人才。

《通典》卷二十一《职官三》说：

黄帝得六相而天地治，神明至（黄帝得蚩尤而明天道，得太常而察地理，得苍龙而辨东方，得祝融而辨南方，得风后而辨西方，得后土而辨北方，谓之六相）。

《通志》卷一说：

举风后、力牧、泰山稽、常先、大鸿以治民，封钜、鬼臾区，皆臣佐也。或云黄帝得六相，而天地治，神明至。风后明乎天道，故为当时；太常察乎地利，故为廪者；奢龙辨乎东方，故为土师；祝融辨乎南方，故为司徒；大封辨乎西方，故为司马；后土辨乎北方，故为理官。

旁行海内，方制万里，画野分州，得百里之国万区，以分星次：经土设井，以塞争端；立步制亩，以均不足。使八家为井，井开四道，而分八宅，同井而饮，存亡更守，男女交姻，有无相贷，疾病相扶，风俗可同，生产可一，性情可亲。井一为邻，邻三为朋，朋三为里，里五为邑，邑十为都，都十为师，师十为州。分于井而计于州，则地著而数详，民不习伪，官不怀私，城郭不闭，见利不争。风雨时若，五谷丰登，人无夭枉，物无疵厉，鸷鸟不妄搏，猛兽不妄噬。裔夷之人，罔不来享。有草生于庭，佞人入则指之，名曰"屈轶"。

3. 制律立法。

《通典》卷一百六十三《刑一》说：

> 黄帝以兵定天下，此刑之大者。陶唐以前，未闻其制。

《汉书·艺文志》说：

> 法家者流，盖出于理官，信赏必罚，以辅礼制。

《易》曰：

> 先王以明罚饬法，此其所长也。及刻者为之，则无教化，去仁爱，专任刑法而欲以致治，至于残害至亲，伤恩薄厚。

"理官"，当然是最早产生于远古政治的部落联盟制度。

据传说，"五刑"是由蚩尤部落发明的。《尚书·吕刑》是周穆王时的作品。周穆王命吕侯（即甫侯）修订法律，并追述黄帝时代蚩尤创制法律的情景："王曰：若古有训，蚩尤惟始作乱，延及于平民。罔不寇贼、鸱义、奸宄、夺攘、矫虔。苗民弗用灵，制以刑，惟作五虐之刑曰法。杀戮无辜，爰始淫为劓、刵，椓、黥。"大意是说，古代曾经发生过这样的故事：蚩尤开始统一九黎部落，其势力扩大到周围的异姓氏族。他把所有违法犯罪行为概括为五种类型：强盗、贪冒、奸邪、抢夺、欺骗，并让嫡系苗民推行新法，但没有奏效，于是让苗民用刑罚推行之。于是就作了五种无情的刑罚制度并把它称作法。为什么要制定五种刑罚呢？因为原来只有杀头之刑，恐怕会伤害无罪的人，于是又扩充了四种刑罚手段：割鼻、割耳、破坏生殖器、在脸上刺字。但是，由于苗民在推行新法时"越兹丽刑，并制罔差有辞"，即数罚并用，不听申述。因此伤害了无罪的人，于是上帝就惩罚了苗民。

黄帝打败蚩尤之后建立了更大规模的部落联盟。《逸周书·尝麦》说：（黄帝）"执蚩尤，杀之于中冀，以甲兵释怒。用大正顺天思序，纪于大帝，用名之曰：绝辔之野。乃命少昊清司马鸟师，以正五帝之官，故名曰质。天用大成，至于今不乱。"据传，黄帝曾作兵法名为《李法》。《汉书·胡建传》："《黄帝李法》曰：'壁垒已定，穿窬不繇路，是谓奸人，奸人者杀。'"颜师古注："李者，法官之号也。总主征伐刑戮之事也，故称其书曰《李法》。"《管子·五行》说"黄帝得六相而天地治"。这"六相"分管兵、廪、士师、司徒、司马、李诸职，而蚩尤部的酋长虽被黄帝杀死，其部民却被吸牧进来。蚩尤部仍主兵，他们创造的五种刑罚也被继承下来了。①

总之，黄帝治理天下的成绩及意义，可用下列二段文献做总结：

《文子》卷上《精诚》说：

> 昔黄帝之治天下，调日月之行，治阴阳之气，节四时之度，正律历之数，别男女，明上下，使强不掩弱，众不暴寡，民保命而不夭，岁时熟而不凶，百官正而无私，上下调而无尤，法令明而不闇，辅佐公而不阿，田者让畔，道不拾遗，市不豫贾。故于此时，日月星辰不失其行，风雨时节，五谷丰昌，凤凰翔于庭，麒麟游于郊。

《淮南子》卷六《览冥训》说：

> 昔者黄帝治天下，而力牧、太山稽辅之，以治日月之行律，治阴阳之气；节四时之度，正律历之数；别男女，异雌雄；明上下，等贵贱；使强不掩弱，众不暴寡，人民保命而不夭，岁时孰而不凶；百官正而无私，上下调而无尤；法令明而不闇，辅佐公而不阿；田者不侵畔，渔者不争隈；道不

---

① 参见武树臣著：《法家法律文化通论》，商务印书馆 2017 年版，第 204、202 页。

拾遗，市不豫贾；城郭不关，邑无盗贼；鄙旅之人，相让以财；狗彘吐菽粟于路，而无忿争之心。于是日月精明，星辰不失其行；风雨时节，五谷登孰；虎狼不妄噬，鸷鸟不妄搏；凤凰翔于庭，麒麟游于郊；青龙进驾，飞黄伏皂；诸北、儋耳之国，莫不献其贡职。

# 附录　主要参考文献

## （一）古籍及考释类（以四部图书分类为序）

### 经部

杨筠如：《尚书覈诂》，陕西人民出版社 1959 年版。

高明：《大戴礼记今注今译》，台湾商务印书馆 1977 年版。

（清）段玉裁注：《说文解字注》，上海古籍出版社 1981 年版。

（清）王聘珍撰，王文锦点校：《大戴礼记解诂》，中华书局 1983 年版。

（清）孙希旦撰，沈啸寰等点校：《礼记集解》，中华书局 1989 年版。

苏舆撰，锺哲点校：《春秋繁露义证》，中华书局 1992 年版。

李学勤：《十三经注疏》，北京大学出版社 1999 年版。

顾颉刚、刘起舒：《尚书校释译论》，中华书局 2005 年版。

方向东：《大戴礼记汇校集解》，中华书局 2008 年版。

### 史部

（汉）司马迁：《史记》，中华书局 1959 年版。

（汉）班固：《汉书》，中华书局 1962 年版。

（汉）刘向集录：《战国策》，上海古籍出版社 1998 年版。

（南朝）范晔撰，（唐）李贤等注：《后汉书》，中华书局 1965 年版。

（南朝）沈约：《宋书》，中华书局 1974 年版。

（唐）李延寿：《北史》，中华书局 1974 年版。

（唐）李泰等著，贺次君辑校：《括地志辑校》，中华书局 1980 年版。

（唐）李世民等：《晋书》，上海古籍出版社 1986 年版。

（唐）魏徵、令狐德棻：《隋书》，中华书局 1973 年版。

（唐）杜佑撰，王文锦等点校：《通典》，中华书局 1988 年版。

（唐）刘知几撰，赵吕甫校注：《史通新校注》，重庆出版社 1990 年版。

（后晋）刘昫：《旧唐书》，中华书局 1975 年版。

（宋）欧阳修等：《新唐书》，中华书局 1975 年版。

（宋）王存撰，王文楚等点校：《元丰九域志》，中华书局 1984 年版。

（宋）乐史撰，王文楚等点校：《太平寰宇记》，中华书局 2007 年版。

（宋）王象之撰：《舆地纪胜》，中华书局 1992 年版。

（元）脱脱等：《辽史》，上海古籍出版社 1986 年版。

（元）脱脱等：《金史》，中华书局 1975 年版。

（清）顾祖禹：《读史方舆纪要》，上海书店出版社 1998 年版。

（清）张廷玉：《明史》，中华书局 1974 年版。

（清）纪昀总纂：《四库全书总目提要》，河北人民出版社

2000 年版。

赵尔巽等撰：《清史稿》，中华书局 2009 年版。

方诗铭、王修龄：《古本竹书纪年辑证》，上海古籍出版社 1981 年版。

黄怀信等：《逸周书汇校集注》，上海古籍出版社 1995 年版。

徐元诰撰，王树民等点校：《国语集解》，中华书局 2002 年版。

徐宗元辑：《帝王世纪辑存》，中华书局 1964 年版。

张岂之主编：《五千年血脉——黄帝及黄帝陵史料汇编》，西北大学出版社、香港新世纪出版社 1993 年版。

《黄陵县志》，西安地图出版社 1995 年版。

黄帝陵基金会编：《黄帝文化志》，陕西人民出版社 2008 年版。

李学勤、张岂之总主编：《炎黄汇典》（1~8），吉林文史出版社 2002 年版。


**子部**

（晋）干宝：《搜神记》，中华书局 1979 年版。

（晋）王嘉撰，齐治平校注：《拾遗记》，中华书局 1981 年版。

（晋）郭璞注：《穆天子传》，《汉魏六朝笔记小说大观》，上海古籍出版社 1999 年版。

（隋）萧吉：《五行大义》，《续修四库全书》第 1060 册，上海古籍出版社 2002 年版。

（唐）佚名辑：《碉玉集》，《续修四库全书》第 1212 册，上海古籍出版社 2002 年版。

（唐）欧阳询撰，汪绍楹校：《艺文类聚》，上海古籍出版社 1982 年版。

（宋）李昉等：《太平御览》，中华书局 1960 年版。

（清）王先谦：《庄子集解》，中华书局 1987 年版。

（清）王先谦撰，沈啸寰等点校：《荀子集解》，中华书局 1988 年版。

（清）王先慎撰，锺哲点校：《韩非子集解》，中华书局 1998 年版。

（清）汪继培辑：《尸子》，上海古籍出版社 1986 年版。

（清）郭庆藩撰，王孝鱼点校：《庄子集释》，中华书局 1961 年版。

（清）孙诒让撰，孙启治点校：《墨子间诂》，中华书局 2001 年版。

（清）陈立撰，吴则虞点校：《白虎通疏证》，中华书局 1994 年版。

王云五主编：《风俗通义》，《丛书集成初编》第 274 册，商务印书馆 1937 年版。

杨伯峻:《列子集释》,中华书局1979年版。

袁珂校注:《山海经校注》,上海古籍出版社1980年版。

刘文典撰,冯逸等点校:《淮南鸿烈集解》,中华书局1989年版。

陈奇猷校释:《吕氏春秋校释》,学林出版社1984年版。

蒋礼鸿:《商君书锥指》,中华书局1986年版。

黄晖:《论衡校释》,中华书局1990年版。

蒋力生等校注:《云笈七签》,华夏出版社1996年版。

杨丙安校理:《十一家注孙子校理》,中华书局1999年版。

黎翔凤撰,梁运华整理:《管子校注》,中华书局2004年版。

钱超尘主编、姚春鹏评注:《黄帝内经》,中华书局2011年版。


**集部**

(梁)萧统编,(唐)李善注:《文选》,中华书局1977年版。

逯钦立校注:《陶渊明集》,中华书局1979年版。

(宋)洪兴祖:《楚辞补注》,中华书局1983年版。

**(二)主要研究著作(以出版时间为序)**

侯外庐、赵纪彬、杜国庠等著:《中国思想通史》(第一、二卷),人民出版社1957年版。

杨荫浏著：《中国古代音乐史稿》（上册），人民音乐出版社1981年版。

张舜徽著：《周秦道论发微》，中华书局1982年版。

李泽厚著：《中国古代思想史论》，人民出版社1985年版。

钱穆著：《先秦诸子系年》（上、下册），中华书局1985年版。

吴光著：《黄老之学通论》，浙江人民出版社1985年版。

徐旭生著：《中国古史的传说时代》，文物出版社1985年版。

李延军选编：《轩辕黄帝传说故事》，陕西人民美术出版社1986年版。

金春峰著：《汉代思想史》，中国社会科学出版社1987年版。

余明光著：《黄帝四经与黄老思想》，黑龙江人民出版社1989年版。

陈鼓应著：《老庄新论》，上海古籍出版社1992年版。

何光岳著：《炎黄源流史》，江西教育出版社1992年版。

曲辰著：《轩辕黄帝史迹之谜》，中国社会科学出版社1992年版。

胡沙著：中国丝绸之路著名景物故事系列：《名人故事》，甘肃人民出版社1995年版。

熊铁基、马良怀、刘韶军著：《中国老学史》，福建人民出版社1995年版。

吴光著：《黄老之学通论》，浙江人民出版社1995年版。

郭沫若著:《十批判书》,东方出版社1996版。

崔清田著:《名学与辩学》,山西教育出版社1997年版。

丁原明著:《黄老学论纲》,山东大学出版社1997年版。

金春峰著:《汉代思想史》,中国社会科学出版社1997年版。

冯友兰著:《中国哲学史新编》(上、中、下),人民出版社1998年版。

胡家聪著:《稷下争鸣与黄老新学》,中国社会科学出版社1998年版。

白奚著:《稷下学研究——中国古代的思想自由与百家争鸣》,生活·读书·新知三联书店1998年版。

田兆元著:《神话与中国社会》,上海人民出版社1998年版。

苏秉琦著:《文明起源新探》,生活·读书·新知三联书店1999年版。

叶林生著:《古帝传说与华夏文明》,黑龙江教育出版社2000年版。

王大有著:《三皇五帝时代》,中国社会科学出版社2000年版。

程维荣著:《道家与中国法文化》,上海交通大学出版社2000年版。

陈鼓应、白奚著:《老子评传》,南京大学出版社2001年版。

葛兆光著:《中国思想史》(第一卷),复旦大学出版社2001

年版。

　　熊铁基著:《秦汉新道家》,上海人民出版社 2001 年版。

　　熊铁基著:《秦汉新道家》,上海人民出版社 2001 年版

　　孙福喜著:《鹖冠子研究》,陕西人民出版社 2002 年版。

　　陈鼓应著:《老子今译今注》,商务印书馆 2003 年版。

　　胡家聪著:《管子新探》,中国社会科学出版社 2003 年版。

　　池万兴著:《〈管子〉研究》,高等教育出版社 2004 年版。

　　钱穆著:《黄帝》,生活·读书·新知三联书店 2004 年版。

　　崔锦程著:《先秦名学研究》,天津古籍出版社 2005 年版。

　　韩星著:《儒法整合:秦汉政治文化论》,中国社会科学出版社 2005 年版。

　　王增永著:《华夏文化源流考》,中国社会科学出版社 2005 年版。

　　李济著:《中国文明的开始》,江苏教育出版社 2005 年版。

　　卜工著:《文明起源的中国模式》,科学出版社 2007 年版。

　　王沛著:《黄老“法”理论源流考》,上海人民出版社 2009 年版。

　　陈民镇著:《中华文明起源研究》,安徽大学出版社 2010 年版。

　　许抗生著:《当代新道家》,社会科学文献出版社 2013 年版。

　　修海林著:《古乐的沉浮:中国古代音乐文化的历史考察》,

上海音乐学院出版社 2013 年版。

朱大可著:《华夏上古神系》(上下卷),东方出版社 2014 年版。

田昌五著:《华夏文明的起源》,中国书籍出版社 2015 年版。

王振堂著:《黄帝之研究》,科学出版社 2015 年版。

曹峰著:《近年出土黄老思想文献研究》,中国社会科学出版社 2015 年版。

韩广峰著:《山海经易读》,上海古籍出版社 2015 年版。

徐炳主编:《黄帝思想与先秦诸子百家》(上下),社会科学文献出版社 2015 年版。

袁珂著:《中国神话传说》,北京联合出版公司 2016 年版。

陈鼓应著:《黄帝四经今注今译》,中华书局 2016 年版。

袁珂著:《古神话选释》,北京联合出版公司 2017 年版。

逯宏著:《中国五帝时代》,中国社会科学出版社 2017 年版。

廖凯原主编、张少瑜执行主编:《黄帝思想与中华引擎(一)》,社会科学文献出版社 2017 年版。

申赋渔著:《中国人的历史:诸神的踪迹》,新星出版社 2017 年版。

曹峰著:《文本与思想——出土文献所见黄老道家》,中国人民大学出版社 2018 年版。